本书系陕西省"三秦学者"创新团队支持计划
"西北政法大学基层社会法律治理研究创新团队"资助成果

新时代枫桥经验

XINSHIDAI "FENGQIAO JINGYAN"

基层社会治理的中国方案

主　　编　◎　汪世荣
执行主编　◎　王斌通

陕西新华出版
陕西人民出版社

图书在版编目（CIP）数据

新时代"枫桥经验"/汪世荣主编. —西安：陕西人民出版社, 2024.1
ISBN 978-7-224-15076-6

Ⅰ.①新… Ⅱ.①汪… Ⅲ.①社会管理—研究—中国 Ⅳ.①D63

中国国家版本馆 CIP 数据核字（2023）第 165951 号

出 品 人：赵小峰
总 策 划：关　宁
策划编辑：管中洑　李　妍
责任编辑：杨舒雯
封面设计：赵文君

新时代"枫桥经验"

主　　编	汪世荣
出版发行	陕西人民出版社
	（西安市北大街 147 号　邮编：710003）
印　　刷	陕西龙山海天艺术印务有限公司
开　　本	787 毫米×1092 毫米　1/16
印　　张	21.5
字　　数	272 千字
版　　次	2024 年 1 月第 1 版
印　　次	2024 年 1 月第 1 次印刷
书　　号	ISBN 978-7-224-15076-6
定　　价	79.00 元

如有印装质量问题，请与本社联系调换。电话：029-87205094

编委会

主　　任：汪世荣
副 主 任：王斌通
成　　员：刘进田　张师伟　褚宸舸　朱继萍　侯学华
　　　　　冯卫国　余钊飞　陈京春　马　成　刘亚玲
　　　　　杨建军　李　威　张永林　杨　静　乔　良

编写组

主　　编：汪世荣
执行主编：王斌通
副 主 编：张永林　林昕洁
参　　编：杨佳雨　仝孟玥　蔡丽洁

序

中国是一个具有五千年法制历史的文明古国，在漫长的法制发展进程中，形成了博大精深的中华法文化，它不仅是古圣先贤政治智慧和法律智慧的结晶，也为灿烂辉煌的中华法系提供了坚强的文化支撑。虽然时移世易，面对世界法制发展的新潮流，中华法文化中蕴含的许多优秀传统和理性因素，依然构成一座值得认真挖掘和传承的文化宝库，为建设中国特色社会主义法治国家提供了珍贵的历史借鉴。

以德化民，以法治国，明德慎罚，德法共治，是中华法文化的核心要义。面对国家兴亡的残酷斗争，卓越的思想家、政治家意识到道德对于治国的作用。周公灭商之后便提出明德慎罚。至汉代，进一步认识到德的作用，遂以德为主、刑为辅。至唐代，更将德礼与刑罚的不同的作用与相互关系总结为"德礼为政教之本，刑罚为政教之用，犹昏晓阳秋相须而成者也"。德的作用在于提高人们的道德素质，消除恶习，进而改良社会风俗习惯，所以古代的政治家坚持以德化民。但德的教化功能不能实现国家的对内对外职能，不能保证国家机器的正常运转，也不具备强制惩奸治恶的功能，故而以德化民必须与以法治国相结合，借助法律的强制作用，惩戒违反道德的行为及各种犯罪，所以二者密不可分。以德化民，建设稳定的社会基础，以法惩恶，维护社会的安宁和国家的强盛。法律的制定要以主流价值观及道德原则为指导，使法律成为道德的承载，让法律更多地体现道德理念和人文关怀。另一方面，将某些道德规范直接融入法律，以道德涵养法治精神，强化道德对法治文化的支撑作用。只有将道德要求和法律规范有机结合，相互促进，共同提升，才能实现善治的目标。

重视基层组织的建设，力求做到法治、德治、自治（乡治）相统一，是中国古代基层治理的一条重要经验。中国古代以农立国，十分重视基层组织的建设，为确保基层的和谐稳定和实现国家的稳固发展打下了坚实的基础。首先，行乡宴之礼，明长幼之序，敦亲睦之情。中国古代重礼制、序尊卑的礼法文化，上行之于朝堂，下贯彻于乡里。从周朝起，所实行的乡宴之礼，就是礼法文化的具体贯彻。根据周礼，乡宴之礼，也就是定期举行乡宴，以和乡党之情，以明长幼之序，以叙伦常之亲。乡宴之礼起到了明礼义、重伦序、宣教化、彰良善、黜奸邪、移风俗的积极作用。其次，善教化民，兴学育才。善教与善治密不可分，善教化民、兴学育才对于良好的乡治具有重要的作用。善教的内涵可以分为以下几点：一是明礼乐，正人心，敦风俗。二是重人伦，尽忠孝，爱国家。三是设学校，育人才，兴文治。善教不仅需要国家采取各种政策措施，广而教之，更重要的是，使人自省，由正心诚意出发，进而齐家治国，直到平天下。能平天下，可谓达到了乡治的极致。最后，制定家法族规、乡规民约维持自治，调动乡村的一切积极因素共同为治。唐宋以后，社会上广泛流行大家族的家法族规、家训族谱，如《颜氏家训》《义门陈氏家法》《永兴张氏合族禁条》等。家法族规、家训族谱之外，还有大量的乡规民约，如宋代吕大钧《吕氏乡约》、朱熹《增损吕氏乡约》、明代王守仁《南赣乡约》等，其中以《吕氏乡约》最为典型。家法族规、乡规民约都是里甲老人和息争讼、管理家族和乡里事务的重要依据，属于民间法的范畴，成为国法的重要补充，在基层治理中发挥了重要作用。

中国古代基层治理的丰富经验，为今天构建共建共治共享的现代基层社会治理新格局提供了厚重的文化支撑。新时代"枫桥经验"，就是对中华优秀传统文化的创新和发展。汪世荣同志和王斌通同志均是我的弟子，他们的两本专著，是新时代"枫桥经验"研究的力作，也是"枫桥经验"西北学派新的标志性成果，既从历史演进、核心要义、文化传承、实践创新等宏观视角进行了深入探讨，也从基层良法善治、矛盾纠纷化解法治化、人民司法优良传统、平安中国基层基础建设等微观层面展开了卓有见地的阐发。他们的论述表明，目前提倡的新时代"枫桥经验"，坚持群众路线和"小事不出村、大事不出镇、矛盾不上交"等经验做法，构建自治、法治、德治"三治融合"的基层社会善治新体系，是当之无愧的全国政法综治战线的一面旗帜，也是党领导人民创造的一整套行之有效的社会治理方案，为基层社会治理现代化提供了中国方案。

2024年1月1日

目 录
CONTENTS

绪 论 / 1

第一章 从"枫桥经验"到新时代"枫桥经验" / 8
    一、"各地仿效，经过试点，推广去做" / 8
    二、"小事不出村，大事不出镇，矛盾不上交" / 14
    三、"把'枫桥经验'坚持好、发展好，把党的群众路线
        坚持好、贯彻好" / 24

第二章 在社会基层坚持和发展新时代"枫桥经验" / 51
    一、党建统领是根本保证 / 52
    二、人民主体是核心价值 / 57
    三、自治法治德治结合是基本要义 / 63
    四、共建共治共享是基本格局 / 72
    五、平安和谐是目标效果 / 76

第三章 新时代"枫桥经验"的文化传承 / 82
    一、新时代"枫桥经验"与中华优秀传统文化 / 82
    二、新时代"枫桥经验"与红色法治文化 / 96
    三、新时代"枫桥经验"与社会治理文化 / 106

第四章　新时代"枫桥经验"的治理实践　　　/ 117
　　一、基层社会治理社会化——以绍兴市诸暨市的实践为例
　　　　　　　　　　　　　　　　　　　　　　　　　/ 118
　　二、基层社会治理法治化——以西安市雁塔区的实践为例
　　　　　　　　　　　　　　　　　　　　　　　　　/ 139
　　三、基层社会治理智能化——以佛山市南海区智慧法院
　　　　建设为例　　　　　　　　　　　　　　　　　/ 150
　　四、基层社会治理专业化——以"枫桥式"社区警务为例
　　　　　　　　　　　　　　　　　　　　　　　　　/ 162

第五章　"枫桥式"特色创建助力平安法治建设　　　/ 182
　　一、"枫桥式"特色创建的理论阐述　　　　　　　/ 182
　　二、"枫桥式"特色创建的标杆：枫桥人民法庭的实践　/ 198
　　三、"枫桥+乡约"：中华优秀传统文化融入基层善治　/ 228
　　四、企业"枫桥经验"："枫桥式"特色创建的行业延伸　/ 250

第六章　新时代"枫桥经验"与中国式现代化　　　/ 274
　　一、基层社会治理是中国式现代化的重要组成部分　/ 275
　　二、新时代"枫桥经验"是基层社会治理的典范　　/ 297
　　三、新时代"枫桥经验"推动市域社会治理现代化　/ 309
　　四、新时代"枫桥经验"的国内推广与域外借鉴　　/ 323

后　记　　　　　　　　　　　　　　　　　　　　/ 330

绪　论

基层社会治理的具体内容千头万绪，首先需要明确治理逻辑，并实现重点突破。确立"契约化治理"逻辑思路，调动多元社会力量参与，发挥国家、政府、社会、个人多元主体的积极性，形成多元主体治理的合力，必须重视制度供给。"契约化治理"是协商型治理内涵的体现，诸暨市提出"党政领导，综治协调，公众参与，社会协同，法治保障"的基层社会治理方式，突出了法治的重要性。"枫桥经验"重视制度供给，发挥社会规范的作用，通过村规民约（社区公约）建设，保障公民直接行使民主权利，参与社会事务的决策、管理和监督，其体现的基本精神和蕴含的价值，对基层社会治理具有普遍的指导意义。

一、重视基层社会治理制度供给

基层社会治理是整个社会治理的核心，对之进行研究，实证方法具有独特的优势。基层社会治理现代化的重要推动方式是建立并完善"契约化治理"理念。所谓"契约化治理"指以一定区域（基层村、居）为单元，以平等、意志自由为条件，通过社区居民广泛参与、民主协商、充分沟通，建立以村规民约（社区公约）为主体的社会规范，并遵循法治原则，依循公开程序，贯穿直接民主形式，自治、法治和德治结合，由此形成的治理方式。契约化治理不仅是崭新的社会治理方式，而且是制度化的基层社会治理方式。

"契约化"并不强调契约的形式，而是强调蕴含于契约中的实质，即通过谈判达成合意，有学者将之称为"契约制"，并进而提出了行政分权类型的"契约制模式"和"等级制模式"。学者运用契约制模式观察央地关系、国有企业治理，提出了许多有针对性、创新性的意见和建议。同样，契约化治理理念应用于基层社会治理，强调了治理中的多元主体充分参与、平等协商和相互尊重，对推动基层群众自治制度的实施意义深远。

村规民约作为成文的社会规范，经过民主讨论、村民大会决议得以实施，涵盖了村内自治事项的重要方面，是基层社会治理的主要依据，成为社会规范的主体。为基层社会治理提供丰富的制度资源，是基层社会治理实践提出的客观要求。围绕基层社会治理进行的制度供给设计和改革，为法治理论、制度建设和法治文化提出了巨大的挑战。

二、完善中央立法、地方立法和社会规范的三层治理制度体系

传统的立法学只将范围限定在中央和地方立法两个领域，形成了"一元多层"立法体制。"社会治理"代替"社会管理"，是执政方式的一次飞跃，首先需要更新立法理念，实现中央立法、地方立法、社会规范的三层治理制度体系构建。为基层社会治理提供丰富的制度资源，已经刻不容缓。

（一）设定中央立法和地方立法各自合理的调整空间

从宏观上设计中央立法、地方立法和社会规范各自的调整领域，必须创新立法文化，一方面真正将立法作为公众民主参与社会治理的渠道，另一方面提升制度资源的公信力，大力提高立法质量，推动国家治理现代化进程。国家立法应当围绕社会治理的顶层设计，着重解决全局性、整体性的"国家事项"；地方立法则结合各自区域的特点，着重解决"地方事项"；社会规范解决基层群众"自治事项"。立法文化要求合理设计不同性质立法主体、不同主体的职能范围，各负其责，相互配合，发挥合力。中央立法、地方立法调整范围重叠，上下一般粗的状况，浪费立法资源，制约地方立法机关职能的发挥，影响公民参与立法的途径和渠道，难以满足国家和社会治理的客观需要。

（二）扩展地方立法主体，满足基层社会治理的需要

县（市）不具有立法权，一定程度上制约着基层社会治理的推动进程。因为，县（市）实际从事大量繁重、具体的管理活动，通过市委（县委）文件、市府（县府）文件的形式发布相关规定，形成了红头文件治理基层社会的现象。这些文件执行力强，但不是立法文件，公众难以参与制定过程。建议适时开展地方立法改革的试点，将县（市）纳入地方立法主体，有效扩大公民的立法参与渠道，大幅度推进立法的民主化进程。地方立法权的设定，应当基于地方治理的实际需要，与时俱进。县域是中国传统社会的基本单元，"郡县治，天下安"。社会治理实践中，县域也是最具特色的治理单元，将之提升为立法主体，能够有效满足基层社会治理的制度供给需求。

（三）创新完善社会规范体系

村规民约在一定程度上显示了村民创制、实施和维护规范的能力，也体现了村民自治的发展水平。各地经济、社会、文化发展并不均衡，针对性和适应性强的基层社会治理规范，中央和地方立法难以有效供给。因此，村规民约的规范化、系统化建设存在着巨大的发展空间，同时也为村规民约进入法治轨道提供了重要契机。村规民约涵盖了村民对生产和生活秩序的共同追求及由此而形成的价值认同，是村民的共同意志体现，通过社会规范的形式具体表达。只有建立健全社会规范，才能丰富基层社会治理的制度资源。村规民约的制定和实施，调动了村民参与社会事务的积极性，体现了村民对公共事务的共同意志，大大拓展了其生存空间、欣赏空间和创新空间。促进人的全面发展是马克思主义理论的要义，村规民约的制定、实施，满足了村民能力发展和个性发展的需要，改善了其思维方式和行为方式。

三、建立以村规民约为主体的乡村社会规范体系

村规民约调整的对象是村民"自治事项"，是村民日常从事的社会行为、社会事务和社会活动，其构成了社会规范的主要内容。社会规范具有地域性，对特定地域的主体起约束作用，主要靠基层群众自治组织监督实施。"枫桥经验"重视村规民约建设，确立了以人为本的工作理念。关注人的全面发展，调动了积极性，解放了生产力。通过村规民约规范村内事务，既是对中华优秀传统文化、中国共产党红色文化的传承，更是"枫桥经验"基层社会治理实践的突出特色。

（一）村规民约是中国传统社会信任机制的基础

保存于陕西省韩城市博物馆的《梗村里》碑和《里规》碑，系清光绪元年（1875）所立。根据《梗村里》记载，韩邑共计二十八里，《里规》即"里"的行为规范，勒碑日期为光绪元年三月十五日，勒碑主体为十甲户首并值年里长。从性质上看，其类似现在的村规民约，共计20条，是村民对村内事务"议"定的管理规则，详细约定了乡村自治的主要内容。

（二）陕甘宁边区政府重视发挥村规民约的作用取得了积极成效

抗日战争时期，陕甘宁边区政府大力推动社会建设，包括鼓励村民通过制定村规民约提升乡村文化氛围，改善乡村人际关系，建设和睦美好家园。谢觉哉在其日记中，摘录了《张家圪崂村民公约》，展现了当时村规民约的风貌。《公约》同样以公共事务作为主要内容，通过倡导的方式，发挥社会建设的积极引领作用，表现出独特的规范功能。《公约》的实施，除采取倡议形式之外，对违反者，采取"大家惩办"的方式。充分的自治是《公约》的特点，也是其亮点。

（三）诸暨市村规民约构成了当地治理规范的核心内容

诸暨市467个行政村全部制定有村规民约。以枫源村为例，《枫源村村规民约》7条，高度凝练概括；《枫源村村规民约实施细则》28项条款，具体明晰。村规民约及实施细则的修订，程序严格。村规民约的内容之一是传承当地的传统风俗习惯，其与村民生活息息相关，包括饮食、婚姻、丧葬、祭祀、交易等。《枫源村村规民约实施细则》较好体现了传承传统风俗习惯的内容。

四、发挥社会规范最大限度整体性预防、化解民间矛盾纠纷的作用

运用社会规范实现矛盾纠纷的全息化解是"枫桥经验"的重要特征。以村规民约（社区公约）为主体的社会规范，对于矛盾纠纷的预防化解、及时化解、彻底化解具有重要的作用。反之，纠纷的有效化解对强化社会规范、促进社会和谐也具有积极作用。社会规范不仅是化解矛盾纠纷的有效依据，还是社会行为具有预见性的机制。

（一）发动群众力量，成功改造轻微违法犯罪

"枫桥经验"的内容之一是"化早、化小、化苗头"，注重轻微违法犯罪的矫治，防止矛盾纠纷性质转化，避免"民转刑"案件的发生。"四前工作法"重视矛盾纠纷的预测、预防，追求治理的成效。人民调解讲清法理、情理和道理，珍惜亲情、友情和乡情。"枫桥经验"重视发挥多元主体的作用，群策群力，源头治理。调动群众积极性，激发其参与基层社会治理的热情，释放多元主体参与社会治理的活力，对维护城乡社会安全稳定意义深远。

（二）发挥调解组织作用，多元化解矛盾纠纷

调解矛盾纠纷是村民委员会的重要职能。对于家庭矛盾、邻里纠纷、民间借贷等，通过人民调解解决具有明显的优势。发挥各类组织、社会主体的作用，预防化解矛盾纠纷，"枫桥经验"实现了"小事不出村"，发挥了基层

群众的聪明才智，取得了积极的效果。要充分调动各方力量消除矛盾纠纷的根源。矛盾纠纷的发生，都有一定的原因。矛盾纠纷的化解，除坚持针对性，有效化解之外，消除根源、从源头上化解，才能取得良好的效果。对矛盾纠纷"源头治理"是"枫桥经验"的鲜明特点。

"枫桥经验"对基层社会治理制度供给的启示在于：基层社会治理中的制度供给必须坚持自治、法治和德治结合，发挥自治的基础作用，充分发挥村规民约的作用。重视各类社团章程的规范作用，形成多元主体参与基层社会治理的合力。通过民商事习惯调查推动习惯显性化，降低纠纷化解成本，追求良法善治目标，保障公民各项权利的实现。

总之，有效的制度供给是社会建设的重要推动力，社会规范是基层社会治理的核心制度资源，村规民约是社会规范的主体内容。丰富基层社会治理制度体系，是基层社会治理现代化，进而实现国家治理体系和治理能力现代化的基础。制度的有效供给，也是中国法制健全和完善的重要标志，将极大推动基层民主法治进程。"枫桥经验"60周年的发展历程是基层社会治理不断创新探索的实践样本，虽然面临着需要进一步创新发展的诸多领域，但"枫桥经验"重视制度供给，自治、法治和德治结合，形成多元主体共建、共治、共享治理格局，解放了生产力，丰富了群众精神文化生活，扩大了政治参与，发展了社会经济，激发了基层社会活力，实现了地方的繁荣稳定。以"枫桥经验"为基础，破解制度供给难题，是实现基层社会治理现代化的现实选择。

第一章
从"枫桥经验"到新时代"枫桥经验"

"枫桥经验"自 1963 年产生，至今正值一甲子。在 60 年的发展演进中，"枫桥经验"历经社会主义建设、改革开放等各个历史阶段，内涵不断丰富，影响与日俱增，已成为中国共产党领导人民创造的一整套行之有效的社会治理方案，成为中国特色社会主义社会治理体系的重要内容。

一、"各地仿效，经过试点，推广去做"

新中国成立后，长期领导革命和解放事业的中国共产党，成为全国范围内的执政党，担负起团结带领各族人民建设人民民主新政权的重任。在中国共产党的领导下，中国人民激情澎湃地投入社会主义革命和建设事业中，完成了土地改革，夺取了抗美援朝战争的胜利，确立了人民代表大会制度，稳步实现由新民主主义向社会主义的过渡。特别是 1954 年 9 月，第一届全国人民代表大会第一次会议在北京召开，大会通过了《中华人民共和国宪法》，规定我国的国体是工人阶级领导的、以工农联盟为基础的人民民主专政，政体是人民代表大会制度，实行中国共产党领导的多党合作和政治协商制度、民族区域自治制度，为社会主义革命和社会主义建设的顺利进行，提供了重要的法律保障。1956年，随着社会主义改造的完成，社会主义基本经济制度和其他基本制度在中国大地逐步建立起来了。社会主义制度在新中国的确立，具有划时代的历史意义，它不仅向世界宣告了中国已经消灭延续了几千年的封建剥削压迫制度，战胜帝国主义、霸权主义的颠覆破坏和武装挑衅，使社会主义道路成为中华儿女共同前进的方向，实现了中华民族有史以来最为广泛而深刻的社会变革，同时，也为人民民主事业的发展以及实现中华民族伟大复兴奠定了根本政治前提和制度基础。

1956年4月25日，毛泽东同志在中共中央政治局扩大会议上做了《论十大关系》的讲话，明确提出把国内外的一切积极因素调动起来，化消极因素为积极因素，把中国建设成为一个强大的社会主义国家。1956年9月，中国共产党第八次全国代表大会召开，大会提出了团结国内外一切可以团结的力量，为建设一个伟大的社会主义中国而奋斗的总任务，并指出社会主义改造完成后，我国社会的主要矛盾是人民对于经济文化迅速发展的需要同当前经济文化不能满足人民需要的状况之间的矛盾。1957年2月，毛泽东同志在最高国务会议第十一次（扩大）会议上做了《如何正确处理人民内部矛盾的问题》（后改为《关于正确处理人民内部矛盾的问题》）的讲话，创造性地论述了社会主义社会矛盾的学说，提出把正确处理人民内部矛盾作为国家政治生活的主题，严格区分和正确处理社会主义社会的敌我矛盾和人民内部矛盾两类不同性质矛盾。为了应对国内外严峻复杂的形势，巩固新生的人民民主政权，确保社会主义建设顺利进行，1963年2月中共八届十中全会以后，中共中央决定在城乡发动一次普遍的社会主义教育运动（简称"社教运动"）。同年5月，毛泽东同志在杭州主持召开中央政治局扩大会议，讨论起草社会主义教育运动的纲领性文件《关于目前农村工作中若干问题的决定（草案）》（"前十条"），提出要把绝大多数"四类分子"改造成新人。同年9月，中共中央在北京召开工作会议，讨论制定了《关于农村社会主义教育运动中一些具体政策的规定（草案）》（"后十条"），强调团结95%以上的群众和干部的重要性，并提出在这次运动中，除对行凶报复、杀人、抢劫、放火、投毒等引起很大民愤的现行犯必须立即逮捕法办以外，对有破坏活动的"四类分子"（地主、富农、反革命、坏分子）基本上实行"一个不杀，大部不捉"的方针。

社教运动开始后，浙江省诸暨县（今诸暨市）按照中央部署启动试点工作。1963年6月，中共浙江省委书记处书记兼宣传部部长林乎加同志率领浙江省委农村社教工作队进驻诸暨县枫桥区，在枫桥、新枫、视北、视南、栎江、檀溪、东溪七个公社进行试点。当时，枫桥区进行社会主义教育运动试点的6.5万人中，共有"四类分子"911人，其中163人有比较严重的破坏活动，干部和群众要求逮捕45人。省委工作队坚决执行党的政策和省委规定，克服部分干部群众"逮捕一批，武斗一批，矛盾上交"的偏激要求，统一思想认识，帮助群众认识到少捕人比多捕人好、文斗比武斗好、群众专政比政府抓人好，并充分发动和依靠群众，开展说理斗争，不打人，不逮捕，在斗争中摆事实、讲道理。1963年10月，公安部领导视察诸暨时发现枫桥区"少捕，矛盾不上交，依靠群众，以说理斗争的形式把绝大多数'四类分子'改造成新人"的工作做法及成效，立即向正在杭州视察的毛泽东同志做了汇报并得到他的肯定。根据毛泽东同志指示，公安部、浙江省公安厅领导率队到诸暨调研，形成了由浙江省委工作队和诸暨县委署名的《诸暨县枫桥区社会主义教育运动中开展对敌斗争的经验》，总结出"在党的领导下，发动和依靠群众，坚持矛盾不上交，就地解决，实现捕人少，治安好"的经验，即"枫桥经验"。

1963年11月20日，毛泽东同志在公安部起草的向第二届全国人民代表大会第四次会议所做《依靠广大群众，加强人民民主专政，把反动势力中的绝大多数改造成为新人》的发言稿上批示："此件看过，很好。讲过后，请你们考虑，是否可以发到县一级党委及公安局，中央在文字前面写几句介绍的话，作为教育干部的材料。其中应提到诸暨的例子，要各地仿效，经过试点，推广去做。"11月22日，毛泽东同志又在与当时的公安部领导汪东兴同志谈话时说，公安部日常的具体工作很多，但最重要的一条，是如何做群众工作，教育群众、组织群众，做一般性的公安工作。"从诸暨的经验看，群众起来之后，做得并不比你们差，并不比你们弱，你们不要忘记动员群众。"[1]

1964年1月14日，中共中央向全党发出《关于依靠群众力量，加强人民民主专政，把绝大多数四类分子改造成新人的指示》，同时转发《诸暨县枫桥区社会主义教育运动中开展对敌斗争的经验》一文。同年2月，第十三次全国公安会议提出在全国推广"枫桥经验"，一场轰轰烈烈的学习推广"枫桥经验"的活动在全国各地开展。1965年1月16日，中共中央在《中央批转公安部党组关于当前工作中两个问题的报告》中再次要求全国各省、市、区学习推广"枫桥经验"，全国各地掀起了学习"枫桥经验"的新高潮。经过中央多次推广，"枫桥经验"一跃成为全国政法战线的一面旗帜，并在各地的学习活动中有效发挥了实践指导作用。1965年1月，公安部党组在给党中央、毛泽东同志的报告中提出，"关于矛盾不上交，依靠群众监督，就地改造敌人的指

---

[1] 参见《"枫桥经验"：基层社会治理的中国方案》，载《光明日报》2021年3月17日05版。

示，在实际斗争中初见成效。1964年是中华人民共和国成立以来捕人、杀人最少的一年，治安情况比历年都好"。

1970年12月11日至1971年2月11日，为期两个月的全国第十五次公安工作会议在北京召开。这次会议通过的《全国第十五次公安工作会议纪要》重新肯定"枫桥经验"是依靠群众专政的好典型。毛泽东同志阅读这个会议纪要后，批示了"照发"两字。就这样，"枫桥经验"又一次得到了毛主席的肯定批示。1971年2月26日，中共中央批转了《全国第十五次公安工作会议纪要》，又掀起一次大力宣传、推广"枫桥经验"的热潮。

诸暨县在坚持"枫桥经验"的过程中，也注意结合实际需求，不断探索和改进。20世纪六七十年代，诸暨县在"枫桥经验"基本精神的指引下，就地改造、教育流窜犯和二流子，取得了积极成效。1975年10月25日，由公安部、浙江省公安局、绍兴地区公安局、诸暨县公安局组成的联合调查组，经过半年的蹲点调研，形成了《"枫桥经验"在前进》的调研报告，总结了"对一般流窜犯就地改造比矛盾上交好"等8个典型案例。同年11月24日，公安部副部长凌云在诸暨调研时，充分肯定了"枫桥经验"的发展情况。1977年11月2日，中共浙江省委批转了浙江省公安局党组关于推广落实"枫桥经验"的报告，提出了"枫桥经验"的六条标准，即：党支部能坚持党的基本路线，加强对治保工作的领导；治保组织健全，战斗力强，执行政策，遵守纪律好；树立了贫下中农的阶级优势，对阶级敌人的破坏活动和资本主义势力敢斗敢批；监督改造"四类分子"，做到经常化、制度化，对外逃的及时追回，对有破坏活动的就地制服，矛盾不上交；教育改造有违法犯罪行为的人，成效显著；发案少，治安好，巩固了集体经济，促进了生产。这就为标准化、规范化推广"枫桥经验"提供了重要支撑。1978年4月20日，《浙江日报》头版发表了《枫桥区广泛进行社会主义法制教育》的报道，提出枫桥区社、队党组织采取了有力措施，依靠群众，打击贪污盗窃犯、投机倒把犯、诈骗犯、流氓、打砸抢者，全区先后搞清了68个重点对象的问题。枫桥区干部群众创造了"发动和依靠群众，坚持矛盾不上交，就地解决。实现捕人少，治安好"的"枫桥经验"。

1978年5月11日，《光明日报》发表特约评论员文章《实践是检验真理的唯一标准》，由此引发了一场关于真理标准问题的大讨论。受此鼓舞，枫桥干部群众解放思想、实事求是，率先对"四类分子"进行评审和摘帽，为全国范围的拨乱反正提供了范例。同年11月22日，诸暨县委召开纪念毛泽东同志批示"枫桥经验"十五周年大会，为"四类分子"摘帽工作受到与会的公安部、浙江省和绍兴地区领导的肯定。

1978年12月18日—22日，中国共产党第十一届中央委员会第三次全体会议在北京召开。全会高度评价关于真理标准讨论，重新确立了党的实事求是的思想路线，实现了新中国成立以来的党的历史上具有深远意义的伟大转折，开启了改革开放和社会主义现代化建设新时期。1979年1月11日，中共中央做出《关于地主、富农分子摘帽问题和地、富子女成分问题的决定》。同年2月5日，《人民日报》发表了新华社记者的长篇通讯《摘掉一顶帽，调动几代人——记浙江省诸暨县枫桥区落实党对四类分子的政策》，再次肯定"枫桥经验"，对枫桥干部群众创造的为"四类分子"摘帽的做法予以高度评价。

绍兴地区参照枫桥区的做法，于1979年2月开展对"四类分子"摘帽和地、富子女定成分工作。至5月上旬，活动基本结束，90.81%的"四类分子"摘掉了帽子。至1983年6月，绍兴地区完成了全部"四类分子"的摘帽工作。按照党中央的决策部署，全国以枫桥区为榜样，到1983年底一律摘除"四类分子"帽子。"枫桥经验"为加快全国"四类分子"摘帽做出了重大贡献，这为我国改革开放事业铲平了政治障碍，极大地推动了思想解放，为实现全党和全国工作重心转移奠定了社会基础。

在这一阶段，"枫桥经验"正式产生并不断丰富，贯彻始终的也最为耀眼的是党的群众路线。发动群众、依靠群众、从群众中来到群众中去、全心全意为人民服务是中国共产党领导中国革命胜利的重要法宝，也是党领导人民开展社会主义革命和建设，取得一切举世瞩目的成就的基石。1956年党的八大正式将党的群众路线写进党章，使党的群众路线得到系统阐述和地位确认。"枫桥经验"模范地践行了党的群众路线，不仅创造性地在工作中依靠群众就地教育、改造"四类分子"，实现"矛盾不上交"，而且顺应时代潮流，率先发起对"四类分子"的摘帽，使干群关系更加融洽，群众内部关系更加和谐，社会秩序更加稳定，树立了群众对社会主义事业的坚定信心，激发了群众生产生活、发展经济的热情，这些均反映出"枫桥经验"的人民性、进步性。

二、"小事不出村，大事不出镇，矛盾不上交"

改革开放是决定当代中国前途命运的关键一招，为实现中华民族伟大复兴提供了充满新的活力的体制保证和快速发展的物质条件。十一届三中全会后，改革成为时代强音，开放成为时代潮流，有着古老文明的中华大地开始呈现出一派盎然生机。1981年6月27日—29日，中国共产党第十一届中央委员会第六次全体会议在北京举行，全会通过的《关于建国以来党的若干历史问题的决议》对我国社会主要矛盾做了规范的表述："在社会主义改造基本完成以后，我国所要解决的主要矛盾，是人民日益增长的物质文化需要同落后的社会生产之间的矛盾。"此后，经济大发展、社会大变革、人员大流动如火如荼地进行，随之而来的，不仅有社会主义市场经济的逐步繁荣，人民生活水平的持续提升，而且，在国内外各种因素的影响下，我国社会治安也出现了许多新情况、新问题，如刑事犯罪率抬头、流窜犯罪猖獗、青少年违法犯罪问题突出。日益严峻的社会治安形势，对刚刚呈现出的经济社会发展良好局面提出严重考验。如何在推进改革开放的同时，确保社会秩序稳定，使社会主义现代化建设事业不受社会治安问题的羁绊，成为党和人民普遍关心并须认真回答的重大课题。

在这样的背景下，诸暨县枫桥区的干部群众再一次团结一致，群策群力，共同寻求社会治安问题的破解之道。1980年3月，枫桥区委起草了《进入新的历史时期后，我们是怎样坚持"枫桥经验"的》，提出在阶级状况发生根本变化后，坚持"枫桥经验"的中心应迅速放到帮教、改造违法犯罪人员和维护社会治安上来。1981年6月10日，浙江省公安厅批转的浙江省公安厅三处《关于枫桥区治安情况的调查报告》中，对枫桥区"社会治安综合治理"的具体措施进行了归纳总结，分别为：一是在区、社党委领导下，发动干部、群众，及时制止解决各种治安问题；二是切实做好基层单位的安全防范工作，把预防社队企业被盗、被诈骗，作为重点来抓；三是坚持"枫桥经验"的基本精神，做好对违法人员的帮教工作；四是针对经济政策放宽的新情况，摸索和加强治安行政管理工作；五是加强治保队伍的建设。这些举措综合发力，使预防、打击犯罪和教育、改造违法犯罪人员有机结合，最大限度维护了社会稳定，减少了可能诱发犯罪和影响社会稳定的各种因素，使"枫桥经验"逐步发展成为融"打、防、教、管"于一体的社会治安综合治理经验。

在打防结合方面，枫桥区探索了制止犯罪的有效做法：一是总结帮教新经验，以维护社会秩序，预防和减少发案。二是总结制定治安公约的新经验，运用村民自治的形式，制定提高村民自律性的守则，使全区人人遵法守约,从而起到一定的预防犯罪的作用。三是切实做好基层单位的安全防范工作,把预防社队企业被盗、被诈骗作为重点来抓。四是做好社会面的控制,发现犯罪苗头,及时打击。在教管结合方面,枫桥区不断创造和完善"教育人,改造人"的内容和形式:一是强化教育,挽救帮教对象。对轻微违法犯罪人员和刑释解教人员"不推一把拉一把,帮一时更帮一世",坚持以政治教育为主,辅之以实际问题的解决,不仅做到了过去的"管头、管脚、管肚子",而且还帮助他们成家立业,勤劳致富。二是对外来流动人员坚持实行情感式管理,既严格管理,又保护他们的合法权益。经过这些方面的尝试和努力,枫桥区刑事案件的发案率大幅度下降。

1990年2月至4月,绍兴市公安局和诸暨市公安局组成联合调查组,在充分调研的基础上,形成《依靠群众管治安是维护社会治安的根本——枫桥区坚持和发展"枫桥经验"的做法》的调查报告和18个典型材料。调查报告认为,枫桥区的实践探索为社会治安综合治理提供了宝贵经验,具体体现为"五个依靠",即依靠群众就地解决纠纷引起的治安问题,依靠群众就地教育挽救违法人员,依靠群众加强公共复杂场所治安管理,依靠群众加强内部安全防范,依靠群众协助公安机关查破刑事案件。同年4月,浙江省公安厅、绍兴市公安局对"枫桥经验"进行了新的总结,形成了《紧紧依靠群众维护社会稳定——枫桥区在新形势下坚持和发展"枫桥经验"的调查报告》,认为"枫桥经验"已成为"具有浙江特色综合治理的典范"。同年9月,中央政法委转发了这份调研报告,向全国推广"枫桥经验"在维护社会治安、稳定社会秩序中的先进做法。1991年党中央、国务院和全国人大常委会分别做出了《关于加强社会治安综合治理的决定》。同年3月21日,中央社会治安综合治理委员会成立。1993年5月,新华社、《人民日报》等新闻单位组成中央记者团,对枫桥进行了实地调研和采访报道。同年

11月，浙江省公安厅、绍兴市委和诸暨市委联合召开纪念毛泽东同志批示"枫桥经验"三十周年大会，中央综治委有关领导参加，高度认可了"枫桥经验"在新时期的发展情况，将"枫桥经验"誉为社会治安综合治理的典范。学习推广"枫桥经验"进入新的高潮。

1992年年初，邓小平同志在南方谈话中系统地阐述了社会主义市场经济思想。他指出，计划多一点还是市场多一点，不是社会主义与资本主义的本质区别。计划经济不等于社会主义，资本主义也有计划，市场经济不等于资本主义，社会主义也有市场，计划和市场都是经济手段。在他看来，计划和市场都不是直接反映社会基本制度性质的范畴，它们表现为社会化大生产条件下实现资源配置的两种不同方式，是经济调节的两种不同手段。邓小平南方谈话充分肯定了社会主义社会可以利用市场经济这种手段，为建立新的经济体制指明了方向。1992年10月，党的十四大正式把建立社会主义市场经济体制确立为我国经济体制改革目标，从根本上解除了传统计划经济理论的束缚。1993年党的十四届三中全会制定《中共中央关于建立社会主义市场经济体制若干问题的决定》，明确了社会主义市场经济体制的基本框架，标志着社会主义市场经济体制建设的正式开启。随着社会主义市场经济迈上快速发展的轨道，新旧体制转轨、社会结构转型以及经济格局、利益关系出现重大调整成为这一时期的显著特征，各种不稳定因素大量出现，新型社会矛盾不断增多，社会稳定领域出现了许多新情况、新问题。在这种历史背景下，如何正确地处理改革、发展、稳定之间的关系，成为新时期的重大课题。

正是在这一历史条件和时代背景下，枫桥的干部群众始终坚持以邓小平理论为指导，坚决贯彻"稳定压倒一切"的思想和"两手抓、两手都要硬"的方针，坚持"要戴致富帽，先戴平安帽"的原则，在全力推进经济建设的同时，坚决维护社会和谐稳定的局面，继承和发展"枫桥经验"的基本精神，认真做好深化改革、加快发展、维护稳定各项工作，概括了"五有工作原则"①，总结了"四前工作法"②，做到"小事不出村，大事不出镇，矛盾不上交"，形成了"矛盾少、治安好、发展快、社会文明进步"的良好局面，走出了一条稳定与发展同步、致富与治安并举的路子。

与诸暨市创新"枫桥经验"的工作持续推进相同步，调研活动也定期或不定期进行，"枫桥经验"的发展成效一直受到各级领导的关心和关注。1998年8月至10月，浙江省公安厅、中共绍兴市委、诸暨市委联合组成调查组到枫桥镇蹲点调研，形成了《预防化解矛盾 维护农村稳定——"枫桥经验"新发展》调查报告，总结出"着眼发展，壮大经济，奠定稳定基础；立足预防，就地化解，防止矛盾激化；以人为本，强化教育，减少消极因素；扩大民主，村务公开，推进依法自治；率先垂范，无私奉献，发挥堡垒作用；依靠群众，专群结合，全力维护稳定"的新时期"枫桥经验"。

同年10月30日，中共绍兴市委、浙江省公安厅党委联合向中共浙江省委上报《关于推广枫桥新经验，更好地维护农村稳定的报告》，这一报告旋即得到浙江省委主要领导的批示，"枫桥经验"在浙江省继续推广。11月，公安部调研组赴诸暨总结"枫桥经验"，并形成了《关于浙江省诸暨市"枫桥经验"的调查报告》。报告指出，枫桥的干部群众在全力推动经济发展的同时，狠抓社会稳定，发展和形成了具有鲜明时代特色的"枫桥经验"——"党政动手，

---

① "五有"是指：有一个党政动手、各负其责，确保一方平安的领导责任制；有一个镇村为主、上下协调，实行综合治理的组织网络；有一个依靠群众、立足预防，就地化解矛盾纠纷的工作机制；有一个加强教育、扩大民主，实现群众自觉守法、社会公平正义的人本观念；有一个围绕中心、壮大经济，以改革、发展促稳定的治本意识。

② "四前"是指：坚持组织建设走在工作前、预测工作走在预防前、预防工作走在调解前、调解工作走在激化前。"四前工作法"是预防和化解矛盾的工作机制，实用而富有成效，把大量矛盾和问题解决在基层、解决在内部、解决在萌芽状态。

依靠群众,预防纠纷,化解矛盾,维护稳定,促进发展",为农村实现经济发展和社会稳定的良性循环开辟了一条成功之路。这条道路就是:一是壮大经济,加速发展,夯实稳定基础;二是领导动手,健全组织,强化综合治理;三是依靠群众,立足预防,完善防控体系,如预防化解纠纷,防止矛盾激化,严密安全防范,减少案件发生,坚持以人为本,减少犯罪因素;四是依法自治,维护权益,推进民主建设;五是强固核心,实践宗旨,建好基层基础。同时指出,枫桥派出所在坚持和发展"枫桥经验"中发挥了主力军作用。报告认为,"枫桥经验"对农村治安工作有重要意义。

1998年11月22日,浙江省公安厅、绍兴市委、诸暨市委联合召开纪念毛泽东同志批示"枫桥经验"三十五周年大会。同年12月1日,《人民日报》头版发表《立足稳定和发展——浙江诸暨"枫桥经验"纪实》,并配发《"枫桥经验"值得总结和推广》的评论员文章,报道提出"枫桥经验"在不断丰富和发展,形成了"党政动手,各负其责,依靠群众,化解矛盾,维护稳定,促进发展,小事不出村,大事不出镇,矛盾不上交"的具有时代特征的"枫桥经验",实现了"矛盾少、治安好、发展快、社会文明进步"的良好局面。1999年12月1日—2日,中央政法委在北京召开全国政法工作会议,会议号召全国政法战线大力学习推广"枫桥经验",广泛动员社会力量,把预防犯罪工作做在前面。

进入新世纪,"枫桥经验"创新发展热情不减,并将关注的焦点紧贴源头治理和平安建设。为了从源头上维护社会稳定,2002年8月,枫桥镇率先开展"平安枫桥"建设,通过抓基层、打基础,建机制、架网络,明责任、强保障,首创乡镇综治工作中心,健全社会治安综合治理机制,实施"矛盾化解五分法"①，探索"四先四早"②工作机制，建设"七个好"③派出所，创新"三帮三延伸"④工作机制，创新"四环指导法"⑤，致力打造"治安秩序好、矛盾不上交"的平安乡镇。

同时，枫桥镇还在全国首创乡镇综治工作中心，把综治办、司法所、信访办、调解委、警务室、流动人口管理办等部门集合在一起办公，形成一站式工作平台，进一步整合资源、协调指挥。综治中心建立后，不断加强综合治理的组织和机制建设，把管理的长效性、功能的完整性作为第一目标，致力于形成人人参与、部门配合、齐抓共管的社会治安综合治理格局。

2003年5月至8月，浙江省公安厅、绍兴市委、诸暨市委联合调查组进驻枫桥，蹲点调研，形成了《看枫桥如何实现矛盾少发展快——关于"枫桥经验"创新与发展的调查》报告和17个典型材料，总结出"五个推进、五个最大"的新时期"枫桥经验"，即推进经济社会发展，最大限度地减少社会矛盾；推进民主政治建设，最大限度地畅通社情民意渠道；推进预防化解矛盾机制创新，最大限度地把问题解决在基层；推进管理理念转变，最大限度地化消极因素为积极因素；推进农村社区建设，最大限度地实现服务阵地前移。同年11月22日，《人民日报》头版发表《让我们的社会安定和谐——浙江省诸暨市创新"枫桥经验"纪实》。报道肯定了"枫桥经验"的精神和优秀做法，即努力化解矛盾，就地解决问题，是枫桥经验的基本精神；其做法集

---

① "矛盾化解五分法"是指："分工负责，维稳责任具体化；分块实施，综合治理网格化；分层掌控，源头预防动态化；分级联动，矛盾化解即时化；分类管理，服务教育人本化。"最大限度地减少不和谐因素。
② "四先四早"是指：预警在先，苗头问题早消化；教育在先，重点对象早转化；控制在先，敏感时期早防范；调解在先，矛盾纠纷早处理。
③ "七个好"是指：选拔一名好所长、建设一个好班子、培养一支好队伍、建设一套好制度、创造一套好机制、探索一套好办法、夯实一个好基础。
④ "三帮三延伸"是指：帮人要帮心，帮人要帮富，帮人要帮到底；帮教进监狱、事先向监狱延伸，帮教重实效、事中向生产生活延伸，帮教讲长效、事后向巩固提高延伸。
⑤ "四环"是指：诉前环节普遍指导，诉时环节跟踪指导，诉中环节个别指导，诉后环节案例指导。

中表现为组织建设走在工作前,预测工作走在预防前,预防工作走在调解前,调解工作走在激化前(即"四前工作法")。

2003年11月25日—27日,中央综治委、浙江省委联合召开纪念毛泽东同志批示"枫桥经验"四十周年大会,中央政法委主要领导同志参加会议,时任浙江省委书记的习近平同志在大会上提出,要牢固树立"发展是硬道理、稳定是硬任务"的政治意识,充分珍惜"枫桥经验",大力推广"枫桥经验",不断创新"枫桥经验",切实维护社会稳定。

习近平同志曾对"枫桥经验"的阶段性发展进行了概括和总结,他指出:"20世纪60年代中期和70年代初期,枫桥创造了依靠群众改造流窜犯、帮教失足青年的成功经验;'十年动乱'结束后,枫桥在全国率先给'四类分子'摘帽,为全国范围的拨乱反正提供了范例;党的十一届三中全会以后,枫桥专群结合、群防群治,预防化解矛盾,维护社会治安,成为全国社会治安综合治理的典型;党的十五大以来,枫桥适应社会主义市场经济加快发展的新形势和新要求,坚持统筹兼顾、协调发展,突出以人为本、服务群众,注重德法并治、创新方法,走出了一条经济繁荣、社会稳定、人民安居乐业的新路子。"[1]

2004年5月上旬,浙江省委召开十一届六次全体(扩大)会议,做出《建设"平安浙江",促进社会和谐稳定的决定》。全会明确指出,"平安浙江"中的"平安",不是狭义的"平安",而是涵盖了政治、经济、文化和社会各方面宽领域、大范围、多层面的广义的"平安"。平安建设的一项重要内容,即强化基层基础工作,进一步总结、推广和创新"枫桥经验"。同年6月12日,《人民日报》发表《平安是福 和谐为乐——浙江省诸暨市创新"枫桥经

---

[1] 习近平:《干在实处 走在前列——推进浙江新发展的实践与思考》,中共中央党校出版社2006年版,第275—276页。

验"纪实》，配发评论员文章《"枫桥经验"的启示》。同年8月4日，浙江省委建设"平安浙江"领导小组第一次全体会议强调，要把创新发展"枫桥经验"作为总抓手，将其贯穿于建设"平安浙江"的始终。此后，"枫桥经验"在平安建设、和谐社会、新农村建设中，不断焕发新的生机，并发挥了积极作用。

2006年4月26日，中共浙江省委十一届十次全会通过《关于建设"法治浙江"的决定》，要求总结、推广和创新"枫桥经验"，建立健全矛盾纠纷疏导化解机制、打防控一体化工作机制和基层管理服务机制，完善社会治安综合治理的方法和途径，积极推进综治网络建设，把综治工作覆盖到全社会。

2008年10月，浙江省公安厅、绍兴市公安局、诸暨市公安局联合调查组进驻枫桥，在蹲点调研的基础上形成了《新的历史起点上"枫桥经验"的时代内涵》等系列调研报告，对"枫桥经验"的内涵做了新的表述，即"以人为本，与时俱进，公平正义，和谐稳定"，报告认为"以人为本"是"枫桥经验"创新发展的核心思想，"与时俱进"是"枫桥经验"创新发展的动力源泉，"公平正义"是"枫桥经验"创新发展的不懈追求，"和谐稳定"是"枫桥经验"创新发展的价值取向。同年11月24日，中央综治委、浙江省委联合召开纪念毛泽东同志批示"枫桥经验"四十五周年暨创新"枫桥经验"大会。会议要求认真学习运用"枫桥经验"，坚持抓源头、抓苗头、抓基层、抓稳定，把矛盾化解在基层、把问题解决在当地、把隐患消除在萌芽状态，为经济社会又好又快发展创造和谐稳定的环境。

2010年，中央政法委、中央综治委开展全国社会管理创新综合试点工作，诸暨市被确定为首批单位之一。诸暨市枫桥镇开始推进以"五大重点推进项目、六大综合提升工程"为主要内容的社会管理创新工作。"五大重点推进项目"包括：推进规范的农村群防群治队伍建设，构筑联动的"大调解"

工作格局，推进现代化的基层综治信息平台建设，加强农村社区矫正和安置帮教工作，加强对农村闲散青少年的教育帮助。"六大综合提升工程"包括：构建多元化农村社会矛盾解决机制，健全综合性农村社会治安防控机制，完善农村重点人群服务管理机制，加强农村"新社会机体"服务管理，提高农村社会管理法治化水平，深入推进和谐新农村社区建设。2011年3月29日，中央综治委在人民大会堂召开纪念社会治安综合治理两个《决定》颁布二十周年座谈会，枫桥镇作为全国唯一的基层代表做了发言。发言提出，作为"枫桥经验"的发源地，20年来，枫桥镇广大干部群众认真学习贯彻中央的指示精神，坚持和发展"枫桥经验"，始终把预防化解矛盾作为维护稳定的基础性工作和重要环节来抓，形成了"党政动手、依靠群众，源头预防、依法治理，减少矛盾、促进和谐"的工作新格局。

在这一阶段，诸暨枫桥干部群众坚持和发展"枫桥经验"，以"大平安"统筹社会和谐，率先开展"平安枫桥"建设，形成了人人参与、社会联创、齐抓共管社会治安综合治理和平安创建的工作新格局。"枫桥经验"依然保持了敢为人先、贴近群众、扎根基层、化解矛盾、有益社会民生的本色，先后成为"社会治安综合治理"和"社会治安综合管理"的典范，"小事不出村，大事不出镇，矛盾不上交"成为"枫桥经验"的精华内容。一系列典型做法和成效充分表明，"枫桥经验"不仅从未过时，而且迅速适应了时代的变化和发展潮流，在认真践行党的群众路线、最大程度激发群众热情、满足群众需要的基础上，与时俱进地注入了新的内涵。这是"枫桥经验"能够经受各个时期重大考验的关键所在。

三、"把'枫桥经验'坚持好、发展好，把党的群众路线坚持好、贯彻好"

2012年11月8日—14日，中国共产党第十八次全国代表大会在北京召开，此次大会是在我国进入全面建成小康社会决定性阶段召开的一次十分重要的大会。大会强调，建设中国特色社会主义，总依据是社会主义初级阶段，总布局是社会主义经济建设、政治建设、文化建设、社会建设、生态文明建设"五位一体"，总任务是实现社会主义现代化和中华民族伟大复兴。党的十八大以来，党的国家事业取得了全方位、开创性成就，发生了深层次、根本性变革，中国特色社会主义进入新时代。

在新时代，"枫桥经验"继续植根基层，创新发展，实现了由社会管理向社会治理的转变。由于优良传统的传承发展和契合现实需要的推陈出新，"枫桥经验"的做法和成效也一如既往地受到中央和地方的高度关注。

2013年5月，浙江省委常委会召开会议，研究部署坚持和发展"枫桥经验"工作。会议指出，"枫桥经验"是浙江省的"传家宝""金名片"，也是全国政法战线的一面旗帜。浙江省各级领导干部特别是政法战线上的广大干部，要把思想和行动统一到中央要求上来，既要始终不渝地坚持"枫桥经验"的核心内容和基本精神，又要根据形势和任务的变化，赋予"枫桥经验"新的内涵，不断形成新的实践成果、制度成果和理论成果，把这一"传家宝"紧紧抓在手上，使这个"老传统"历久弥新，让这棵"常青树"更加枝繁叶茂。会议强调，面对新形势新任务，要把坚持和发展"枫桥经验"落实到维护社会和谐稳定各项工作之中。"枫桥经验"体现为了群众、依靠群众、发动群众的要求，就是做群众工作的经验，是党的群众路线在政法工作上的实践典范。要突出"小事不出村、大事不出镇、矛盾不上交"的内涵，始终把抓基层打基础作为战略性、根本性任务来抓，把依靠法治与群众工作紧密结合起来，让群众广泛参与到平安浙江、法治浙江建设中来，真正成为维护社会稳定、促进平安和谐的中流砥柱。要始终坚持党的领导，各级领导干部要把发展作为"第一要务"，把稳定作为"第一责任"，一手拿"经济报表"，一手拿"平安报表"，做到守土有责、守土有方、守土有效。①

2013年9月16日，《人民日报》头版发表《源头化解矛盾 文化沁润心灵 "枫桥经验"历久弥新》一文，积极肯定了"枫桥经验"的新发展。报道提出"立足基层组织，整合力量资源，就地化解矛盾，保障民生民安"的新经验，"治安联防、矛盾联调、问题联治、事件联处、平安联创"的新机制，不但在浙江推广，还走向全国。"枫桥经验"与时俱进，闪烁着时代的光芒。

2013年10月，在纪念毛泽东同志批示"枫桥经验"五十周年大会召开前夕，习近平总书记就坚持和发展"枫桥经验"做出重要指示：50年前，浙江枫桥干部群众创造了"依靠群众就地化解矛盾"的"枫桥经验"，并根据形势变化不断赋予其新的内涵，成为全国政法综治战线的一面旗帜。浙江省各级党委和政府高度重视学习推广"枫桥经验"，紧紧扭住做好群众工作这条主线，为经济社会发展提供了重要保障。各级党委和政府要充分认识"枫桥经验"的重大意义，发扬优良作风，适应时代要求，创新群众工作方法，善于运用法治思维和法治方式解决涉及群众切身利益的矛盾和问题，把"枫桥经验"坚持好、发展好，把党的群众路线坚持好、贯彻好。②

2013年10月11日，中央综治委、浙江省委联合召开纪念毛泽东同志批

---

① 浙江省委常委会议：《浙江省委常委会议研究坚持和发展枫桥经验 坚持群众路线 发展枫桥经验》，载《浙江日报》2013年5月3日01版。
② 习近平：《把"枫桥经验"坚持好、发展好，把党的群众路线坚持好、贯彻好》，载《人民日报》2013年10月12日01版。

示"枫桥经验"50周年大会。会议要求，深刻认识"枫桥经验"的时代意义，进一步把"枫桥经验"坚持好、发展好；积极创新社会治理方式，最大限度地预防化解社会矛盾；正确把握信访工作定位，切实解决信访突出问题；坚持依法治理，努力把社会矛盾预防化解纳入法治轨道。会议对"枫桥经验"进行了高度评价：50年的实践证明，"枫桥经验"是实践党的群众路线的生动体现，是政法综治战线的一面旗帜，也是依靠群众促进经济社会又好又快发展的一面旗帜，在全面建设小康社会的历史进程中彰显了独特优势，发挥了积极作用。这是"枫桥经验"历久弥新、具有旺盛生命力的根本原因所在。新的历史时期，坚持和发展"枫桥经验"，实践党的群众路线，尊重人民主体地位，是全面建成小康社会、夺取中国特色社会主义事业新胜利的根本保障。[①]

随后，中央政法机关和各省相继召开会议传达学习习近平总书记关于坚持和发展"枫桥经验"重要指示精神和纪念毛泽东同志批示"枫桥经验"50周年大会精神，全国各地掀起了学习推广"枫桥经验"的新高潮。重视打防结合，坚持源头治理、系统治理、综合治理、依法治理，成为政法综治战线创建平安中国新格局的新思路。做好新形势下的群众工作，如何化解基层矛盾，成为各级政法机关坚持和发展"枫桥经验"的必修课。2013年10月23日，浙江省坚持和发展"枫桥经验"大会在诸暨市召开。会议提出，坚持和发展"枫桥经验"，最重要的是加强基层、打牢基础。基层是党执政的根基，要增强为党站岗放哨的责任意识，善于运用"枫桥经验"守好阵地。基层是科学发展的基地，要正确处理发展与稳定的关系，善于运用"枫桥经验"促

[①] 孟建柱：《加强和创新群众工作 为全面建成小康社会创造和谐稳定的社会环境——纪念毛泽东同志批示"枫桥经验"50周年》，载共产党员网2013年11月1日，https://news.12371.cn/2013/11/01/ARTI1383265577470227.shtml。

进经济发展。基层是联系群众的基础，要坚持群众想什么，我们就干什么，善于运用"枫桥经验"做好群众工作。基层是解决问题的基点，要坚持重心下移、工作下沉，善于运用"枫桥经验"就地化解矛盾。

2014年1月6日，《光明日报》以《从"海上枫桥"到"网上枫桥"——"枫桥经验"50年在传承中创新》为题报道了"枫桥经验"在海上、网上等领域的延伸和创新。报道聚焦"海上枫桥：调解船保渔场平安""关口前移：从源头预防生态环保纠纷""网上枫桥：推动网民自我管理化解矛盾"等方面，并提出，今天的中国经济转型与社会转轨并存，经济纠纷、生态环保纠纷、互联网纠纷等新矛盾不断涌现。各地各部门在不断创新中传承，"枫桥经验"从陆地应用到海上，又用到了互联网上，显现出鲜明的时代特色。①

2014年年初，中共中央、国务院印发《关于全面深化农村改革加快推进农业现代化的若干意见》，明确提出，创新基层管理服务。总结推广"枫桥经验"，创新群众工作机制。这是"枫桥经验"首次写入中央一号文件。

自2014年起，"枫桥经验"多次写入最高人民法院、最高人民检察院工作报告。如2014年最高人民法院工作报告提出：妥善化解社会矛盾。积极参与社会治理，健全诉讼与非诉讼相衔接的矛盾纠纷解决机制，加大诉前调解力度，坚持和发展"枫桥经验"，指导、支持人民调解，将大量矛盾纠纷化解在基层和诉前，促进社会和谐。2014年最高人民检察院工作报告提出：注重化解社会矛盾。坚持和发展"枫桥经验"，完善民生服务热线，加强检察长接待、视频接访、下访巡访、巡回检察等工作，真诚解决群众反映的问题，共办理群众信访47.9万件次。

2014年4月，中共浙江省委理论学习中心组在《浙江日报》发表《中国

---

① 王逸吟：《从"海上枫桥"到"网上枫桥"——"枫桥经验"50年在传承中创新》，载《光明日报》2014年1月6日04版。

特色社会主义在浙江实践的重大理论成果——学习〈干在实处走在前列〉和〈之江新语〉两部专著的认识和体会》，文中提出：在这两部专著中，都有创新发展"枫桥经验"的论述。习近平同志强调，要把学习推广新时期"枫桥经验"作为加强社会治安综合治理的总抓手，抓基层、打基础，建机制、架网络，明责任、强保障，使"枫桥经验"在全省城乡基层单位全面推开，焕发出蓬勃生机和旺盛活力。2003年11月，习近平同志在浙江省纪念毛泽东同志批示"枫桥经验"40周年大会上明确提出，要牢固树立"发展是硬道理、稳定是硬任务"的政治意识，充分珍惜"枫桥经验"，大力推广"枫桥经验"，不断创新"枫桥经验"，切实维护社会稳定。这些年来，全省上下认真贯彻这一要求，着力创新发展"枫桥经验"，把预防化解矛盾纠纷作为建设"平安浙江"的重要内容，纳入全局工作之中，坚持以人为本、统筹发展，治本抓源、德法兼治，重心下移、夯实基础，及时有效地化解经济社会生活中的热点难点问题和社会矛盾，人民群众安全感满意率始终保持在90%以上。[1]

2014年11月5日，《人民日报》发表《平安中国 吹响集结号——十八大以来政法综治部门推进平安中国建设综述》，文章提出，针对社会矛盾多发的现实，"枫桥经验"成为各地将矛盾化解在基层、维护社会稳定的一大法宝。"小事不出村、大事不出镇、矛盾不上交""发现在早、防范在先、处置在小"，各地对于预防和化解社会矛盾的新探索结出硕果。建立健全市县乡村四级排查化解机制；以干部下访、网上信访等多种形式实现矛盾纠纷排查化解工作的全覆盖；完善人民调解、行政调解、司法调解联动工作体系……从"和稀泥"到"依法解决"，调解的主体、模式、方法都发生了重大变化，"矛盾化解新常态"正在逐渐形成。

---

[1] 中共浙江省委理论学习中心组：《中国特色社会主义在浙江实践的重大理论成果——学习〈干在实处走在前列〉和〈之江新语〉两部专著的认识和体会》，载《浙江日报》2014年4月4日02版。

2016年4月，学习出版社、人民出版社出版的《习近平总书记系列重要讲话读本（2016年版）》，在第十二部分"让老百姓过上好日子——关于改善民生和创新社会治理"中提出：社会治理的重心必须落到城乡社区。社区服务和管理能力强，社会治理的基础就实。要尽可能把资源、服务、管理放到基层，使基层有职有权有物，更好地为群众提供精准有效的服务和管理。加强城市常态化管理，聚焦群众反映强烈的突出问题，狠抓城市管理顽症治理。加强流动人口服务管理，更多运用市场化、法治化手段，促进人口有序流动。加强创新农村社会治理，重视化解农村社会矛盾，学习推广"枫桥经验"，争取做到"小事不出村，大事不出镇，矛盾不上交"。

2017年8月，由浙江省委政法委员会、浙江省公安厅、绍兴市公安局、诸暨市公安局有关人员组成的"枫桥经验"联合蹲点调研组进驻枫桥，调查了解新时代"枫桥经验"在枫桥这一源头的创新发展情况。通过调研，调研组得出了一个基本结论：毛泽东思想诞生了"枫桥经验"，习近平新时代中国特色社会主义思想孕育发展了新时代"枫桥经验"。新时代"枫桥经验"是习近平新时代中国特色社会主义思想的重大成果。在习近平新时代中国特色社会主义思想指引下，"枫桥经验"发生了质的变化和划时代的跃升，可以说，新时代"枫桥经验"是一个以人民为中心，不断提高人民群众的获得感、幸福感、安全感，顺应人民对美好生活向往的经验；是一个以党建为引领，多元主体共同参与治理，自治、法治、德治相融合，推动基层社会治理体系和治理能力现代化的经验；是一个实现社会平安和谐、高水平全面建成小康社会目标的经验。

同年9月，新华社对全国社会治安综合治理先进集体和个人进行了报道，特别提出：说起社会综治，就不能不提浙江枫桥。历久弥新的"枫桥经验"，如今仍展现出强大的生命力。"枫桥经验"归根结底，是把群众工作做细做实。为了打通基层治理"最后一公里",枫桥镇建立综治工作、市场监管、综合执法、便民服务四大平台,所有执法人员集中办公,全天候巡逻执法;为了让群众办事更便利,该镇开展"最多跑一次"行政审批改革,八成便民服务事项的平均办理时间缩减 50% 以上。在全镇 2800 名党员带动下,全镇近十分之一的群众加入义务巡防、矛盾调解等志愿服务,共同参与社会治理。[①]

2017 年 10 月 18 日至 10 月 24 日,中国共产党第十九次全国代表大会在北京召开。这是在全面建成小康社会决胜阶段、中国特色社会主义发展关键时期召开的一次十分重要的大会。承担着谋划决胜全面建成小康社会、深入推进社会主义现代化建设的重大任务,事关党和国家事业继往开来,事关中国特色社会主义前途命运,事关最广大人民根本利益。习近平总书记代表十八届中央委员会做了《决胜全面建成小康社会,夺取新时代中国特色社会主义伟大胜利》的报告。报告对社会主要矛盾进行了新的界定,即我国社会主要矛盾已经转化为"人民日益增长的美好生活需要和不平衡不充分的发展之间的矛盾"。社会主要矛盾的变化,为"枫桥经验"的创新发展提出了新要求。

2018 年 9 月,中共中央、国务院印发了《乡村振兴战略规划(2018—2022 年)》,提出:健全矛盾纠纷多元化解机制,深入排查化解各类矛盾纠纷,全面推广"枫桥经验",做到小事不出村、大事不出乡(镇)。

2018 年 12 月,中央政法委、中共浙江省委召开纪念毛泽东同志批示学习推广"枫桥经验"五十五周年暨习近平总书记指示坚持发展"枫桥经验"十五周年大会。会议主要任务是坚持以习近平新时代中国特色社会主义思想为

[①] 白阳:《为了一方平安祥和——全国社会治安综合治理先进集体和个人群像扫描》,载新华网 2017 年 9 月 20 日,http://m.xinhuanet.com/2017-09/20/c_1121697970.htm。

指引，深入学习贯彻党的十九大和十九届二中、三中全会精神，坚持发展新时代"枫桥经验"，加快推进基层社会治理现代化，努力建设更高水平的平安中国，不断增强人民群众获得感、幸福感、安全感，为新时代经济社会持续健康发展创造安全的政治环境、稳定的社会环境、公正的法治环境、优质的服务环境。会议指出：各地区各部门在贯彻学习"枫桥经验"中要坚持把党的领导作为根本保证，努力形成共建共治共享的基层社会治理新格局；坚持把以人民为中心作为根本立场，努力满足人民群众美好生活新需要；坚持把自治、法治、德治作为根本方式，努力构建基层社会善治新体系；坚持把预测预警预防作为根本任务，努力打造矛盾风险防控新模式；坚持把基层基础建设作为根本支撑，努力激发基层社会治理新动能。回顾55年，特别是15年来发展历程，"枫桥经验"形成于社会主义建设时期，发展于改革开放新时期，创新于中国特色社会主义新时代。实践充分证明，"枫桥经验"是党领导人民创造的一套行之有效的社会治理方案。"枫桥经验"之所以经久不衰、永葆活力，就在于始终依靠党的领导这一最大优势，始终坚守人民至上这一不变初心，始终弘扬改革创新这一时代精神，始终激活基层基础这一深厚本源。郭声琨同志强调，当今世界正经历百年不遇之大变局，给我国社会治理带来前所未有的新挑战。各地区各有关部门要坚持以习近平新时代中国特色社会主义思想为指引，紧紧围绕完善和发展中国特色社会主义制度、推进国家治理体系和治理能力现代化的总目标，坚定不移走中国特色社会主义社会治理之路，坚持和加强党的领导，以人民为中心，以改革创新为动力，以基层基础建设为保障，与时俱进地把"枫桥经验"坚持好、发展好，把党的群众路线坚持好、贯彻好，着力推进基层社会治理现代化，进一步提高社会治理社会化、法治化、智能化、专业化水平，加快形成共建共治共享的基层社会治理新格局，努力建设更高水平的平安中国，不断增强人民群众获得感、幸福感、安全感。①

同年12月,中共中央印发了《中国共产党农村基层组织工作条例》,其中第二十条规定,党的农村基层组织应当健全党组织领导的自治、法治、德治相结合的乡村治理体系。深化村民自治实践,制定完善村规民约,建立健全村务监督委员会,加强村级民主监督。推广新时代"枫桥经验",推进乡村法治建设,提升乡村德治水平,建设平安乡村。

2019年1月21日,省部级主要领导干部坚持底线思维着力防范化解重大风险专题研讨班在中央党校开班。中共中央总书记、国家主席、中央军委主席习近平在开班式上发表重要讲话。习近平强调:要推进社会治理现代化,坚持和发展"枫桥经验",健全平安建设社会协同机制,从源头上提升维护社会稳定能力和水平。②

2019年年初,中共中央、国务院印发《关于坚持农业农村优先发展做好"三农"工作的若干意见》,明确提出,完善乡村治理机制,保持农村社会和谐稳定。持续推进平安乡村建设。坚持发展新时代"枫桥经验",完善农村矛盾纠纷排查调处化解机制,提高服务群众、维护稳定的能力和水平。

2019年3月5日,国务院总理李克强同志在第十三届全国人民代表大会第二次会议上做政府工作报告,提出:加强和创新社会治理。推动社会治理重心向基层下移,推广促进社会和谐的"枫桥经验",构建城乡社区治理新格局。这是"枫桥经验"首次写入国务院《政府工作报告》。

2019年5月7日—8日,全国公安工作会议在北京召开。中共中央总书

---

① 郭声琨:《坚持发展新时代"枫桥经验" 加快推进基层社会治理现代化》,载人民网2018年11月13日,http://politics.people.com.cn/n1/2018/1113/c1001-30398444.html。
② 《习近平在省部级主要领导干部坚持底线思维着力防范化解重大风险专题研讨班开班式上发表重要讲话强调 提高防控能力着力防范化解重大风险 保持经济持续健康发展社会大局稳定》,载《人民日报》2019年1月22日01版。

记、国家主席、中央军委主席习近平出席会议并发表重要讲话。习近平强调，要积极预防、妥善化解各类社会矛盾，确保社会既充满生机活力又保持安定有序。要处理好维稳和维权的关系，既要解决合理合法诉求、维护群众利益，也要引导群众依法表达诉求、维护社会秩序。要围绕影响群众安全感的突出问题，履行好打击犯罪、保护人民的职责，对涉黑涉恶、涉枪涉爆、暴力恐怖和个人极端暴力犯罪，对盗抢骗、黄赌毒、食药环等突出违法犯罪，要保持高压震慑态势，坚持重拳出击、露头就打。要坚持打防结合、整体防控，专群结合、群防群治，把"枫桥经验"坚持好、发展好，把党的群众路线坚持好、贯彻好，充分发动群众、组织群众、依靠群众，推进基层社会治理创新，努力建设更高水平的平安中国。①

2019年6月，中共中央办公厅、国务院办公厅印发《关于加强和改进乡村治理的指导意见》，提出，健全乡村矛盾纠纷调处化解机制。坚持发展新时代"枫桥经验"，做到"小事不出村、大事不出乡"。健全人民调解员队伍，加强人民调解工作。完善调解、仲裁、行政裁决、行政复议、诉讼等有机衔接、相互协调的多元化纠纷解决机制。发挥信息化支撑作用，探索建立"互联网+网格管理"服务管理模式，提升乡村治理智能化、精细化、专业化水平。强化乡村信息资源互联互通，完善信息收集、处置、反馈工作机制和联动机制。广泛开展平安教育和社会心理健康服务、婚姻家庭指导服务。推动法院跨域立案系统、检察服务平台、公安综合窗口、人民调解组织延伸至基层，提高响应群众诉求和为民服务能力水平。

2019年9月4日，《人民日报》发表《探寻适合自己的道路和办法——解析新中国70年发展密码》，评论道：坚持独立自主，就是要针对现实中出现

---

① 《习近平在全国公安工作会议上强调 坚持政治建警改革强警科技兴警从严治警 履行好党和人民赋予的新时代职责使命》，载《人民日报》2019年5月9日01版。

的问题，把解决问题作为最终的目的。这正体现着实事求是思想路线的精髓，其要义就在于以问题为导向、以国情为基准、以效果为检验，走一条遵循"实践理性"的发展路子。面对社会治理问题，我们不是简单照搬外国司法、执法体制，而是创造出"依靠群众就地化解矛盾"的"枫桥经验"；……事实证明，从实际出发而不是从概念出发，从问题出发而不是从结论出发，才能扎根中国的土壤和实际，找到解决中国问题的有效方法。①

同年9月20日，新华社发表长篇通讯《从大国之治迈向强国之治——新中国70年社会治理现代化巡礼》，高度评价了"枫桥经验"在全国遍地开花，报道提出，1963年，枫桥干部群众创造了"在党的领导下，发动和依靠群众，坚持矛盾不上交，就地解决，实现捕人少、治安好"的经验。如今，党建引领成为新时代"枫桥经验"的灵魂，基层群众、社会力量广泛参与社会治理，成为鲜明特征。56年慷慨激昂，"枫桥经验"从枫桥镇发端，在全国开枝散叶、硕果累累，成为社会治理的典范。构筑共建共治共享的社会治理新格局，加快形成科学有效的社会治理体制，建立完善富有活力和效率的新型基层社会治理体系。浙江续写好"枫桥经验"新时代篇章；黑龙江大庆市坚持发展新时代"枫桥经验"以人民调解提升基层治理能力；河南南阳市创新发展"枫桥经验"促进民族团结……推动自治、法治、德治"三治融合"。②

同年9月22日，国务院新闻办公室发表《为人民谋幸福：新中国人权事业发展70年》白皮书，白皮书谈到，坚持和发展"小事不出村，大事不出镇，矛盾不上交"的"枫桥经验"，不断深化人民调解、行政调解、行业性专业性调解、司法调解衔接联动，完善矛盾纠纷多元化解机制，让群众及时、

---

① 彭飞：《探寻适合自己的道路和办法——解析新中国70年发展密码》，载《人民日报》2019年9月4日05版。
② 《从大国之治迈向强国之治——新中国70年社会治理现代化巡礼》，载新华网2019年9月20日，http://www.xinhuanet.com/2019-09/20/c_1125019892.htm。

就地解决问题。

同年10月21日,新华社发表《开启法治中国新时代——以习近平同志为核心的党中央推进全面依法治国纪实》,谈到:法治中国建设以人民为中心,不断织密公民权利保障的严密法网,破除社会治理痼疾顽瘴——1963年,"枫桥经验"从浙江诸暨干部群众的创新实践中诞生,半个多世纪来不断传承、历久弥新。党的十八大以来,各地积极探索社会治理新思路新举措,推动"枫桥经验"扩展到经济、政治、文化、社会、生态等领域,我国社会治理体系和治理能力迈上新台阶。[①]

2019年10月31日,中国共产党第十九届中央委员会第四次全体会议通过了《中共中央关于坚持和完善中国特色社会主义制度 推进国家治理体系和治理能力现代化若干重大问题的决定》,提出:完善正确处理新形势下人民内部矛盾有效机制。坚持和发展新时代"枫桥经验",畅通和规范群众诉求表达、利益协调、权益保障通道,完善信访制度,完善人民调解、行政调解、司法调解联动工作体系,健全社会心理服务体系和危机干预机制,完善社会矛盾纠纷多元预防调处化解综合机制,努力将矛盾化解在基层。

同年12月2日,《人民日报》第二版刊登《以社会治理现代化夯实国家治理现代化的基石——访中央政法委秘书长陈一新》相关报道。记者提问:党的十九届四中全会提出了"坚持和发展新时代'枫桥经验'"的具体要求,应当如何坚持和发展"枫桥经验",将矛盾化解在基层?陈一新同志回答道:一是坚持党的领导这一根本原则。要强化政治引领,健全总揽全局、协调各方的党委领导机制,使基层党组织成为防范化解矛盾的"主心骨"。要强化思想引领,推动习近平新时代中国特色社会主义思想进机关、进企业、进校园、

---

① 《开启法治中国新时代——以习近平同志为核心的党中央推进全面依法治国纪实》,载新华网2019年10月21日,http://www.xinhuanet.com/politics/leaders/2019-10/21/c_1125133417.htm。

进农村、进社区，使之成为人民群众的思想和行动指南，引导广大人民群众坚定不移听党话、跟党走。要强化组织引领，把党组织的服务管理触角延伸到基层治理每个细胞，凝聚起防范化解人民内部矛盾的强大合力。二是坚守以人民为中心这一根本立场。要坚持在发展中保障和改善民生，不断增强人民群众获得感、幸福感、安全感，让人民群众成为改革发展的最大受益者。要创新组织群众、发动群众的机制，依靠群众解决群众身边的矛盾问题，让人民群众成为维护稳定的最广参与者。要以人民满意为根本标尺，加大群众意见在社会治理绩效考评中的权重，让人民群众成为社会治理的最终评判者。三是坚持综合施策这一根本途径。要以自治"消解矛盾"，发挥自治章程、村规民约、居民公约的自律规范作用，运用民事民议、民事民办、民事民管的办法解决人民内部矛盾。要以法治"定分止争"，引导群众在法律框架下分清是非，在权利义务统一中判断对错。要以德治"春风化雨"，大力弘扬社会主义核心价值观，传承中华道德文化精髓。要以智治"提质增效"，推动更多社情民意在网上了解、更多矛盾纠纷在网上解决。四是树立关口前移这一根本理念。要把好"源头关"，完善重大决策社会稳定风险评估机制，健全社会公示听证、专家咨询、合法性审查等制度。要把好"监测关"，加快监测预警体系建设，提高动态监测、实时预警能力。要把好"管控关"，完善应急处置机制，健全整体防控体系，努力使矛盾风险不累积、不扩散、不升级。要把好"责任关"，建立健全权利与义务统一、风险与责任关联、激励与惩戒并重的责任体系，严格落实领导责任、属地责任、监管责任。[①]

2020年1月19日，党的十九届四中全会《决定》学习问答中，对"坚持和发展新时代'枫桥经验'"解释道："枫桥经验"是在20世纪60年代初，

[①]《以社会治理现代化夯实国家治理现代化的基石——访中央政法委秘书长陈一新》，载《人民日报》2019年12月2日02版。

由浙江省诸暨县枫桥区（今诸暨市枫桥镇）干部群众创造的，其基本内涵是"发动和依靠群众，坚持矛盾不上交，就地解决，实现捕人少，治安好"。此后"枫桥经验"受到党和政府充分肯定并在实践中不断丰富发展，特别是党的十八大以来形成了具有鲜明特色的新时代"枫桥经验"。其实质就是，在党的领导下依靠群众解决群众自己的事情，民事民议、民事民办、民事民管，做到"小事不出村，大事不出镇，矛盾不上交"。习近平总书记多次强调，各级党委和政府要充分认识"枫桥经验"的重大意义，发扬优良作风，适应时代要求，创新群众工作方法，善于运用法治思维和法治方式解决涉及群众切身利益的矛盾和问题，把"枫桥经验"坚持好、发展好，把党的群众路线坚持好、贯彻好。[1]在谈到"提高社会治安立体化、法治化、专业化、智能化水平，形成问题联治、工作联动、平安联创的工作机制"时，提出：提高社会治安立体化水平，充分调动社会各方力量、统筹社会各种资源，实现认识统一、行动协同、结果共享。坚持打防结合、预防为主、专群结合、依靠群众的方针，健全点线面结合、网上网下结合、人防物防技防结合、打防管控结合的立体化社会治安防控体系。通过总结推广"网上枫桥经验"，推动社情民意在网上了解、矛盾纠纷在网上解决、正面能量在网上聚合，努力做到单向与双向互动、线上与线下融合、专业部门与社会协同联手。[2]

2020年1月19日—21日，中共中央总书记、国家主席、中央军委主席习近平来到云南，看望慰问各族干部群众，向全国人民致以新春祝福。习近平强调，要坚持和发展"枫桥经验"，深入开展扫黑除恶行动，加大对涉毒、涉

---

[1]《党的十九届四中全会〈决定〉学习问答 63. 完善正确处理新形势下人民内部矛盾有效机制，主要有哪些重点？》，载共产党员网 2020 年 1 月 19 日，https://www.12371.cn/2020/01/19/ARTI1579402837605570.shtml。
[2]《党的十九届四中全会〈决定〉学习问答 64. 完善社会治安防控体系主要有哪些要求？》，载共产党员网 2020 年 1 月 19 日，https://www.12371.cn/2020/01/19/ARTI1579402980463586.shtml。

恐、走私、诈骗、偷越边境、越境赌博等跨境违法犯罪的打击力度，坚决打掉背后的黑势力和"保护伞"。①

2020年年初，中共中央、国务院印发《关于抓好"三农"领域重点工作确保如期实现全面小康的意见》，提出：调处化解乡村矛盾纠纷。坚持和发展新时代"枫桥经验"，进一步加强人民调解工作，做到小事不出村、大事不出乡、矛盾不上交。畅通农民群众诉求表达渠道，及时妥善处理农民群众合理诉求。

同年4月20日—23日，中共中央总书记、国家主席、中央军委主席习近平在陕西考察。习近平在考察时强调，要加强和创新社会治理，坚持和完善新时代"枫桥经验"，深化扫黑除恶专项斗争。②

同年6月，中央宣传部（国务院新闻办公室）会同中央党史和文献研究院、中国外文局编辑的《习近平谈治国理政》第三卷，由外文出版社以中英文版出版，面向海内外发行。第三卷收入了习近平总书记在2017年10月18日至2020年1月13日期间的报告、讲话、谈话、演讲、批示、指示、贺信等92篇，分为19个专题。为了便于读者阅读，该书做了必要注释。书中对"枫桥经验"解释道：20世纪60年代初，浙江诸暨枫桥干部群众创造了"发动和依靠群众，坚持矛盾不上交，就地解决，实现捕人少，治安好"的"枫桥经验"。此后，"枫桥经验"在实践中不断丰富发展，特别是中共十八大以来形成了特色鲜明的新时代"枫桥经验"。其内涵是，坚持和贯彻党的群众路线，在党的领导下，充分发动群众、组织群众、依靠群众解决群众自己的事情，做到"小事不出村、大事不出镇、矛盾不上交"。

---

① 《习近平春节前夕赴云南看望慰问各族干部群众 向全国各族人民致以美好的新春祝福 祝各族人民生活越来越好祝祖国欣欣向荣》，载新华网2020年2月21日，http://wxinhuanetww.com/politics/leaders/2020-01/21/c_1125489987.htm。
② 《习近平在陕西考察时强调 扎实做好"六稳"工作落实"六保"任务 奋力谱写陕西新时代追赶超越新篇章》，载新华网2020年4月23日，http://www.xinhuanet.com/politics/leaders/2020-04/23/c_1125896472.htm。

同年8月12日,《人民日报》发表《中国制度面对面⑩:同心共筑平安梦——共建共治共享的社会治理制度如何搭建?》,文中对"枫桥经验"表述道:枫桥,是一座桥,一座连接党心民心的同心桥,一座通向和谐安宁的平安桥;枫桥,不仅是一座桥,更是一座新中国基层治理的丰碑。几十年来,从"发动和依靠群众,坚持矛盾不上交,就地解决"到"矛盾不上交、平安不出事、服务不缺位",浙江省诸暨市枫桥镇"枫桥经验"在传承中发展,在发展中创新,由基层治理的"金字招牌"上升为新时代社会治理的"制胜宝典",为正确处理新形势下人民内部矛盾提供了宝贵经验。关口前移,矛盾不上交。"枫桥经验"的一个突出特点,就是"小事不出村、大事不出镇",最大限度地把矛盾风险防范化解在基层。从现实情况看,有的地方和单位"后知后觉",对苗头性问题不敏感,出现了矛盾也办法不多、处置不当,要么"捂盖子",要么"撂挑子",最后"小事拖大、大事拖炸"。要避免这种情况,最重要的就是要关口前移,切实把好"源头关""监测关""管控关""责任关",做到前置防线、前瞻治理、前端控制、前期处置,完善重大决策社会稳定风险评估机制,加快监测预警体系建设,健全整体防控体系,严格落实领导责任、属地责任和监管责任,确保守土有责、守土负责、守土尽责。

同年9月17日上午,中共中央总书记、国家主席、中央军委主席习近平在湖南省长沙市主持召开基层代表座谈会并发表重要讲话,听取基层干部群众代表对"十四五"规划编制的意见和建议。习近平强调,基础不牢,地动山摇。只有把基层党组织建设强、把基层政权巩固好,中国特色社会主义的根基才能稳固。"十四五"时期,要在加强基层基础工作、提高基层治理能力上下更大功夫。要加强和改进党对农村基层工作的全面领导,提高农村基层组织建设质量,为乡村全面振兴提供坚强政治和组织保证。要加强和创新基层社会治理，坚持和完善新时代"枫桥经验"，加强城乡社区建设，强化网格化管理和服务，完善社会矛盾纠纷多元预防调处化解综合机制，切实把矛盾化解在基层，维护好社会稳定。①

2020年10月29日，中国共产党第十九届中央委员会第五次全体会议通过了《中共中央关于制定国民经济和社会发展第十四个五年规划和二〇三五年远景目标的建议》，提出，维护社会稳定和安全。正确处理新形势下人民内部矛盾，坚持和发展新时代"枫桥经验"，畅通和规范群众诉求表达、利益协调、权益保障通道，完善信访制度，完善各类调解联动工作体系，构建源头防控、排查梳理、纠纷化解、应急处置的社会矛盾综合治理机制。健全社会心理服务体系和危机干预机制。坚持专群结合、群防群治，加强社会治安防控体系建设，坚决防范和打击暴力恐怖、黑恶势力、新型网络犯罪和跨国犯罪，保持社会和谐稳定。②

2020年11月16日—17日，中央全面依法治国工作会议在北京召开，中共中央总书记、国家主席、中央军委主席习近平出席会议并发表重要讲话。习近平指出：古人说"消未起之患、治未病之疾，医之于无事之前"。法治建设既要抓末端、治已病，更要抓前端、治未病。我国国情决定了我们不能成为"诉讼大国"。我国有14亿人口，大大小小的事都要打官司，那必然不堪重负！要推动更多法治力量向引导和疏导端用力，完善预防性法律制度，坚持和发展新时代"枫桥经验"，完善社会矛盾纠纷多元预防调处化解综合机制，更加重视基层基础工作，充分发挥共建共治共享在基层的作用，推进市

---

① 《习近平在基层代表座谈会上强调 把加强顶层设计和坚持问计于民统一起来 推动"十四五"规划编制符合人民所思所盼》，载《人民日报》2020年9月20日01版。
② 《中共中央关于制定国民经济和社会发展第十四个五年规划和二〇三五年远景目标的建议》，载《人民日报》2020年11月4日01—03版。

域社会治理现代化，促进社会和谐稳定①。本次会议旗帜鲜明地提出了"习近平法治思想"，会议强调，习近平法治思想内涵丰富、论述深刻、逻辑严密、系统完备，从历史和现实相贯通、国际和国内相关联、理论和实际相结合上深刻回答了新时代为什么实行全面依法治国、怎样实行全面依法治国等一系列重大问题。习近平法治思想是顺应实现中华民族伟大复兴时代要求应运而生的重大理论创新成果，是马克思主义法治理论中国化最新成果，是习近平新时代中国特色社会主义思想的重要组成部分，是全面依法治国的根本遵循和行动指南。全党全国要认真学习领会习近平法治思想，吃透基本精神、把握核心要义、明确工作要求，切实把习近平法治思想贯彻落实到全面依法治国全过程②。由此，"枫桥经验"正式写入习近平法治思想。

同年12月，中共中央印发了《法治社会建设实施纲要（2020—2025年）》，《纲要》提出，依法有效化解社会矛盾纠纷。坚持和发展新时代"枫桥经验"，畅通和规范群众诉求表达、利益协调、权益保障通道，加强矛盾排查和风险研判，完善社会矛盾纠纷多元预防调处化解综合机制，努力将矛盾纠纷化解在基层。全面落实诉讼与信访分离制度，深入推进依法分类处理信访诉求。充分发挥人民调解的第一道防线作用，完善人民调解、行政调解、司法调解联动工作体系。充分发挥律师在调解中的作用，建立健全律师调解经费保障机制。县（市、区、旗）探索在矛盾纠纷多发领域建立"一站式"纠纷解决机制。加强农村土地承包经营纠纷调解仲裁、劳动人事争议调解仲裁工作。加强行政复议、行政调解、行政裁决工作，发挥行政机关化解纠纷的

---

① 习近平：《坚定不移走中国特色社会主义法治道路，为全面建设社会主义现代化国家提供有力法治保障》，载《求是》2021年第5期。本文内容为习近平总书记2020年11月16日在中央全面依法治国工作会议上讲话的主要部分。
② 《习近平在中央全面依法治国工作会议上强调 坚定不移走中国特色社会主义法治道路 为全面建设社会主义现代化国家提供有力法治保障》，载《人民日报》2020年11月18日01版。

"分流阀"作用。推动仲裁委员会积极参与基层社会纠纷解决,支持仲裁融入基层社会治理。

2021年1月9日,《人民日报》头版发表《"平安中国"的名片更加闪亮("十三五",我们这样走过)》,回顾"十三五"期间平安中国建设的成就。文章谈到,夯实基层基础、织牢防控体系是排查隐患、化解风险的关键抓手。"十三五"期间,各地坚持打防并举、标本兼治,坚持和发展新时代"枫桥经验",扎实推进社区警务、一村一辅警、"法律明白人"等工作,从源头治起、从细处抓起、从短板补起,努力以"基础实"赢得"百姓安"。"十三五"期间刑事案件立案数较"十二五"期间下降22%,治安案件查处数下降27%。

2021年年初,中共中央印发了《法治中国建设规划(2020—2025年)》,《规划》提出,积极引导人民群众依法维权和化解矛盾纠纷,坚持和发展新时代"枫桥经验"。充分发挥人民调解的第一道防线作用,完善人民调解、行政调解、司法调解联动工作体系。全面开展律师调解工作。完善调解、信访、仲裁、行政裁决、行政复议、诉讼等社会矛盾纠纷多元预防调处化解综合机制,整合基层矛盾纠纷化解资源和力量,充分发挥非诉纠纷解决机制作用。深化法律援助制度改革,扩大法律援助覆盖面。有序推进行政裁决工作,探索扩大行政裁决适用范围。

同年2月19日下午,中共中央总书记、国家主席、中央军委主席、中央全面深化改革委员会主任习近平主持召开中央全面深化改革委员会第十八次会议。会议审议通过了《关于加强诉源治理推动矛盾纠纷源头化解的意见》。会议强调,法治建设既要抓末端、治已病,更要抓前端、治未病。要坚持和发展新时代"枫桥经验",把非诉讼纠纷解决机制挺在前面,推动更多法治力量向引导和疏导端用力,加强矛盾纠纷源头预防、前端化解、关口把控,完善预防性法律制度，从源头上减少诉讼增量。

2021年年初，《中华人民共和国国民经济和社会发展第十四个五年（2021—2025年）规划和2035年远景目标纲要》公布，这一文件根据《中共中央关于制定国民经济和社会发展第十四个五年规划和二〇三五年远景目标的建议》编制，主要阐明国家战略意图，明确政府工作重点，引导规范市场主体行为，是我国开启全面建设社会主义现代化国家新征程的宏伟蓝图，是全国各族人民共同的行动纲领。《纲要》第五十五章"维护社会稳定和安全"第一节"健全社会矛盾综合治理机制"中指出，坚持和发展新时代"枫桥经验"，构建源头防控、排查梳理、纠纷化解、应急处置的社会矛盾综合治理机制。畅通和规范群众诉求表达、利益协调、权益保障通道，完善人民调解、行政调解、司法调解联动工作体系。健全矛盾纠纷多元化解机制，充分发挥调解、仲裁、行政裁决、行政复议、诉讼等防范化解社会矛盾的作用。完善和落实信访制度，依法及时就地解决群众合理诉求。健全社会矛盾风险防控协同机制。健全社会心理服务体系和危机干预机制。

同年4月28日，中共中央、国务院印发《关于加强基层治理体系和治理能力现代化建设的意见》，提出，增强乡镇（街道）平安建设能力。坚持和发展新时代"枫桥经验"，加强乡镇（街道）综治中心规范化建设，发挥其整合社会治理资源、创新社会治理方式的平台作用。完善基层社会治安防控体系，健全防范涉黑涉恶长效机制。健全乡镇（街道）矛盾纠纷一站式、多元化解决机制和心理疏导服务机制。

同年5月20日，中共中央、国务院印发《关于支持浙江高质量发展建设共同富裕示范区的意见》，旨在进一步丰富共同富裕的思想内涵，探索破解新时代社会主要矛盾的有效途径，为全国推动共同富裕提供省域范例，打造新时代全面展示中国特色社会主义制度优越性的重要窗口。《意见》第七部分为

"坚持和发展新时代'枫桥经验',构建舒心安心放心的社会环境",部署了"以数字化改革提升治理效能"和"全面建设法治浙江、平安浙江"两个方面的重要任务。

同年6月,中共中央、国务院转发了《中央宣传部、司法部关于开展法治宣传教育的第八个五年规划(2021—2025年)》,《规划》强调,深化法治乡村(社区)建设。加大乡村(社区)普法力度,实施乡村(社区)"法律明白人"培养工程。完善和落实"一村(社区)一法律顾问"制度。开展面向家庭的普法主题实践活动,培育农村学法用法示范户,建设尊老爱幼、男女平等、夫妻和睦的模范守法家庭,注重发挥家庭家教家风在基层社会治理中的重要作用。健全党组织领导的自治、法治、德治相结合的城乡基层治理体系,加强乡村(社区)依法治理,探索实行积分制,因地制宜推广村民评理说事点、社区"法律之家"等做法,打造基层普法和依法治理有效阵地。坚持和发展新时代"枫桥经验",完善社会矛盾纠纷多元预防调处化解综合机制,做到"小事不出村、大事不出乡、矛盾不上交"。深入开展"民主法治示范村(社区)"创建,加强动态管理,提高创建质量,促进乡村社会既充满活力又和谐有序,推动全面依法治国各项措施在城乡基层落地生根。

同年6月15日,中共中央印发《关于加强新时代检察机关法律监督工作的意见》,《意见》提出,切实加强民生司法保障。坚持以人民为中心的发展思想,顺应新时代人民对美好生活的新需求,依法从严惩治危害食品药品安全、污染环境、危害安全生产等犯罪,切实保障民生福祉。抓住人民群众反映强烈的执法不严、司法不公等问题,加大法律监督力度,维护社会公平正义。坚持和发展新时代"枫桥经验",健全控告申诉检察工作机制,完善办理群众信访制度,引入听证等方式审查办理疑难案件,有效化解矛盾纠纷。强化未成年人司法保护，完善专业化与社会化相结合的保护体系。

2021年11月11日，中国共产党第十九届中央委员会第六次全体会议通过了《中共中央关于党的百年奋斗重大成就和历史经验的决议》，《决议》提出：党着眼于国家长治久安、人民安居乐业，建设更高水平的平安中国，完善社会治理体系，健全党组织领导的自治、法治、德治相结合的城乡基层治理体系，推动社会治理重心向基层下移，建设共建共治共享的社会治理制度，建设人人有责、人人尽责、人人享有的社会治理共同体。加强防灾减灾救灾和安全生产工作，加强国家应急管理体系和能力建设。坚持和发展新时代"枫桥经验"，坚持系统治理、依法治理、综合治理、源头治理，完善信访制度，健全社会矛盾纠纷多元预防调处化解综合机制，加强社会治安综合治理，开展扫黑除恶专项斗争，坚决惩治放纵、包庇黑恶势力甚至充当保护伞的党员干部，防范和打击暴力恐怖、新型网络犯罪、跨国犯罪。党的十八大以来，我国社会建设全面加强，人民生活全方位改善，社会治理社会化、法治化、智能化、专业化水平大幅度提升，发展了人民安居乐业、社会安定有序的良好局面，续写了社会长期稳定奇迹。

同年11月12日，国务院印发《"十四五"推进农业农村现代化规划》，提出，深入推进平安乡村建设。坚持和发展新时代"枫桥经验"，加强群防群治力量建设，巩固充实乡村人民调解组织队伍，创新完善乡村矛盾纠纷多元化、一站式解决机制。

同年12月4日，国务院新闻办公室发表《中国的民主》白皮书。白皮书提出，基层民主创新十分活跃。从城乡社区里的村（居）民议事会、村（居）民论坛、民主恳谈会、民主听证会到党代表、人大代表、政协委员联合进社区，从"小院议事厅"到"板凳民主"，从线下"圆桌会"到线上"议事群"，中国人民在火热的基层生活中，摸索创造了一个又一个充满烟火气的民主形式。人们通过这些接地气、聚人气的民主实践，围绕涉及自身利益的实际问题，发表意见建议，进行广泛协商，利益得到协调，矛盾有效化解，促进了基层稳定和谐。基层民主许多好的经验做法成为国家政策，为中国民主发展不断注入新的动力。"枫桥经验"被《白皮书》列为典型经验并以"专栏3"的形式郑重推荐。

2022年10月16日上午，中国共产党第二十次全国代表大会开幕。这次大会是在全党全国各族人民迈上全面建设社会主义现代化国家新征程、向第二个百年奋斗目标进军的关键时刻召开的一次十分重要的大会。大会主题是：高举中国特色社会主义伟大旗帜，全面贯彻新时代中国特色社会主义思想，弘扬伟大建党精神，自信自强、守正创新，踔厉奋发、勇毅前行，为全面建设社会主义现代化国家、全面推进中华民族伟大复兴而团结奋斗。大会明确宣示党在新征程上举什么旗、走什么路、以什么样的精神状态、朝着什么样的目标继续前进，对全面建成社会主义现代化强国两步走战略安排进行宏观展望，科学谋划未来5年乃至更长时期党和国家事业发展的目标任务和大政方针。习近平总书记在大会上做了题为《高举中国特色社会主义伟大旗帜 为全面建设社会主义现代化国家而团结奋斗》的报告，报告第十一部分"推进国家安全体系和能力现代化，坚决维护国家安全和社会稳定"第四点"完善社会治理体系"中指出：健全共建共治共享的社会治理制度，提升社会治理效能。在社会基层坚持和发展新时代"枫桥经验"，完善正确处理新形势下人民内部矛盾机制，加强和改进人民信访工作，畅通和规范群众诉求表达、利益协调、权益保障通道，完善网格化管理、精细化服务、信息化支撑的基层治理平台，健全城乡社区治理体系，及时把矛盾纠纷化解在基层、化解在萌芽状态。加快推进市域社会治理现代化，提高市域社会治理能力。强化社会治安整体防控，推进扫黑除恶常态化，依法严惩群众反映强烈的各类违法犯罪活动。发展壮大群防群治力量，营造见义勇为社会氛围，建设人人有责、人人尽责、人人享有的社会治理共同体①。

作为全国首部以"枫桥经验"为旗帜的创制性地方性法规，《绍兴市"枫桥经验"传承发展条例》②于2022年8月31日经绍兴市第九届人民代表大会常务委员会第五次会议审议通过，于2022年9月29日经浙江省第十三届人民代表大会常务委员会第三十八次会议批准，2022年10月10日予以公布，自2022年11月1日起施行。这说明，为持续擦亮"枫桥经验"金名片，绍兴市切实扛起"枫桥经验"发源地的使命担当，不断创新工作理念、方法和载体，通过立法把"枫桥经验"这一基层治理经验上升为普遍的法治规则，总结提炼转化为社会治理中具有普遍意义的法治模式。

《绍兴市"枫桥经验"传承发展条例》认真总结了绍兴各地坚持和发展"枫桥经验"，推进基层社会治理成功经验、特色亮点，将实践中形成的行之有效、群众认可、操作性强的做法上升为法规条文予以固化。《条例》明确了传承发展"枫桥经验"应当结合本地历史文化传统、经济社会发展实际，守正创新，与时俱进；规定了市、县（市、区）人民政府应当完善工作落实机制，建立基层创新激励制度；规定了按照数字化发展要求，完善基层社会治理数据归集共享机制，迭代优化基层智治应用场景，构建完善新时代"枫桥

---

① 习近平：《高举中国特色社会主义伟大旗帜 为全面建设社会主义现代化国家而奋斗——在中国共产党第二十次全国代表大会上的报告（2022年10月16日）》，载《人民日报》2022年10月26日01版。
② 《绍兴市"枫桥经验"传承发展条例》研究课题组组长由杭州师范大学枫桥经验与法治建设研究中心主任、西北政法大学枫桥经验与社会治理研究院副院长余钊飞教授担任。2022年2月至8月，课题组参与《绍兴市"枫桥经验"传承发展条例》立法的调研、座谈、考察工作草案定稿及起草说明、条文对照表、立法法律法规政策文件汇编、调研报告终稿等配套材料的形成等研究工作。在此期间，西北政法大学校长助理、中华法系与法治文明研究院院长、枫桥经验与社会治理研究院院长汪世荣教授，西北政法大学人工智能与智慧司法研究院院长、杭州师范大学数字法治研究中心主任陈京春教授，中华法系与法治文明研究院执行院长、枫桥经验与社会治理研究院副院长王斌通博士以及西北政法大学博士研究生杨历霖等参与课题论证、研讨、调研等工作，有力推动了《绍兴市"枫桥经验"传承发展条例》顺利制定和出台，为"枫桥经验"立法做出了西法大贡献。

经验"指数指标体系等内容，推动绍兴各地因地制宜、因时制宜、因事制宜，不断传承发展"枫桥经验"，实现"枫桥经验"与时俱进。坚持好、传承好、发展好"枫桥经验"，离不开人民群众的参与。《条例》还鼓励、支持、引导公民、法人以及其他组织依法有序参与"枫桥经验"传承发展工作，努力让"枫桥经验"在新时代大放光彩。为了丰富传承和发展好"枫桥经验"的载体形式，《条例》还指出要加强人才培养和队伍建设，加强文献档案、口述资料收集整理和利用研究，并将"枫桥经验"纳入党校、干部教育培训机构主体班次教学计划，在高等学校、中小学校组织开展传承发展"枫桥经验"相关活动。值得一提的是，《条例》还规定每年11月为"枫桥经验"宣传月，从而更好地推动"枫桥经验"传承发展。

2023年9月20日下午，习近平总书记来到"枫桥经验"发源地诸暨市枫桥镇，参观枫桥经验陈列馆，了解新时代"枫桥经验"的生动实践。习近平指出，要坚持好、发展好新时代"枫桥经验"，坚持党的群众路线，正确处理人民内部矛盾，紧紧依靠人民群众，把问题解决在基层、化解在萌芽状态[1]。

同年9月28日，浙江省十四届人大常委会第五次会议表决通过《关于坚持和发展新时代"枫桥经验"的决定》（以下简称"决定"），自公布之日起施行。

《决定》开篇回顾了"枫桥经验"的发展情况：2023年是毛泽东同志批示学习推广"枫桥经验"60周年暨习近平总书记指示坚持和发展"枫桥经验"20周年。60年来，"枫桥经验"从"发动和依靠群众，坚持矛盾不上交，就地解决，实现捕人少，治安好"，发展为"坚持和贯彻党的群众路线，在党的领导下，充分发动群众、组织群众、依靠群众解决群众自己的事情，做到

---

[1]《习近平在浙江考察时强调 始终干在实处走在前列勇立潮头 奋力谱写中国式现代化浙江新篇章》，载《人民日报》2023年9月26日01版。

小事不出村、大事不出镇、矛盾不上交",在实践中形成了"群众唱主角,干部来引导,德法加智治,有事当地了"的新时代特征①。

此次通过的《决定》共14条,立足实现矛盾就地化解,推进社会治理体系和治理能力现代化,对如何坚持和发展新时代"枫桥经验"做出规定,明确了指导思想、目标任务、工作举措、实现路径和实践特征。

《决定》指出,坚持和发展新时代"枫桥经验",应当坚持以习近平新时代中国特色社会主义思想为指导,全面贯彻落实习近平法治思想、习近平总书记关于坚持和发展"枫桥经验"重要论述精神,坚持党的领导,坚持群众路线,坚持因地制宜、守正创新,不断促进自律和他律、刚性和柔性、治身和治心、人力和科技相统一,做到系统治理、依法治理、综合治理、源头治理,在法治轨道上推进社会治理现代化。

《决定》就"高水平服务保障中国特色社会主义共同富裕先行和省域现代化先行""大力推进社会治理共同体建设""强化县级社会治理中心矛盾调处化解的统筹协调功能""夯实'基层治理四平台'""深化基层网格治理""充分发挥调解的作用""充分发挥人民群众的主体作用,不断增强人民群众参与社会治理的主体意识和积极性,进一步发展壮大群防群治力量""建立完善党组织领导的,以自治为基础、以法治为保障、以德治为先导、以智治为支撑的城乡基层治理体系""构建协同闭环的数字化社会治理体系"等方面进行了部署,并对行政机关、监察机关、司法机关、人大及其常委会在坚持和发展新时代"枫桥经验"中的具体任务提出了要求。

在这一阶段,"枫桥经验"实现了向新时代"枫桥经验"的跨越式发展。"枫桥经验"在传承中发展、在发展中创新,展示出历久弥新的魅力。半个多

---

① 《浙江省人民代表大会常务委员会关于坚持和发展新时代"枫桥经验"的决定》,载《浙江日报》2023年9月29日05版。

世纪的实践表明,"枫桥经验"是创新群众工作方法,善于运用法治思维和法治方式解决涉及群众切身利益矛盾和问题的典范。作为基层社会治理的"金字招牌","枫桥经验"为坚持和完善社会治理,实现共建共治共享提供了重要范本。根据新时代主要矛盾的变化,"枫桥经验"不断创新工作理念、方法和载体:在治理理念上,从侧重社会稳定为主,转为社会全面进步,推进基层社会治理现代化;在治理主体上,从一元治理转为多元治理,形成了共建共治共享的社会治理格局;在治理方式上,从传统治理转为数字治理,从被动治理转为主动治理,从事后治理转为事先预防,形成了系统治理、依法治理、综合治理、源头治理的现代治理体系。①

历史雄辩地说明,"枫桥经验"是党领导下人民创造的一整套行之有效的基层社会治理方案,源于诸暨枫桥干部群众的伟大创造和政法工作的生动实践,形成于社会主义建设时期,发展于改革开放新时期,创新于中国特色社会主义新时代。作为中国基层社会治理的一面旗帜,"枫桥经验"凝结着一代代中国共产党人带领人民创新社会治理的探索,历经时代淬炼而不朽,迸发出穿越时空的旺盛生命力。尤其是新时代"枫桥经验"连续被写入党的十九届四中全会《决定》、十九届五中全会《建议》和党的十九届六中全会《决议》,写入党的二十大报告。标志着新时代"枫桥经验"不仅成为坚持和完善中国特色社会主义制度,推进国家治理体系和治理能力现代化的有机组成部分,也成为党的百年奋斗重大成就和历史经验重要组成部分,具有里程碑的意义。

---

① 《"枫桥经验":基层社会治理的中国方案》,载《光明日报》2021年3月17日05版。

第二章
在社会基层坚持和发展新时代"枫桥经验"

　　新时代"枫桥经验"是习近平新时代中国特色社会主义思想在基层社会治理领域结出的一大成果，坚持发展新时代"枫桥经验"，必须牢牢把握其"五个坚持"的基本内涵，即：坚持党建统领、人民主体、"三治融合"、"四防并举"、共建共享。在此基础上，不断推动基层社会治理理念、手段、方法、机制创新，努力构建基层社会善治新体系，提升基层社会治理现代化水平。

　　"枫桥经验"由五个核心要素组成，包括党建统领、人民主体、自治法治德治"三治"结合、共建共治共享、平安和谐，这五个要素构成了"枫桥经验"的鲜明特征和时代内涵。其中，党建统领是根本保证，人民主体是价值核心，"三治"结合是核心要义，共建共治共享是基本格局，平安和谐是目标效果。

一、党建统领是根本保证

党建统领,就是强调党在社会治理中的统一领导作用,将党的领导贯穿于基层社会治理的各个方面、各个环节,发挥基层党组织的核心堡垒作用和党员的先锋模范作用。党建统领是新时代"枫桥经验"的根本保证,是新时代"枫桥经验"保持生机活力的重要法宝。继党的十九大报告提出"把党的政治建设摆在首位"后,党的二十大报告进一步明确"以党的政治建设统领党的建设各项工作",并提出一系列明确要求:"增强党组织政治功能和组织功能""坚持大抓基层的鲜明导向""把基层党组织建设成为有效实现党的领导的坚强战斗堡垒",推进以党建统领基层治理,持续整顿软弱涣散基层党组织,把基层党组织建设成为有效实现党的领导的坚强战斗堡垒。另外,党的二十大党章修正案在总纲第二十五自然段"必须紧密围绕党的基本路线"后,增写"坚持和加强党的全面领导"的内容。这对于充分发挥党总揽全局、协调各方的领导核心作用,把党的领导落实到党和国家事业各领域各方面各环节,具有重要意义。中国共产党的领导是中国特色社会主义最本质的特征,必须全方位推进基层党建,严格按照《中国共产党支部工作条例(试行)》等党内法规,不折不扣地履行战斗堡垒作用,特别注重因地制宜、因人而异,创造性开展基层党建工作,发挥基层社会治理中党组织的核心堡垒作用。

坚持中国共产党的领导是新时代"枫桥经验"创新发展的根本保证,是确保新时代"枫桥经验"沿着中国特色社会主义治理道路稳步前进的政治保证。党建统领是新时代"枫桥经验"的政治优势和根本保证,其本质就在于把党的领导落实到基层,使党组织成为基层社会治理的"领头雁"。实践证明，凡是"枫桥经验"坚持和发展得好的地方，都是基层党组织战斗堡垒作用和党员先锋模范作用发挥得好的地方，也是党建工作和基层社会治理融合得好的地方。只有坚持中国共产党的领导，才能坚持好、发展好新时代的"枫桥经验"。党建统领主要体现在以下三个方面：

（一）政治引领寻求共识

党建统领的核心工作方法是政治引领。党建统领中的政治引领指的是各级党组织运用党的思想资源和意识形态资源，开展党内教育并促成多方治理主体达成共识从而实现合作的过程。[①]这对于多元共治中搁置分歧、汇聚力量具有重要作用。政治引领表现为基层党组织在上级党组织的领导下，坚持政治原则，贯彻中央政治方针和政治路线，把握基层治理的政治方向，确保基层治理不脱离正确轨道。中国共产党是一个马克思主义政党，以实现共产主义作为党的最高理想和最终目标，它始终坚持以人民为中心的发展思想，强调政治建设在党的建设中的重要地位。[②]

党的意识形态资源一旦与具体的治理情境相结合并形成特定政治动员工程，就能发挥更强的政治引领作用。一般来说，抽象而笼统的意识形态话语由于缺乏具象化的指向和具体制度保障，在发挥政治引领功能时作用有限。有鉴于此，新时代"枫桥经验"坚持各级党组织结合本地区的现实问题和发展战略，将特定的治理目标融入党的意识形态资源之中，构建具有本地特色的政治动员工程。这些政治动员工程既贴合中央和上级党委的精神，也凸显了基层治理维度的决心。由于其蕴含的意识形态资源得到了系统化的阐释与

---

① 黄晓春：《党建统领下的当代中国社会治理创新》，载《中国社会科学》2021年第6期，第116—120页。
② 中共中央党史和文献研究院编：《十九大以来重要文献选编（上）》，中央文献出版社2019年版，第44页。

具象化的演绎，并辅之以强有力的执行保障，因而具有很强的动员效能。新时代"枫桥经验"的一个特征就是，它能根据不同时期基层社会治理的要求，积极组织、发动并依靠群众，创新工作方法，保证党和国家的路线方针政策法律的有效实施。新时代"枫桥经验"的基本精神体现了党委领导下的群众路线，体现了党正确处理人民内部矛盾的策略，体现了党坚持实事求是、一切从实际出发的思想路线，体现了新时代党关于基层社会治理的指导思想。

坚持和发展"枫桥经验"，要求牢固树立中国特色社会主义的道路自信、理论自信、制度自信、文化自信，确保基层社会治理始终沿着正确方向前进。"枫桥经验"走的道路是中国特色社会主义道路，"枫桥经验"坚持的是中国特色社会主义制度，"枫桥经验"是中国的治理经验，"枫桥经验"的理论是中国的治理理论，"枫桥经验"的文化是中国的文化。离开道路自信、理论自信、制度自信、文化自信，"枫桥经验"就会成为无源之水、无本之木。要强化政治引领，发挥党的群众工作优势和党员先锋模范作用，引领基层各类组织自觉贯彻党的主张，确保基层治理正确方向。

（二）思想引领激励共治

思想引领是基层党组织在理论观点、思想方法以至于精神状态方面的引领。党的思想建设是党的基础性建设，是党领导的伟大社会革命始终沿着正确方向前进的重要保证。中国共产党之所以能够历经艰难困苦而不断发展壮大，很重要的一个原因就是党始终重视思想建党、理论强党，使全党始终保持统一的思想、坚定的意志、协调的行动、强大的战斗力。政治上的清醒来自理论上的清醒，政治上的坚定来自思想上的坚定。只有把党的思想建设搞好了，坚持正确的政治方向，制定正确的纲领和路线，坚持科学的思想方法和工作方法，才能保持全党的团结统一，实现全面正确领导，确保党领导的伟大社会革命始终沿着正确方向前进。党的二十大报告指出，"我们要坚持马克思主义在意识形态领域指导地位的根本制度"，"建设具有强大凝聚力和引领力的社会主义意识形态"，强调"牢牢掌握党对意识形态工作领导权，全面落实意识形态工作责任制，巩固壮大奋进新时代的主流思想舆论"，"增强实现中华民族伟大复兴的精神力量"。当前，必须以党的二十大精神为引领，不断增强政治自觉、思想自觉、行动自觉，以新时代意识形态工作的新加强、新成效，彰显中国精神、中国价值、中国力量的厚重底色与强大效能。

习近平总书记强调要用党的创新理论武装全党是党的思想建设的根本任务，这一论断深刻揭示了理论武装与思想建设的关系，对于推进全党用科学理论武装头脑、指导实践、推动工作具有重要指导意义。科学的理论武装是凝聚人心、团结向上的关键环节。"枫桥经验"是习近平新时代中国特色社会主义思想的重大成果，及时将新时代"枫桥经验"上升到更高的理论高度，让广大党员干部运用理论化的"枫桥经验"指导实践，对推广"枫桥经验"具有重要意义。坚持和发展"枫桥经验"，要求党员干部提高自己的思想素质，进而实现素质引领。这就要求每个基层党员干部必须坚定信仰，树立理想，树立正确的价值观念，提高思想认识、思想觉悟和道德水平。从根本来源上讲，党的思想引领力源于对理想的执着和信仰的坚定，坚定党员干部的理想信念是党的思想建设的首要任务。共产主义远大理想和中国特色社会主义共同理想，是中国共产党人的精神支柱，是保持党的团结统一的思想基础，也是基层党员干部的行动基础。坚持和发展"枫桥经验"，就是要党员用思想理论武装头脑，以思想自觉引领行动自觉。思想引领的关键是党员干部要把深化学习摆在首位，尤其是要把学习习近平新时代中国特色社会主义思想放在首位，认真领会核心要义，掌握精神实质，把其中的立场、观点、方法，引领人民群众从思想上参与基层社会治理，做到学而信、学而用、学而行，拧紧思想上的"总开关"，做真抓实干的模范。

（三）组织引领大抓导向

组织引领，就是通过基层党组织、党的干部和广大党员，组织和带领人民群众共同推进社会治理。党的组织引领是政治引领、思想引领的保证，将党的政治引领、思想引领落到实处。基层党组织的组织引领能力决定了政治引领的强度，也决定了思想引领的高度。健康向上、充满活力的基层党组织能够充分向群众展现中央政治方针和政治路线的正确性，能够使党的思想焕发思想魅力，更能让党的思想在人民群众中生根发芽。习近平总书记在党的二十大报告中指出："坚持大抓基层的鲜明导向，抓党建促乡村振兴，加强城市社区党建工作，推进以党建统领基层治理，持续整顿软弱涣散基层党组织，把基层党组织建设成为有效实现党的领导的坚强战斗堡垒。"这一重要要求，突出强调基层党组织宣传党的主张、贯彻党的决定、领导基层治理、团结动员群众、推动改革发展的功能定位，为坚持党的领导、加强基层党组织建设指明了方向，提供了遵循。坚持发展新时代"枫桥经验"，必须强化党组织领导核心作用，加强党对社会治理与平安建设的全面领导。尤其要健全党总揽全局、协调各方的领导制度体制，始终把党的领导贯穿于社会治理的全领域、全过程、全环节，引导社会各方参与社会治理创新，确保社会治理创新工作始终沿着正确的方向推进，形成推动社会和谐发展、抵御各类风险挑战、保障社会稳定的强大合力。同时，要不断健全党组织领导社会治理和平安建设工作机制，加强各级党组织领导社会治理和平安建设工作制度建设，研究解决区域社会治理重点难点问题，将社会治理和平安建设工作贯穿到规划、决策、执行、监管各领域各环节，推动社会治理与平安建设融入经济社会发展全过程。就各级党委而言，应加强平安建设工作领导小组工作力量，完善平安建设工作协调机制，充分发挥党委政法委职能作用，统筹政法系统和相关部门资源力量，推动社会治理创新发展。

二、人民主体是核心价值

新时代"枫桥经验"的本质特征是以人民为中心。实现好、维护好、发展好最广大人民的根本利益，是新时代"枫桥经验"的灵魂所系、本质所在、生命力所依。党的二十大党章修正案在总纲第十七自然段，将"发展更加广泛、更加充分、更加健全的人民民主"修改为"发展更加广泛、更加充分、更加健全的全过程人民民主"，突出强调了人民民主是全过程民主，进一步充分彰显我国人民民主的鲜明特色和显著优势，为新时代发展社会主义民主政治、建设社会主义政治文明提供了重要指引和遵循。

党的二十大报告将"坚持以人民为中心的发展思想"作为全面建设社会主义现代化国家必须牢牢把握的重大原则，明确要求"维护人民根本利益，增进民生福祉，不断实现发展为了人民、发展依靠人民、发展成果由人民共享，让现代化建设成果更多更公平惠及全体人民"。"以人民为中心"是中国共产党成立以来矢志不渝的宗旨和初心，是新中国成立以来一以贯之的发展理念，也是新时代推动人的全面发展和社会全面进步的根本遵循，也必然是社会治理领域的核心理念和价值根基。习近平总书记指出："创新社会治理，要以最广大人民根本利益为根本坐标，从人民群众最关心最直接最现实的利益问题入手"[1]，"加强和创新社会治理，关键在体制创新，核心是人，只有

---

[1] 习近平：《在参加十二届全国人大三次会议上海代表团审议时的讲话》，载新华网 2015 年 3 月 5 日，http://www.xinhuanet.com/politics/2016lh/2016-03/05/c_1118243972.htm。

人与人和谐相处，社会才会安定有序。治理和管理一字之差，体现的是系统治理、依法治理、源头治理、综合施策"①，"一切治理活动，都要尊重人民主体地位，尊重人民首创精神，拜人民为师"②，这些论述就是对"以人民为中心"的基层社会治理理念的精辟阐释，也深刻阐述了新时代"枫桥经验"在基层社会治理中的基本思路与核心主线。

（一）基层社会治理为了人民

《礼记》有言"同民心而出治道"。"民惟邦本，本固邦宁"，中国传统"以人为本"的仁政思想影响深远。"仁"既是中华民族传统美德的基本原则，也是中华传统道德价值的核心。"仁"的基本含义是"爱人"。孔子说：仁者"爱人"，孟子则进一步强调"亲亲，仁也"，唐代韩愈提出"博爱之谓仁"的思想，北宋张载有"民胞物与"的仁爱理论。在儒家思想的"大同社会"中，也将"老有所终，壮有所用，幼有所长，鳏、寡、孤、独、废、疾者，皆有所养"作为追求的理想，其核心理念是"以人为本"。

习近平同志指出，中国共产党人的初心和使命，就是为中国人民谋幸福，为中华民族谋复兴。这决定了人民立场就是中国共产党的根本政治立场。我们党自成立之日起，就把坚持人民利益高于一切写在自己的旗帜上，把全心全意为人民服务作为根本宗旨，把实现好、维护好、发展好最广大人民的根本利益作为一切工作的出发点和落脚点。人民主体立场决定了新时代"枫桥经验"的政治立场、逻辑起点和价值取向。"枫桥经验"从形成之初到现在，一直秉承"以人为本"的仁政理念，无论是改造"四类分子"、化解矛

---

① 《习近平同志〈论坚持全面深化改革〉主要篇目介绍》，载《人民日报》2018年12月30日03版。
② 习近平：《在庆祝中国人民政治协商会议成立65周年大会上的讲话》，载《人民日报》2014年9月22日02版。

盾纠纷，还是维护治安稳定、推进社会治理，都围绕着"解决人民群众身边的问题""解决人民群众的切身利益问题"的逻辑起点和价值前提。即便是针对"四类分子"的改造，目标也是考虑如何让他们成为符合时代要求的新人，方法上注意尊重和保障他们的基本权利，追求最佳的改造效果，创造性地贯彻落实好党的群众路线，做到了最大限度赢得民心、汇集民力、尊重民意。

新时代"枫桥经验"是中国共产党领导人民创造的行之有效的社会治理方案，是中国基层社会治理的一面旗帜。新时代"枫桥经验"始终坚守人民立场，把实现好、维护好、发展好最广大人民根本利益作为基层社会治理的根本目的，把体现人民利益、反映人民意愿、维护人民权益、增进人民福祉作为基层社会治理的出发点和落脚点，在基层社会治理的每个环节和各个方面都应回应人民最迫切的愿望、解决人民最急迫的问题、关心人民最切身的感受。基层社会治理必须坚持问题导向，"坚持把人民群众的小事当作自己的大事，从人民群众关心的事情做起，从让人民群众满意的事情做起"，把基层社会治理实践切实转化成创造人民美好生活的实践。

当前，社会领域的突出问题有四个：一是社会治安和公共安全问题，二是环境整治和生态文明问题，三是少数群众生活困难和生存危机问题，四是公共服务供给不足、质量不高、分享不均问题。在社会主要矛盾深刻变化的新时代，人民对基层社会治理有了新关切、新要求、新期待，现阶段基层社会治理体系和能力难以充分满足人民对美好生活的向往正是社会主要矛盾的影射。党的二十大报告提出的健全共建共治共享的社会治理制度，提升社会治理效能，加强和改进人民信访工作，畅通和规范群众诉求表达、利益协调、权益保障通道，完善网格化管理、精细化服务、信息化支撑的基层治理平台，健全城乡社区治理体系，强化社会治安整体防控，发展壮大群防群治力量等正是抓住了基层社会治理的要害问题。这些问题的解决，离不开科学的制度创新，离不开高效的治理能力，更离不开基层社会治理共同体的合力。

因而，新时代"枫桥经验"着力解决人民群众最关切的民生保障、公共安全、公平正义、安居乐业、和谐稳定、生态宜居等社会问题，把实现好、维护好、发展好最广大人民根本利益作为基层社会治理的根本目的，这是提高基层社会治理水平的关键和唯一秘诀，同时也是"基层社会治理为了人民"的应有之义。

（二）基层社会治理依靠人民

人民群众是历史的创造者，是历史的主体。党的二十大报告指出，"全过程人民民主是社会主义民主政治的本质属性，是最广泛、最真实、最管用的民主"，深刻揭示了社会主义民主政治发展规律。发动人民群众、依靠人民群众是党长期坚持、一以贯之的群众路线。密切联系群众是我们党的优良作风，只有坚持党的群众路线才能始终保持党同人民群众的血肉联系。习近平总书记强调："要继续推进全过程人民民主建设，把人民当家作主具体地、现实地体现到党治国理政的政策措施上来，具体地、现实地体现到党和国家机关各个方面各个层级工作上来，具体地、现实地体现到实现人民对美好生活向往的工作上来。"我们要坚定走中国特色社会主义政治发展道路的信心和决心，坚持党的领导、人民当家作主、依法治国有机统一，坚持人民主体地位，加强人民当家作主制度保障，全面发展协商民主，积极发展基层民主，巩固和发展最广泛的爱国统一战线，提高全过程人民民主制度化、规范化、程序化水平，让全过程人民民主从各方面、全方位保证人民当家作主，充分调动人民群众的积极性、主动性、创造性，巩固和发展生动活泼、安定团结的政治局面。

新时代"枫桥经验"得以保持其旺盛生命力的关键就在于尊重人民群众的首创精神。人民群众是历史的主体,是社会物质财富和精神财富的创造者,是变革和创新社会制度的决定性力量。枫桥干部群众从创造以理服人、通过说理斗争的方式把"四类分子"改造成社会主义新人,巩固新生人民政权的"枫桥经验",到改革开放20世纪80—90年代率先探索综合治理社会治安,到21世纪建设"和谐枫桥"到"平安枫桥"再到"自治法治德治三治结合"的新时代"枫桥经验",其始终围绕尊重人民群众的首创精神这一条主线,不仅使"枫桥经验"具有与时俱进的品质,而且成为穿越60年时空、跨越5个历史时段,推进新时代"枫桥经验"再创辉煌的鲜活方法论。"枫桥经验"之所以历经半个世纪依然保持旺盛的生命力,就在于其既遵循了马克思主义关于"人民主体"的思想,从自觉践行毛泽东思想中的"全心全意为人民服务"到以邓小平理论中的"共同富裕"为引领,从自觉践行"三个代表"重要思想中的"始终代表最广大人民的根本利益"、坚持科学发展观中"以人为本"的核心要义,再到创造性地运用"习近平新时代中国特色社会主义思想"中"以人为中心"的新理念新思想新战略,使之成为自觉践行"人民主体"这一党的共同价值取向的楷模。新时代"枫桥经验"的时代特征就在于其始终坚守人民立场,回应中国社会治理实践难题,让人民群众参与到社会治理中来,做到民事民议、民事民办、民事民管,最大限度赢得民心、汇集民力、尊重民意,不断推进"枫桥经验"与时俱进。

因而,社会治理必须紧紧依靠群众,不断塑造和培养社会治理尤其是基层社会治理的内生动力,真正让人民群众成为基层社会治理的主体力量。新时代"枫桥经验"就是把党的群众路线贯彻到基层社会治理全部活动之中,挖掘群众当中蕴藏的基层社会治理智慧和能量,把更多基层社会治理资源和力量交给与老百姓最贴近的基层组织去做，提高基层组织在群众中的影响力、号召力和治理能力。同时，新时代"枫桥经验"也充分发挥了群众自我教育、自我管理、自我约束的自治力量，鼓励和支持市民、村民及各行业、各组织开展多元合作和协同共治，共同应对社会问题、化解社会矛盾。①

（三）基层社会治理成果由人民评判

坚持全心全意为人民服务根本宗旨，必然要求在革命、建设、改革的实践中把人民放在中心位置、放在最高位置，把人民利益作为党全部工作的出发点和落脚点。这是我们党的全部工作最重要、最核心的理念。党的一切活动的效果，要以人民群众是否赞同、是否支持、是否拥护、是否满意为基本判断标准。"政之所兴在顺民心，政之所废在逆民心"，以人民满意为中心承载着民心民意的凝聚，反映了人心向背的历史规律。

基层社会治理为了人民、依靠人民，基层社会治理的成果必然由人民共享、由人民检验。人民群众是一切社会治理活动的感受者和评判者，基层社会治理的效果究竟如何，最根本的取决于人民的获得感、幸福感、安全感、公平感如何，取决于人民是否得到了真实惠、真利益、真满足。人民群众是一切治理活动的感受者和评判者，一切治理要将群众满意与否作为根本标尺。习近平同志多次强调，要以人民满意作为各项工作的检验标准。人民群众满意与否不是抽象的标准，更不是空洞的口号，人民群众是否满意是看得见、摸得着的。

基层社会治理成果要最大可能实现全面覆盖，让最广大的群众受益、在最长的时期有效、往最精细的地方发力。党的十九届四中全会决定指出，"推

---

① 张文显：《新时代"枫桥经验"的核心要义》，载《社会治理》2021年第9期，第6页。

动社会治理和服务重心向基层下移，把更多资源下沉到基层，更好提供精准化、精细化服务"，正是要实现社会成果由人民共享。同时，人民群众共享社会治理成果，不是一个被动的接受过程，各级党委和政府要定期或不定期地开展以人民群众满意度为指标的评估、论证，及时听取人民群众意见，及时调整社会治理内容和方法，不断提高基层社会治理的质量和效果，让人民在基层社会治理中得到实实在在的好处。

三、自治法治德治结合是基本要义

坚持自治、法治、德治相结合，是新时代"枫桥经验"的精髓，也是新时代基层社会治理创新的发展方向；更是贯彻宪法第五条关于建设"法治国家"、第二十四条关于"社会主义核心价值观"、第一百一十一条关于"基层群众自治"的集中体现。新时代"枫桥经验"以自治为基、法治为本、德治为先，构成"三治融合"的新型基层社会治理模式。从实践来看，自治、法治、德治"三治融合"，是枫桥人民创造的经验，是在嘉兴和浙江发展了的经验，如今也是社会善治的中国经验。由此，"三治融合"（"三治结合"）写进了党的十九大报告、写进了《中国共产党农村基层组织工作条例》、写进了党的十九届四中全会决定，而且对"三治"的浙江解读即"以自治增活力、以法治强保障、以德治扬正气"这三句话还写进了中共中央办公厅、国务院办公厅印发的《关于加强和改进乡村治理的指导意见》之中。"三治融合"从一种基层经验表达，上升为党和国家的制度表达，并不是偶然的或强制性的，而是水到渠成、顺理成章。党的十九届四中全会决定把城乡基层治理体系定位为党组织领导的治理体系，提出"健全党组织领导的自治、法治、德治相结合的城乡基层治理体系"。新时代"枫桥经验"贯穿的自治、法治和德治融合的治理格局，促使三者有机融合，有利于国家制度供给的上下互动，实现国家治理的有效性。具体来说，自治是一种自我管理、自我治理的解决问题方式，在解决问题的过程中要遵循相应的规范，而法律和道德是自治过程中的重要支撑力量。法治是现代社会治理的基本原则，也是一个成熟社会的基本标志，坚持法治思维、运用法治手段推进社会治理是法治发达国家的共同经验凝练。然而，由于法治调整领域和调整方式的固有缺憾，重视并发挥德治，并以道德手段弥补法治之不足，巩固并深化法治的机能，已然成为当今世界先进国家的共同选择。推进基层治理体系和治理能力现代化建设是一项系统性工程，依据单一治理手段或者机制不可能取得良好的治理效果。新时代"枫桥经验"是自治、法治、德治有机融合的成果，因此，亟须把新时代"枫桥经验"治理成果更好地转化为社会和谐稳定的坚实保障，把有益经验转化为治理效能。①

（一）以自治为基，增强治理活力

自治是人民主体价值观的内容展开和落实。从人类法治文明的发展来看，自治实践是孕育法治社会的土壤，同时自治也为道德教化提供了天然的制度保障。新时代"枫桥经验"注重健全以群众自治组织为主体、社会各方广泛参与的新型社区治理体系，促进民事民议、民事民办、民事民管。基层群众自治制度作为国家的一项基本法律制度，是中国共产党领导群众实现当家作主的基本形式之一。它与人民公社制度的根本区别在于，将乡村治理的主导权转交给基层村民，它是民治而非官治，是自治而非"他治"。自治与

---

① 高铭暄、傅跃建：《新时代"枫桥经验"与国家治理现代化：内在逻辑与实现进路》，载《上海政法学院学报（法治论丛）》2022年第4期，第1—10页。

"他治"相对,是行为主体自主管理自身事务,独立对其行为负责的一种状态。①基层治理体系范畴下的自治,指村(居)民群体以村(居)民自治组织为载体,依法参与并办理与村(居)民利益相关的自治事务,实现自我管理、自我教育、自我服务。中国特色社会主义进入新时代以来,基层自治的实践探索积极活跃,基层民主治理成效显著。

第一,健全制度体系。"枫桥经验"历经60年的发展,已从地方治理经验迭变为党和国家治国理政的重要经验,在基层基础建设领域起到巨大的指引作用。长期以来,如何把经验升华为制度、把制度凝固为法律,是"枫桥经验"发展中的重大瓶颈。《绍兴市"枫桥经验"传承发展条例》的制定有力回应了这一时代使命,是"枫桥经验"制度化、法治化的里程碑,标志着"枫桥经验"全面融入中国特色社会主义制度体系之中。《条例》第十条立足于发展中国特色社会主义基本政治制度之一的基层群众自治制度,提出了完善村民自治的具体要求;人民群众在基层党组织领导和支持下,依法完善自治行为准则,深化村民自治实践,依法直接行使民主权利,实现自我管理、自我服务、自我教育、自我监督,既增强了人民群众民主意识和民主能力,培养了民主习惯,也有效防止了人民形式上有权、实际上无权现象。全过程人民民主的基层实践需要尊重人民群众的主体地位、发展需要、首创精神和自治能力,《条例》第十条真正把人民作为治理的主体而不是对象,尊重人民群众的智慧和创造,激发基层治理活力,提出了完善村民自治的具体要求,着重将法律法规进一步具体化、明晰化,使其鲜明反映本地区的自治特色。

第二,完善组织体系。基层自治组织体系作为村(居)民群体实施自治的组织依托,主要由村(居)民会议、村(居)民代表会议、村(居)民委员

---

① 冯留建、王宇凤:《健全自治、法治、德治相结合的乡村治理体系》,载《中国高校社会科学》2021年第4期,第64—88页。

会、村（居）民小组和村（居）务监督委员会等组成。各类组织在自治组织系统中，各有其位、各司其职，按照组织性质、组织结构和承担任务的不同，可分为决策机构、执行机构和监督机构。其中，作为村（居）民自治有效运作的中枢，决策机构以村（居）民会议和村（居）民代表会议为核心。村（居）民会议和村（居）民代表会议的建立，改善了村（居）民自治内部结构，满足了村（居）民的参与需求。执行机构以村（居）民委员会和村（居）民组为主体。村（居）民自治组织体系的建立是国家建构与社会发育相结合的过程，面对组织发展中出现的新问题，既要进一步明确权责关系，又要密切围绕村（居）民需求，构建一个以市场为导向，多元化、开放性的组织体系，实现基层自治组织的多元供给。纵观十多年以来枫桥的基层自治工作，在基层自治组织的主导下，诸暨市枫桥镇大多数村庄在全面推进"三资管理"、制定以村民自治章程和村规民约为核心的自治规则体系及村级小微权力清单改革等方面取得了显著成果。

第三，规范内容体系。基层自治是基层民主建设的基本形式。基层群众自治的核心要义就是民主选举、民主决策、民主管理和民主监督。枫桥等地村（社区）的重大事务都由党支部、（社区）委员会通过民主程序，吸收广大人民群众共同商议，集体决定，初步形成了多元主体共建共治的治理机制。一是以民主选举为前提。民主选举的顺利运行与价值目标的实现，与参与主体的民主意识与公共参与精神紧密相连。二是以民主决策为基础。在村级重大事务讨论过程中，让村民群体意见得到自由充分表达，村民委员会及村级干部就能在不同观点的辩论、商榷基础上进行理性分析，从而使决策的科学性、民主性得到提升。三是以民主管理为依托。村民自治的目的在于村民通过自主管理本村公共事务，保障自身合法权益，维护乡村安定有序。四是以民主监督为保障。习近平总书记指出："公权力姓公，也必须为公。只要公权力存在，就必须有制约和监督。不关进笼子，公权力就会被滥用。"[①]诸暨市深化运用"枫桥经验"为清廉建设添帮手，不断创设新载体，推动各方力量参与基层监督治理，为纵深推进清廉诸暨建设提供坚强基层保证。

（二）以法治为本，保障治理秩序

法治在国家治理和社会治理中发挥基础性作用，稳定预期，保障长远利益，法治元素和法治精神贯穿了以新时代"枫桥经验"为代表的一切社会治理实践的全过程。党的二十大报告指出："法治社会是构筑法治国家的基础。弘扬社会主义法治精神，传承中华优秀传统法律文化，引导全体人民做社会主义法治的忠实崇尚者、自觉遵守者、坚定捍卫者。"法治化有助于合理界定多个主体的责任和合作空间，确保政府管理和基层自治边界清晰且能良性互动，形成源头治理的制度基础。新时代"枫桥经验"强调各方主体的依法合作共治，离不开各主体依法发挥其职能作用。

第一，构建群众普法教育格局。按照党的二十大精神，加大全民普法力度，建设社会主义法治文化，引导亿万群众遵法信法用法守法。要广泛开展普法宣传教育，引导广大群众遇事找法、办事依法、解决问题靠法，在全社会营造良好的法治氛围。强化宣传社会主义法治理念，培育社会主义法治精神。基层法治宣传教育的重点在于：一方面，培育领导干部的法治理念和思维，遵循法治思维、法治方式开展基层社会治理；另一方面，引导群众养成在法治轨道上主张权利、解决纷争的习惯。坚持法治宣传与法治实践相结合，将包括律师、志愿者以及社工组织在内的社会力量作为全民普法的生力军，充分发挥其主动性和积极性。

[①] 习近平：《在新的起点上深化国家监察体制改革》，载《人民日报》2019年3月1日01版。

第二，健全公共法律服务体系。公共法律服务体系建设以人民为中心，旨在满足人民群众对美好生活的向往和日益增长的法律服务需求，是全面依法治国的基础性、服务性和保障性工作，其为构建法治社会夯实群众基础，为铸牢中华民族共同体意识提供法治保障。[1]诸暨市坚持以法治思维和法治方式化解社会矛盾，整合法律资源，拓展法律服务领域，不断研析公共法律服务在"最多跑一次""一件事"集成改革等社会基层治理和服务领域的参与落实路径，同时将数字赋能作为增效提速的重要手段，着力构建"三新"公共法律服务体系，积极开展基层法律援助，加大司法救助力度，推进公益法律服务进乡村、进社区。

第三，完善依法化解矛盾机制。"矛盾不上交"是"枫桥经验"的显著标志之一，是一个相对动态和韧性的概念，其重要内容就是构建完善的基层社会矛盾纠纷调处体系，包含相应的制度和机制，以便将矛盾纠纷"就地解决"，实现"源头治理"。为应对社会矛盾纠纷日益复杂化、多样化的情况，新时代"枫桥经验"强调各级党委、政府、社会力量和人民群众等多主体协同治理，全面运用法律、行政、政策等手段预防和化解各类民事、行政、经济、集体纠纷，最大限度调动各方积极因素，畅通民意表达渠道，切实维护基层社会稳定。实践中，枫桥的基层干部群众创造了诸多工作方法。例如，"四前工作法"强调社会矛盾纠纷的预警预测预防；"六优先"强调分类优先调处相应的社会矛盾纠纷；"六个心"则高度强调社会矛盾纠纷化解过程中的工作作风，即倾听当事人陈述要专心、调查取证要用心、心理疏导要耐心、调处纠纷要诚心、做出结论要公心、遇到反复要恒心等。这些基层具体的工作机制和工作方法有助于及时、快捷、有效调处和化解各类社会矛盾纠纷，

---

[1] 宋方青、张向宇：《公共法律服务体系建构的三重逻辑》，载《华东政法大学学报》2022年第6期，第96—108页。

对推进民法典深入基层、深入群众有着极为重要的启发和参考作用。

（三）以德治为魂，弘扬治理正气

在整个基层治理体系中，德治发挥着"润滑剂"的作用，既借助道德手段提升村民的自治水平，又结合乡村约定俗成的道德规范以及非正式规则，有效弥补法治的不足。首先，德治能提升村民自治水平。德治具有引领作用，能够通过改善乡村社会风气、提升村民自身修养，引导乡村治理向良性发展。德治具有舆论监督作用，可以对村委会成员形成道德舆论压力，使其更加有效地使用自治权，自觉开展民主决策、村务公开、民主施政等工作，不断增强村民自治的效果。其次，德治能有效弥补法治的不足。法治作为制度化的治理方式以及强制性的实施手段，对千百年来我国农村形成的民间规则体系来讲过于刚性，然而德治能发挥"润滑剂"的作用，也有"人情味"，便能有效地弥补法治的不足。

中国传统法律高度重视德治教化作用，提倡"仁、义、礼、智、信，温、良、恭、谦、让"。"以和为贵、以人为本、以德服人"，"摆事实、讲道理、明法理"，同样也是枫桥人民的优良传统，这些文化基因是不断推动"枫桥经验"发展的内在因素。新时代"枫桥经验"十分注重对优秀传统治理资源的挖掘转化，在中华民族"和谐""和为贵""礼治"等文化传统与枫桥地区"重义轻利""爱好说理"等地方文化传统的双重影响下，新时代"枫桥经验"注重通过"调解""说理""评理"等方式化解矛盾纠纷，构建起了传统非诉讼程序与现代诉讼程序兼顾、协调发展"多元化纠纷解决机制"。[1]枫桥当地十分重视发展社会主义先进文化，弘扬社会主义核心价值观，塑造与新时

---

[1] 徐汉明、邵登辉：《新时代枫桥经验的历史地位与时代价值》，载《法治研究》2019年第3期，第94—101页。

代相适应的新风尚、新气象；正民心、树新风，营造基层的德治氛围，维护基层德治秩序。良好人际关系的塑造也是枫桥人民关注的重点，注重和谐社区、美丽乡村建设，注重乡贤力量的发挥，也注重新枫桥人的全面融入；"包容、仁爱"深深扎根于此，形成了"矛盾不上交"的深厚文化底蕴。枫桥丰富的德治传统和新型德治对于民风的塑造和淳化起到了重要作用，对基层社会治理的发展起到了极大的推助作用。[1]

第一，塑造优良民风家风。基层社会治理的更高目标是用价值的力量和道德的规范引导和改造民风社风，营造风清气正、崇德向善的社会环境。良好的社会规范和社会风尚是衡量一个地方社会治理水平的重要标志。家庭是自然人以婚姻和血缘为基础形成的共同体，家庭也是重要的民事主体和社会治理主体。"家庭是社会的细胞""家庭和睦则社会安定，家庭幸福则社会祥和，家庭文明则社会文明"。新时代"枫桥经验"高度重视良好民风的塑造和优良家风家教的传承。如枫桥镇《陈家村婚丧喜庆事务公约》第一条规定："村民有结婚、生子、祝寿、开业、升学、丧葬、祭祖之类事情时，应本着节俭、庄重、适宜、合俗的原则办理相关典礼仪式，反对以奢侈铺张、封建迷信、野蛮打闹的方式操办婚丧喜庆事务。"枫桥镇《陈家村家庭关系公约》第一条规定："在家庭成员关系中鼓励尊老爱幼，提倡夫妻、父母子女、兄弟姐妹之间相互尊重、亲爱互助的道德风尚。"

第二，搭建基层公共文化平台。公共文化服务体系建设是保障农民群众基本文化权益、加快基层文化事业发展的重要手段，有利于推动城乡经济社会一体化。以人民群众为主体是公共文化服务体系建设和运行最显著的特征。公共文化服务体系建设是保障农民群众基本文化权益、加快农村文化事

---

[1] 余钊飞：《新时代"枫桥经验"中的四大辩证关系》，载《人民法院报》2019年10月18日05版。

业发展的重要手段，有利于推动城乡经济社会一体化。诸暨市在公共文化服务体系建设的全过程和各方面，牢固确立群众的主体观念和主体地位，注重发挥群众的主体功能和主体作用，特别是围绕突出公益性文化活动中群众的主体作用，在提高认识、健全功能、设计活动、扶持团队、创新机制、落实保障、优化配置、评估奖励等方面做出了富有成效的探索和创新，大力支持以群众为主体自办文化，形成了一些行之有效的政策制度，使广大基层群众增强了主体意识，也提升了发挥主体作用的能力。同时，进一步提高社会组织在基层公共文化服务体系建设中的参与度，探索建立政府主导、社会参与、机制灵活、政策激励的基层公共文化服务供给模式，实现基层公共文化产品供给主体和方式的多元化，切实提升基层公共文化服务的质量和水平。

第三，注重"乡贤"力量在德治中的作用。"乡贤"力量既是自治力量，也是德治力量。乡贤力量根植乡土、贴近村民和普通市民，蕴含着爱国爱乡、见贤思齐、崇德向善的力量。枫桥等地坚持传颂"古贤"、汇聚"今贤"、培育"新贤"、发挥"新乡贤"的示范引领作用。当代"乡贤"，既有因品德、才学为乡人推崇敬重的本土精英，也包括求学、经商而走出本土的离乡精英，以及市场经济环境下来到本地投资创业的异乡精英。"乡贤"借助自己在乡村和社区里的威望、品行以及才学承担起凝聚族群、延续文化的功能，不仅是基层优良道德的引导者和示范者，也是村民行为的监督者。在处理本土事务的同时，"乡贤"还在很大程度上承担着教化、化解矛盾、促进和谐等基层社会治理功能，是基层社会实现德治的重要力量。"乡贤参事会"是在继承和发展中国古代乡绅自治传统的基础上建立的一种利用基层精英人才资源参与社会治理的组织。"乡贤参事会"以"共谋共建、共享共治"为出发点，以"泽被乡邻、反哺乡里"为着力点，以"主动作为、主动引领"为关键点，以"村事民议、村事民治"为落脚点，打造基层自治、德治平台。

四、共建共治共享是基本格局

共建共治共享是新时代"枫桥经验"的重要内容,也是加强基层社会治理共同体的重要前提。2015年5月,习近平总书记在浙江调研时指出:"社会建设要以共建共享为基本原则,在体制机制、制度政策上系统谋划,从保障和改善民生做起,坚持群众想什么、我们就干什么。"[1]2015年10月,党的十八届五中全会通过《中共中央关于制定国民经济和社会发展第十三个五年规划的建议》,明确提出"人人参与、人人尽力、人人享有,构建全民共建共享的社会治理格局",其中"全民共建共享"为"共建共治共享"的形成奠定了思想基础。2017年,党的十九大报告正式提出"打造共建共治共享的社会治理格局"。从此,"共建共治共享"成为新时代社会治理的发展方向和基本格局,其中共建是基础,共治是关键,共享是目的。党的十九届四中全会提出建设人人有责、人人尽责、人人享有的社会治理共同体。党的二十大报告提出完善社会治理体系,健全共建共治共享的社会治理制度,提升社会治理效能。人人有责、人人尽责表明社会治理共同体首先是实践共同体、责任共同体、价值共同体,人人享有则表明这一共同体还是利益共同体、权利共同体、命运共同体。这与共建共治共享逻辑一致,人人有责是本质、人人尽责是前提、人人享有是结果。共建共治必然指向共享,评价社会治理成效的根本标准就是共同体成员能否公平合理地分享社会建设和社会治理的成果。[2]

共建共治共享从主体、路径、目标等不同维度体现了我国基层社会治理制度的内在逻辑和要素构成,在党委、政府、社会、人民群众互联互通、优

---

[1] 习近平:《干在实处永无止境 走在前列要谋新篇》,载《人民日报》2015年5月28日01版。
[2] 张文显:《新时代"枫桥经验"的核心要义》,载《社会治理》2021年第9期,第5—9页。

势互补之下，既可以释放综合性、系统性的治理效能，以专业化与协同化相结合的方式破除部门分割、各自为政、政社分离的弊病，增进社会治理的活力和动力；也可以凝聚法治资源和力量，为解决跨界性、关联性、复杂性的社会矛盾纠纷提供条件；还可以让人民群众无论是在矛盾纠纷消解在未然之前，还是依法化解在已然之后，均能充分享受到良法善治所带来的平安环境和治理红利，既心情舒畅又关系和谐。因而，在新时代"枫桥经验"中得到实践和完善的共建共治共享，对于实现矛盾纠纷源头治理和构建预防性法律制度，具有十分重要的导向意义。推动矛盾纠纷源头治理法治化，必须同共建共治共享的内涵与要求联系起来。①

（一）共建的基本要求：多元协同

"共建"，即社会建设主体共同开展社会建设事业。著名社会学家滕尼斯曾指出，社会只是一种暂时的、表面的共同生活，共同体才是持久的、真正的共同生活。②社会作为个体机械的组合，促发其生机勃勃、持续发展的价值所在应是打造社会共同体。这也正是习总书记"人类命运共同体"思想在社会层面的延伸和体现。在过去，社会成员构成的复杂化被视作社会难以得到有效治理的根源之一。但若能将社会多元主体的力量整合起来，形成合力，共同治理，则会呈现出社会的整体优势。治理理论虽然也倡导多元主体的参与，但是对各主体的权责利以及主体间的关系没有做出明确的界定。"共建共治共享"中的主体并非一般意义上的"多元化"，而更加强调主体间的利益共

---

① 王斌通：《新时代"枫桥经验"与矛盾纠纷源头治理的法治化》，载《行政管理改革》2021年第12期，第68—74页。
② [德]斐迪南·滕尼斯：《共同体与社会》，商务印书馆1999年版，第54—70页。

享、风险共担、协同共进,是对"党政市社"治理主体进行的结构性力量的整合。①新时代"枫桥经验"是以完善综治中心、社会矛盾纠纷调处化解中心等建设为契机,立足本地实际,建立政法综治部门同党委、政府、社会各方之间的工作联动机制,聚合功能,融合力量,明确不同主体的角色定位和职能职责,推进其职能、权限、程序、责任法定化,理顺合作关系和沟通机制,拓展多元主体共同参与的制度化渠道,强化区域内重大风险、矛盾的防范和应对能力。

(二)共治的主要方式:行政引导

"共治",即社会治理主体共同治理社会活动。过去的社会管理在面对日益繁杂的公共事务时,各地的一般做法是扩充行政机构,意图通过加强科层管控来提升行政效率。然而,这不仅没有有效提升社会的自我组织能力,反而额外增加了行政成本,造成了机构臃肿和人员的冗余。"共治"意味着社会治理不仅要对行政结构予以优化,尽可能地减少行政级别、缩减办事流程,还要建立横向的联动共治机制,通过民主协商、共商共治、群策群力,在各方达成共识的基础上,充分调动和整合各方资源优势。将社会视为一个开放的网络空间,重新明晰党委、政府、企业、社会组织和公民等主体间权、责、利边界,赋予各主体一定的权力,并让其承担相应的责任,共同治理社会事务、提供公共产品,在权责合一的前提下满足多元化利益诉求。因而,各地须破除当前社会治理中的体制机制弊端,通过党委领导、政府负责、民主协商、社会协同、公众参与、法治保障、科技支撑的基层社会治理体系实现矛

---

① 陈晓春、肖雪:《共建共治共享:中国城乡社区治理的理论逻辑与创新路径》,载《湖湘论坛》2018年第6期,第45—47页。

盾纠纷源头治理的法治化，加强对党政干部依法化解纠纷能力的培养，重视高质量法律服务类社会组织的培育，尤其支持和引导农村法律服务类社会组织建设，引导广大群众依法维权和依法办事，推动多元主体在依法治理过程中实现良性互动。

（三）共享的目标指向：公众共享

"共享"，即所有社会成员共同享有社会治理成果。"共享"是目标，也是"共建共治"的保障。[①]"共享"意味着公共利益、公共价值、公共精神的共享，其超越了一般意义上物质成果的共享。在社会治理中，无论是政府主导、市场导向，抑或是社会力量发挥主动，只要政府、市场和社会三者在个人利益和公共利益的平衡中秉持公共精神，并最大限度地克服自私自利和个人利益的诱惑，或者说在追求公共利益和恪守公共价值前提下实现个人利益，在社会有机共同体的基础上就能实现社会治理成果的共享。需要强调的是，共享不是平均主义，而是以实际需求为导向，通过有效的制度安排，让治理效果公平、合理、有效地惠及尽可能多的利益相关主体，从而增进公共福祉。社会治理的共享不仅要密切关注人民群众最关心的利益问题和个案的实质正义与程序正义，不断优化党组织领导下的政府、社会、群众力量合作共治机制，让社会治理共同体更具凝聚力、生命力和影响力，还要坚持普惠性，重点关注贫困群体、低收入群体、边缘化群体等弱势群体，通过社会财富再分配等顶层设计确保其基本生活需求得到满足。

因而，完善共建共治共享的社会治理制度，实现政府治理同社会调节、居民自治良性互动，建设人人有责、人人尽责、人人享有的社会治理共同体

[①]陈晓春、陈文婕：《习近平国家治理思想下"三共"社会治理格局：概念框架与运作机制》，载《湖南大学学报（社会科学版）》2018年第3期，第18—20页。

需要在市县镇村层面共同发力。在市县层面，要聚焦人民群众关心的就业、收入、教育、卫生健康、社会保障、文化体育等问题，继续发挥党委、政府、社会、群众的协作优势和强大合力，推动党委领导、政府负责、民主协商、社会协同、公众参与、法治保障、科技支撑的社会治理体系不断完善，推动专项治理与系统治理、依法治理、综合治理、源头治理融合能力不断提高，形成一系列破解民生发展及社会治理难题的科学机制，让更多的社会主体和市场主体参与社会治理，以更加多元的方式实现社会治理，并且更加公平地享受社会治理成果，实现人民群众的就业质量、收入水平、受教育程度、卫生健康水平、养老服务水平、社会保障水平全面提升。在镇村层面，要推动部门单位与街道社区协同配合、共建共治，巩固和拓展社区、社会组织、社会工作者、社区志愿者"四社联动"机制，促进社区资源共享和优势互补，增强社会活力，促进社会和谐，加强和完善基层党组织领导、自治组织主导、社区各类主体多元参与、共同治理的社区治理体系，形成党组织领导下的自治、法治、德治相结合的基层善治格局，实现公共事务共商共办，提升城乡社区治理和服务能力。

五、平安和谐是目标效果

"平安和谐"是新时代"枫桥经验"的目标，通过党建统领、人民主体、"三治"结合、共建共治共享形成良好的基层社会秩序和发展环境。"平安和谐"是共建共治共享的逻辑延伸。党的二十大报告指出，在社会基层坚持和发展新时代"枫桥经验"，完善正确处理新形势下人民内部矛盾机制；建设更高水平的平安中国，以新安全格局保障新发展格局。"枫桥经验"无论是统筹基层社会治安、平安建设问题，还是矛盾化解问题、基层社会治理等，说到底都具有目的性价值或者目标导向,这个目标就是"平安和谐"。"就地化解矛盾"是"枫桥经验"的本源性内容,但发展了的新时代"枫桥经验"早已不限于化解矛盾,而是必须着眼于平安建设、和谐社会构建。新时代"枫桥经验"继承弘扬了"枫桥经验"的优良传统,坚持系统治理,完善党委领导、政府主导、社会协同、公众参与、法治保障的社会治理体制,推进社会治理精细化,构建全民共建共享的社会治理格局;坚持综合治理,统筹各方面资源和力量,实现从注重事后处置向事前预防的转变,将隐患风险消除在萌芽状态;坚持依法治理,自觉把法治思维和法治方式作为维护社会安全稳定的基本思维和方式,在法治轨道上维护稳定、化解矛盾、治理社会;坚持源头治理,始终把人民群众的利益放在首位,健全信息获取、利益协调、利益凝聚、利益保护机制,引导群众依法行使权利、表达诉求、解决纠纷。在新时代"枫桥经验"的指引下,我国基层社会治理水平全面提升,为经济社会发展营造了平安和谐的社会环境,夯实了"中国之治"的基层基础,为建设更高水平的平安中国奠定了更加坚实牢固的政治基础、社会基础、群众基础。[1]

(一)建设平安中国

自"枫桥经验"诞生之初,其目标从"捕人少、治安好"逐渐过渡到"小事不出村、大事不出镇、矛盾不上交"。特别是 2004 年 5 月,在时任浙江省委书记习近平同志的倡导下,中共浙江省委决定建设"平安浙江",促进社会和谐稳定的重大决策部署。由此,"枫桥经验"被赋予了新的时代内涵。之后习近平同志多次强调,要把创新发展"枫桥经验"贯穿于"平安浙江"的建

---

[1] 陈京春、杨历霖:《坚持和发展"枫桥经验" 夯实国家安全和社会稳定基层基础》,载中国社会科学网 2022 年 11 月 23 日,http://www.cssn.cn/gjaqx/202212/t20221227_5574340.shtml。

设始终，使平安建设各项工作基础更扎实、成效更明显。"枫桥经验"和"平安浙江"建设为之后的"平安中国""法治中国"建设，以及习近平新时代中国特色社会主义思想提供了最初的实验场域和实践落脚点。2013年1月，习近平总书记为做好新形势下政法工作做出批示，要求全国政法机关"顺应人民群众对公共安全、司法公正、权益保障的新期待，全力推进平安中国、法治中国、过硬队伍建设""保证中国特色社会主义事业在和谐稳定的社会环境中顺利推进"。①2015年，习近平总书记就公共安全工作做出重要指示，要求政法综治战线"主动适应新形势，增强风险意识，坚持多方参与、合作共享、风险共担，坚持科技引领、法治保障、文化支撑，创新理念思路、体制机制、方法手段，推进公共安全工作精细化、信息化、法治化，不断提高维护公共安全能力水平，有效防范、化解、管控各类风险，努力建设平安中国"。②2016年，习近平总书记进一步指出："要继续加强和创新社会治理，完善中国特色社会主义社会治理体系，努力建设更高水平的平安中国，进一步增强人民群众安全感。"③2017年，习近平总书记在党的十九大报告中再次指出："建设平安中国，加强和创新社会治理，维护社会和谐稳定，确保国家长治久安、人民安居乐业。"党的十九届四中全会和五中六中全会更加明确地提出"建设更高水平的平安中国"。2022年，习近平总书记在二十大报告中更为深刻地指出我们要坚持以人民安全为宗旨、以政治安全为根本、以经济安全为基础、以军事科技文化社会安全为保障、以促进国际安全为依托，统筹外部安全和内部安全、国土安全和国民安全、传统安全和非传统安全、

---

① 习近平：《就做好新形势下政法工作作出的指示》，载《人民日报》2013年1月8日01版。
② 习近平：《不断提高维护公共安全能力水平 努力建设平安中国》，载《人民日报》2015年9月24日01版。
③ 习近平：《完善中国特色社会主义社会治理体系 努力建设更高水平的平安中国》，载《人民日报》2016年10月13日01版。

自身安全和共同安全，统筹维护和塑造国家安全，夯实国家安全和社会稳定基层基础，完善参与全球安全治理机制，建设更高水平的平安中国，以新安全格局保障新发展格局。习近平总书记关于建设平安中国的一系列重要论述和指示为社会治理工作和社会治理现代化明确了价值目标和工作导向。

建设平安中国是社会主要矛盾发生深刻变化、人民对安全需要日益增长的历史条件下社会治理目标的必然选择，是新时代推进社会主义现代化最重要的战略任务之一。进入21世纪以来，公民的人身安全、人格安全、财产安全、信息安全，住宅安全、私域生活安全、公共生活安全、国家生活安全，生产安全、交通安全、食药安全等问题越来越突出，人民赖以生存和发展的制度安全、领土安全、政治安全、政权安全、经济安全、资源安全受到前所未有的侵扰和挑战，宗教极端势力、分裂势力、恐怖主义势力、黑恶势力及各种敌对势力对人民的安全生活构成了严重危害和威胁。人民对安全的担忧日渐升级，对安全的需要日益显现，迫切要求把保护和保障安全作为一项基本人权，迫切要求以建设平安社区、平安区域、平安社会、平安国家为目标实施社会治理，使人民有更多的安全感。

深化平安建设，重点在基层，难点在基层，希望也在基层。基层平安建设是一项固本强基的任务，是一项根本性、战略性任务。新时代"枫桥经验"坚持以民生促民安，努力把各类矛盾和问题解决在基层、解决在萌芽状态，夯实平安建设的根基。

（二）构建和谐社会

和谐是一种高级的、文明的社会生活方式和生存方式，这是源于中华民族崇尚和平的文化基因。中华民族自古讲究"和为贵"，遵奉"和合"理念，对和平、和睦、和谐的追求深深植根于中华民族的精神世界之中。中国古代的先哲们就有很多关于善治的名言，如"礼之用，和为贵"(《论语·学而》)；"天时不如地利，地利不如人和"(《孟子·公孙丑下》)；"畜之以道，则民和；养之以德，则民合；和合故能谐"(《管子·兵法》)等。马克思、恩格斯提出的共产主义理想社会也是一种以财富泉水般涌现、社会公平正义和每个人的全面自由发展为表征的和谐社会。

中国共产党自成立以来，始终以构建社会主义和谐社会为己任，向着人民对美好生活的向往而奋斗着。进入新世纪以后，党从全面建成小康社会、建设社会主义现代化强国出发，明确提出构建民主法治、公平正义、诚信友爱、充满活力、安定有序、人与自然和谐相处的社会主义和谐社会。①党的十八大以来，以习近平同志为核心的党中央深入推进社会主义和谐社会建设。习近平总书记指出："社会和谐是中国特色社会主义的本质属性，所以，必须团结一切可以团结的力量，最大限度增加和谐因素，增强社会创造活力，确保人民安居乐业、社会安定有序、国家长治久安。"②党的十九大报告号召全党"为把我国建设成为富强民主文明和谐美丽的社会主义现代化强国而奋斗"，在这里，"和谐"成为社会主义现代化强国的五大"定义"之一，十九大报告还把"现代社会治理格局基本形成，社会充满活力又和谐有序"作为实现社会主义现代化强国的阶段性目标之一。

"平安"概念、"和谐"概念和新时代"枫桥经验"概念在本质上其实是相通的。平安和谐社会的特征体现了新时代"枫桥经验"追求实现的目标。"平安"是"和谐"的基础条件，"和谐"是"平安"的更高形态。中国特色社会主义进入新时代，人民美好生活需要日益广泛，不仅对物质文化生活提出

---

① 《中共中央关于构建社会主义和谐社会若干重大问题的决定》，载中国政府网 2006 年 10 月 11 日，http://www.gov.cn/gongbao/content/2006/content_453176.htm。
② 习近平：《十八大以来重要文献选编（上）》，中央文献出版社 2014 年版，第 79—110 页。

了更高要求，而且在民主、法治、公平、正义、安全、环境等方面的要求日益增长。社会主要矛盾的变化对建设平安和谐社会的任务提出了更高要求，也对新时代"枫桥经验"的创新发展提出了更高要求。

第三章
新时代"枫桥经验"的文化传承

一、新时代"枫桥经验"与中华优秀传统文化

文化是一个国家、一个民族的灵魂。习近平总书记强调:"中国共产党人深刻认识到,只有把马克思主义基本原理同中国具体实际相结合、同中华优秀传统文化相结合,坚持运用辩证唯物主义和历史唯物主义,才能正确回答时代和实践提出的重大问题,才能始终保持马克思主义的蓬勃生机和旺盛活力。"[①]中华优秀传统文化是中国特色社会主义文化的重要来源,是中华民族生生不息、薪火相传的不竭精神动力。中华优秀传统文化扎根于中华大地,积淀着中华民族数千年形成的精神追求和价值取向,蕴含了中华民族生产生

[①] 习近平:《高举中国特色社会主义伟大旗帜 为全面建设社会主义现代化国家而团结奋斗——在中国共产党第二十次全国代表大会上的报告(2022年10月16日)》,载《人民日报》2022年10月26日01版。

活和各个方面的智慧经验，为中国式现代化提供了珍贵的文化沃土。无论是在国家治理和社会治理，都可以从中华优秀传统文化中汲取文化给养。

（一）中华优秀传统文化对社会治理现代化的重要意义

汲取并传承传统优秀治理经验是中华文明生生不息的重要动力。中国是世界四大文明古国之一，中华文明在五千年的岁月更迭中绵延发展，从未中断。在五千年的漫长历程中，中华民族不仅经历了于洪古蛮荒的暗暗长夜中茹毛饮血、刀耕火种的艰难繁衍，也在无数次水旱疾疫等自然灾害中凭借难以想象的毅力和决心顽强生存，更在血与火、智慧与力量、文德与武功、发明与创造的交织中不断开拓自己的历史进程，书写造福自身乃至全人类的文明篇章，从而使博大精深而历久弥新的中华文明成为地球这一人类命运共同体中最具魅力、最具影响、最为壮丽、最为辉煌的伟大文明之一。中华文明的演进过程清晰地昭示出，在分析、总结、汲取既往优秀治理经验的基础上进行制度、文化、精神等方面的推陈出新，是历史滚滚向前并持续创制新的成就的重要推动力量。

中国自古以来素有系统性总结历史经验教训以裨益国家治理的传统。如汉朝建立之后，面对秦王朝数代君主励精图治、开疆拓土终于一统天下，却仅仅维持十三年帝业，"一夫作难而七庙隳"，顷刻之间二世而亡的历史教训，朝廷进行了深刻而具体的反思与讨论。最著名者莫过于贾谊《过秦论》所言，秦治国之失，不仅在于秦始皇帝"怀贪鄙之心，行自奋之智，不信功臣，不亲士民，废王道而立私爱，焚文书而酷刑法，先诈力而后仁义，以暴虐为天下始"，也在于秦二世即位之后，"重以无道：坏宗庙与民，更始作阿房之宫；繁刑严诛，吏治刻深；赏罚不当，赋敛无度。天下多事，吏不能纪；百姓困穷，而主不收恤。然后奸伪并起，而上下相遁；蒙罪者众，刑戮相望于道，而天下苦之"，如此暴虐害民，"仁义不施"，必然"本末并失"，"攻守之势异也"。因而，贾谊结合政权鼎革的历史事实与"前事之不忘，后事之师也"的民间谚语，针对汉代的治理实际给出治国理政之良策："是以君子为国，观之上古，验之当世，参之人事，察盛衰之理，审权势之宜，去就有序，变化因时，故旷日长久而社稷安矣。"①

唐太宗李世民为开一代之善治，不仅勤勉政务，还多次和朝臣探讨历代治国理政之得失。他提问黄门侍郎王珪："近代君臣治国，多劣于前古，何也？"王珪回答："古之帝王为政，皆志尚清静，以百姓之心为心。近代则唯损百姓以适其欲，所任用大臣，复非经术之士。汉家宰相，无不精通一经，朝廷若有疑事，皆引经决定，由是人识礼教，理致太平。近代重武轻儒，或参以法律，儒行既亏，淳风大坏。"他又和朝臣感慨："看古之帝王，有兴有衰……可爱非君，可畏非民。天子者，有道则人推而为主，无道则人弃而不用，诚可畏也。"魏征回答："自古失国之主，皆为居安忘危，处理忘乱，所以不能长久。今陛下富有四海，内外清晏，能留心治道，常临深履薄，国家历数，自然灵长。臣又闻古语云：'君，舟也；人，水也。水能载舟，亦能覆舟。'"②这些君臣议论对贞观朝的决策与施政均有积极影响。为教育太子李治如何明晓及掌握治国之道，唐太宗亲自结合对历代政治得失的体悟与一生治国理政经验的回顾，于贞观二十三年（649）撰成《帝范》一书，其中涵盖君体、建亲、求贤、审官、纳谏、去谗、诫盈、崇俭、赏罚、务农、阅武、崇文等十二方面，皆为执政之大纲。贞观之治遂成为中国古代少有的盛世，贞观朝施政安民的理论、策略与实践，也被时人吴兢撰成经典的资政之书《贞观政要》，成为后世统治者治国理政的重要参考。

---

① 〔汉〕贾谊：《过秦论》。
② 《贞观政要》卷一《论政体》。

明朝建立之后，明太祖朱元璋十分关注历史成败，并表达了对待历代治理经验的扬弃态度："以仁义定天下者，虽迟而长久；以诈力取天下者，虽易而速亡，鉴于周、秦可见矣。故周之仁厚可以为法，秦之暴虐可以为戒，若汉唐宋之政治亦皆互有得失，但当取其所长，而舍其所短，则得之矣。若槩曰汉唐宋，而不审择，于是非取舍则得失混淆矣。"[1]在此基础上参考、发扬历代立法建制之长的明制粲然大备，成为中国古代制度文明的又一高峰。

习近平总书记指出："历史是最好的老师。在漫长的历史进程中，中华民族创造了独树一帜的灿烂文化，积累了丰富的治国理政经验，……治理国家和社会，今天遇到的很多事情都可以在历史上找到影子，历史上发生过的很多事情也都可以作为今天的镜鉴。中国的今天是从中国的昨天和前天发展而来的。要治理好今天的中国，需要对我国历史和传统文化有深入了解，也需要对我国古代治国理政的探索和智慧进行积极总结。""中华优秀传统文化是我们最深厚的文化软实力，也是中国特色社会主义植根的文化沃土。每个国家和民族的历史传统、文化积淀、基本国情不同，其发展道路必然有着自己的特色。一个国家的治理体系和治理能力是与这个国家的历史传承和文化传统密切相关的。解决中国的问题只能在中国大地上探寻适合自己的道路和办法。"[2]因此，当代中国的社会治理现代化是与传统中国对治国理政的思考与实践紧密相连的。汲取中华优秀传统文化中体现中华民族政治智慧、法律智慧的治国理政经验，对实现社会治理现代化十分必要。

---

[1]《明太祖实录》卷三十九，洪武二年二月壬辰。
[2]《牢记历史经验历史教训历史警示 为国家治理能力现代化提供有益借鉴》，载《人民日报》2014年10月14日01版。

（二）社会治理是凝聚着优秀传统文化精髓的民族精神的集中体现

民族精神是一个国家治理模式的内在特质，是影响国家治理体系与能力现代化最根本也最持久的精神力量，国家治理则是凝聚着优秀传统文化精髓、反映一个民族伟大创造力和集体智慧的民族精神在治理层面的集中体现。在五千年的历史进程中，中华民族不仅善于从容应对层出不穷的艰难险阻，迎难而上，进行不屈不挠的斗争；也善于以理性务实的态度与实践持续丰富具有人文关怀的优秀传统文化。正如鲁迅先生所说："我们从古以来，就有埋头苦干的人，有拼命硬干的人，有为民请命的人，有舍身求法的人，……这就是中国的脊梁。"①一代代中华儿女为国家大事、民族大义前赴后继，为家庭和睦、社会和谐辛勤耕耘，使得"中国的脊梁"无比坚挺，也使得优秀传统文化和民族精神不断充实。

例如，在对善治蓝图的描绘中，中华民族推崇大道之行、天下为公的大同理想。孔子称："大道之行也，天下为公。选贤与能，讲信修睦，故人不独亲其亲，不独子其子，使老有所终，壮有所用，幼有所长，矜寡孤独废疾者，皆有所养。男有分，女有归。货，恶其弃于地也，不必藏于己；力，恶其不出于身也，不必为己。是故，谋闭而不兴，盗窃乱贼而不作，故外户而不闭，是谓大同。"②在孔子的政治理想中，天下为人民共有，而执政者必须具备良好的道德素养和政治才干；人人讲求信用，各展其长，不仅能尊老爱幼，照顾好自己的亲人，也能发散和传播爱心，推己及人，热衷公益，使老弱病残等

---

① 鲁迅：《中国人失掉自信力了吗》，吉林大学中文系选编《鲁迅作品选（上册）》，吉林大学出版社1978年版，第414页。
② 《礼记·礼运》。

弱势群体得到善待和安抚。如此邻里和睦，社会安宁，国家大治。这一大同世界的政治图景难以在当时成为现实，但毋庸置疑的是，其中蕴含的民主公正的政治秩序、和谐友爱的社会关系、敬业诚信的个人品质等，是超越时空的人类文明共同追寻并努力实践的核心因素。马克思将人的发展历史划分为三个阶段，一是处于自然经济下"人的依赖关系"中的个体，二是处于发达商品经济下"以物的依赖性为基础"的具有"独立性"的个体，三是建立在物质文明高度发展、精神文明极大丰富的公有制基础上的具备"自由个性"并实现全面发展的个体。[1]第三阶段的个人明显与大同社会中的个人具有高度的相似性。

再如，在对援法而治的实践中，中华民族提倡法不阿贵、绳不挠曲的正义追求。法家代表人物韩非提出："法不阿贵，绳不挠曲。法之所加，智者弗能辞，勇者弗敢争。刑过不避大臣，赏善不遗匹夫。"[2]在法家所构建的法治秩序中，上至达官显贵，下至贫弱小民，在法律面前一律同等视之，奉法、守法成为社会普遍遵循的共同信念。晋朝时，三公尚书刘颂结合立法与司法的实际情况，在援法断罪的基础上提出适用法律内容的先后次序："律法断罪，皆当以法律令正文，若无正文，依附名例断之，其正文名例所不及，皆勿论。"[3]中华法系的典范之作《唐律疏议》律文规定："诸断罪皆须具引律、令、格、式正文，违者笞三十。若数事共条，止引所犯罪者，听。"疏议进而解释道："犯罪之人，皆有条制。断狱之法，须凭正文。若不具引，或致乖谬。"[4]如果说刘颂以官员奏议的形式提出了定罪量刑皆须依法而行、法律分则优先于法律分则适用的司法要求，那么，《唐律疏议》则以律典明文的形式

---

[1]《马克思恩格斯全集》第46卷（上册），人民出版社1979年版，第18、21、104页。
[2]《韩非子·有度》。
[3]《晋书》卷三十《刑法志》。
[4]《唐律疏议·断狱》。

再次确定了国家制定法是定罪量刑的唯一依据,保障了立法的权威性和司法的严肃性。这些与近现代以来法治文化中宣扬的"法律面前人人平等""罪刑法定"等法律原则在基本精神层面是高度吻合的,充分显示出中国古代司法文明的前瞻性与早熟性。

此外,在长期的岁月磨砺和丰富的治国理政实践中,中华民族还形成了周虽旧邦、其命维新的改革精神,勤劳勇敢、自强不息的奋斗观念,吃苦耐劳、勤俭朴素的生活品质,礼义廉耻、孝悌忠信的道德操守,精忠报国、移孝作忠的爱国意识,同仇敌忾、共赴国难的家国情怀,修齐治平、兼善天下的人才素养,礼乐政刑、综合为治的政治传统等,这些思想既是中华优秀传统文化的精华内容,也是中华民族精神的重要支撑。这些宝贵思想的集大成者——中华民族精神,持久流淌于每一位中华儿女的血液里,同时深深植根于古老而博大的华夏大地之中,不断丰富于各个历史时期国家治理的方方面面,具有超越区域、超越阶层、超越习俗的多样性的统一,也具有勾连古今、照应中西、契合时代的先进性的融合。正如习近平总书记所说:"中国人看待世界、看待社会、看待人生,有自己独特的价值体系。中国人独特而悠久的精神世界,让中国人具有很强的民族自信心,也培育了以爱国主义为核心的民族精神。"[1]"马克思主义传入中国后,科学社会主义的主张受到中国人民热烈欢迎,并最终扎根中国大地、开花结果,绝不是偶然的,而是同我国传承了几千年的优秀历史文化和广大人民日用而不觉的价值观念融通的。"[2]因此,一个国家的治理必然反映整个民族的精神风貌和文化特质,反映整个民族的历史积淀和文明创造。中国的大国之治,正是中华民族精神的

---

[1]《习近平在欧洲学院发表重要演讲》,载《人民日报》2014年4月2日01版。
[2] 习近平:《中国共产党第十九届中央委员会第四次全体会议公报》,载中国法院网2019年10月31日,https://www.chinacourt.org/article/detail/2019/10/id/4602203.shtml。

集中体现。

（三）中国治理模式对于全球治理的智识贡献离不开优秀传统文化的弘扬

中国治理模式根植于中华文化土壤之上，反映着中华民族在国家治理领域的鲜明立场、集体智慧和独特贡献。五千年的历史文化孕育出丰厚的治国理政经验，不仅始终适应着华夏大地上民族发展、国家富强、人民安居乐业的需要，也通过陆上丝绸之路和海上丝绸之路的开通，将中华民族推出的最精华的治理理念、举措推向世界，促进着周边国家及更大范围的国家和地区的文明演进。因而，古往今来，中国治理的经验既是本土的，也是世界的，它既属于中华民族自身，也属于同舟共济的全体人类。

例如，唐代是中国历史上少有的国力昌盛，典制完备，文化绚丽，政治体制强固而规范，对外交往密切而频繁的王朝。中央机构体系以三省六部为核心，中书、门下、尚书三省长官同为宰相，分别负责政令的起草、审议和执行，一改秦汉以来一人为相，权倾天下的局面，避免宰相专权；尚书省下设吏、户、礼、兵、刑、工六部，具体负责人事、行政、户政、经济、礼仪、军政、司法、工程等基本政务，六部之间既分工明确，又相互制约。行政系统之外，还设立了相对独立的监察系统，以御史台为最高监察机关，御史大夫、御史中丞、监察御史等监察官员不仅职司举劾，对朝廷的政令得失、君主的执政失误等也可直言极谏。地方以州、县为两级行政主体，州设刺史，刺史的属官均由吏部选派。为监督地方，还划分全国为十道监察区，朝廷派遣大臣为黜陟大使，定期分巡各地。为提升官僚队伍的素质，唐代还施行科举制度，改变了以往重门第身份的任官规则，破除了各种社会限制，拓宽了平民入仕的途径，使普罗大众与贵族官僚之间不再有不可逾越的鸿沟。在立法领域，唐代制定了立法技术高超、法律内容严密、结构体例合理的对传统社会影响最大的基本律典——《唐律疏议》，推动了中华法系的成熟。

上述立法建制共同支撑起唐代国家治理的制度框架，是唐代统治者、思想家治国理政思想在制度构建中的具体实践，也是在传承以往成功的政治经验基础上的集大成之作。不但促使唐代综合国力的极大提升，也使唐制成为各国竞相效仿的典范。日本学者宫崎道三郎在谈及日本古代法制受中国唐代法制之影响时提道："大宝、养老律令者，我日本之法典，与人民之休戚有密接之关系者也，而取法于中国，抑何故也？也岂止羡慕当时中国制度之完整从而摹仿之乎？曰实尚有其他原因，盖当时日本之种种制度，皆有改良之必要，尤以'世职'及'兵制'为甚。此外则唐代武力日盛，朝鲜之日本势力减退，形势亦甚迫切，加以中国文化又陆续输入，故日本人心大受刺激，留学中国者又主张移植唐制于日本，《推古纪》三十一年条有云：'大唐学问者僧惠齐、惠光及医惠日、福因等并从智洗尔等来之，于是惠日等共奏闻曰：留于唐国学者，皆学以成业，应唤，且其大唐国者法式备定，珍国也，常须达。'于是遂决意编纂法典。"①仁井田升也称："古代中国法律在地域及民族方面，皆曾影响于四方。耶陵谓罗马曾三次征服世界，中国于东方之亚细亚亦一度以武力支配之，一度以儒教支配之，一度以法律支配之。"②于是，日本、朝鲜、越南等国纷纷效仿唐代，建立本国法制，加速本国的政治开化与法制进程。

在实现第五个现代化及国家治理体系与能力现代化的今天，中国国家治理模式日渐完善，并持续散发出蓬勃向上的生机和多方面、多领域的制度优

---

① [日]宫崎道三郎：《宫崎先生法制史论集》，转引自杨鸿烈《中国法律在东亚各国之影响》，商务印书馆 2015 年版，第 196 页。
② [日]仁井田升：《关于唐令之复旧》，转引自杨鸿烈《中国法律在东亚各国之影响》，商务印书馆 2015 年版，第 21 页。

势，也为优化全球治理结构贡献中国方案和中国智慧，不仅启迪着西方社会寻找破解当下治理困境的方法，而且激励着广大发展中国家厚积薄发，探索适合自己文化传统与具体国情的治理模式。尤其是"一带一路"倡议与"人类命运共同体"理念的提出，更显示出中国治理模式裨益人类文明演进的重要价值。正如习近平总书记所说："经济全球化深入发展，把世界各国利益和命运更加紧密地联系在一起，形成了你中有我、我中有你的利益共同体。很多问题不再局限于一国内部，很多挑战也不再是一国之力所能应对，全球性挑战需要各国通力合作来应对。""全球治理体制变革离不开理念的引领，全球治理规则体现更加公正合理的要求离不开对人类各种优秀文明成果的吸收。要推动全球治理理念创新发展，积极发掘中华文化中积极的处世之道和治理理念同当今时代的共鸣点，继续丰富打造人类命运共同体等主张，弘扬共商共建共享的全球治理理念。"①因此，把超越时空、超越地域、超越民族的富有科学内涵和理性认知的优秀传统文化弘扬起来，使之融入现实的国家治理和社会治理中去，将有助于中国式现代化，加速治理体系与治理能力现代化进程，也为中国治理模式立足本国而又面向世界提供厚重的文化支撑。

（四）新时代"枫桥经验"对中华优秀传统文化的传承

新时代"枫桥经验"之所以历久弥新，能够在基层社会治理现代化中发挥积极作用，与其深厚的历史文化底蕴及对中华优秀传统文化传承创新的继承与转化有直接关联。

第一，道德引领，文化润心。诸暨历史上曾受浙东学派、阳明心学的影响，在基层大力推行德治，强调文化对个人、群体及良好社会环境的塑造作

---

① 《习近平在中共中央政治局就全球治理格局和全球治理体制进行第二十七次集体学习时的讲话》，载央广网 2015 年 10 月 12 日，http://china.cnr.cn/news/20151014/t20151014_520138694.shtml。

用。当前，诸暨市正在积极吸收和传承优秀德治资源，致力于以文明诸暨促进新时代"枫桥经验"创新发展。自 2021 年成为浙江高质量发展建设共同富裕示范区打造精神文明高地首批试点以来，诸暨全力构建人人参与的有爱之城，努力在共同富裕中实现精神富有、在现代化先行中实现文化先行。作为"枫桥经验"的发源地，为了持续擦亮这张"金名片"，诸暨市坚持发展新时代"枫桥经验"，确定并落实"精神自信自强、城市有礼有爱、文化优质优享、社会和谐和睦"的工作定位，着力构建"文明有礼、风尚有爱、人文有韵"的精神文明高地。

在志愿服务方面，诸暨市聚焦"全民有礼、全城有爱"，推动风尚共育。无论是社区还是农村，每位诸暨人都在为共富贡献力量。诸暨扎实推进新时代文明实践"先行试验区"建设，健全完善志愿服务、移风易俗、关爱基金等长效机制，全面推广"暖心八件事"，推动文化软实力和精神凝聚力"双提升"。至 2022 年 4 月，15 个公益敬老院的老人每月都能品尝到酒店大厨手艺，2200 余名环卫工人每周享受两次免费早餐，5000 余名教师志愿者累计开设周末课、暑期课近万堂，3000 余名农村金婚老人、老党员收到幸福笑脸照。75 个村开展爱心食堂试点，每天中午和傍晚，成了老人们最为温暖的盼头。"婚事新办、丧事简办、其他喜事减办"，全年减负达 10 亿元，被百姓评价为"有面子的节俭"。

在文化阵地建设方面，诸暨市聚焦"全域统筹、全星管理"，实现文化共享。城乡一体推进公共文化阵地建设，新建社区文化家园 3 个、小区文化驿站 3 个、农村文化礼堂 67 家，实现农村文化礼堂行政村全覆盖。选优配强"文化管家"队伍，推行文化阵地星级管理制度，举办"乐享诸暨""畅享诸暨""悦享诸暨""动享诸暨"四大主题活动 5000 场次以上。在线下打造城乡一体"15 分钟品质文化生活圈"的同时，把文化礼堂、浣江书房搬上"云端",创新推出云阅读、云演出、云走秀等服务功能,真正让老百姓足不出户也能享受到"文化大餐"[①]。

此外,诸暨市大力推进"浙江有礼·'枫'尚诸暨"文明新实践活动,不仅发布"浙江有礼·'枫'尚诸暨"形象代言人,还公布了大唐街道上余村、公交文明示范线、暨阳小学和诸暨农商银行等26个"有礼地标"培育点名单;成立"十礼"宣讲团,鼓励宣讲团成员深入基层传播共同富裕、家风家训等好故事、好声音;发出"云上传礼"网络短视频征集令,呼吁市民一起传递网络文明新风尚;发布主题推广曲《"枫"尚诸暨》,以音律的形式展现诸暨的城市特色、文化内涵和市民风貌。这些举措,均说明诸暨市十分注重挖掘当地底蕴深厚的德治文化资源,充分发挥文化及道德对基层社会治理的引领作用,力求在更高水平上促进社会和谐稳定。

第二,崇尚和谐,重视调解。数千年的历史表明,基层的调处息争对和谐社会环境的营造有着不容小觑的影响。为了追求和谐稳定的社会秩序,丰富发扬传统调解文化,激活当事人各方调解欲望,诸暨市在创新发展新时代"枫桥经验"的过程中,非常重视以调解促和谐,持续宣传调解文化,不断健全调解机制。早在2012年,诸暨市人民法院就编写了《劝解疏导古谚录》小册子,汇编了"人有拐杖跌勿了,事有商量错勿了""孝顺长辈自个福,当植田稻自个谷""夫妻没有隔夜仇"等200余条流传于地方的俗语、短谚语和小故事,通俗易懂、朗朗上口,放置于便民服务中心供老百姓取阅,同时分发给全院干警特别是年轻干警学习。《劝解疏导古谚录》的适用,恰当地实现了民谚俗语穿插于案件调解过程之中,以热情幽默、言简意赅的老百姓语言来表述法律、法理和道德,有助于赢得老百姓的尊敬和信赖,拉近心理距

[①]《诸暨:全民共创共谱共享幸福篇章》,载《浙江日报》2022年4月20日12版。

离，化解紧张气氛，提高调解成功率。

与此同时，诸暨市将调解工作作为社会矛盾纠纷调处化解中心发挥实质性作用、推进"最多跑一地"改革的重要支撑和平安诸暨、法治诸暨建设的基础工程，通过政策支持、分类指导，全面推进人民调解品牌建设，发挥品牌引领、示范和带头作用，切实提升矛盾纠纷就地化解水平。一是推进"专业型"调解，打造止纷"枢纽站"。构建完善劳动争议、医疗纠纷、交通事故、环境保护等13家专业性行业性调委会，每年调解矛盾纠纷1万余件，调处成功率在95%以上。通过政府购买服务形式，落实专职调解员116名，每年开展业务培训，实行等级评定并发放人民调解员工作证，根据年度考核落实奖励淘汰。同时，在市级层面吸纳医疗卫生、法律服务、心理咨询等10个领域的106名专业人士，组建"十大百名"人民调解志愿者，通过"点单""派单"形式协助开展重大疑难纠纷的联合会商和指导化解工作。二是推进"专家型"调解，培育民间"老娘舅"。以镇乡（街道）为单位，积极吸纳本地"有威望、有经验"且热心从事调解工作的党员、乡贤等担任人民调解员，鼓励以个人或团队名义开设人民调解工作室。定期开展人民调解业务培训、"金牌人民调解员"评比、"党员老娘舅问诊"等活动，在电视台《诸暨新闻—民情直播》栏目推出"暨阳老娘舅"板块，定期展播优秀调解案例，提升品牌调解业务水平和群众知晓度。目前，全市已成功培育品牌调解工作室31个，其中枫桥"老杨调解中心"每年调解矛盾纠纷200余起，"老杨"（杨光照）被司法部聘为"全国人民调解专家"[①]。三是推进"在线型"调解，实现

[①] 关于杨光照与"老杨"调解，笔者提出，在新时代"枫桥经验"的发展创新中，杨光照及其调解团队具有典型意义。杨光照的人民调解实践，不仅凸显了人民调解抓早抓小、源头治理、依靠群众、品德立威、道德教化等诸多优良传统，更折射出在基层社会治理能力现代化背景下，人民调解在调解主体、调解依据、调解机制、调解手段以及调解功能等方面的法治化转型。参见薛永毅、王斌通《郭维德与杨光照：从调解模范看人民调解的经验传承及法治化转型》，载《法治社会》2018年第3期，第14页。

服务"零距离"。依托"诸暨市公共法律服务网""在线法院"等线上平台，全面开展在线矛盾纠纷多元化解工作，依托"互联网+"探索推进矛盾纠纷解决领域"最多跑一次"改革。探索开展判例型调解新模式，通过在线平台发布包含交通事故、经济合同、物业装修等各类纠纷调处典型案例40余篇，打造网上人民调解案例库，引导群众通过在线对照自行达成协议①。

第三，尊重基层，保障自治。自古及今，基层都是国家治理的重要基石，基层乡村（社区）都是基本的治理单元。新时代"枫桥经验"也重视制度供给，发挥社会规范的作用，通过村规民约（社区公约）建设，保障公民直接行使民主权利，参与社会事务的决策、管理和监督，其体现的尊重自治的基本精神，对基层社会治理具有普遍的指导意义。近年来，诸暨市在推进基层社会治理的过程中，坚持从群众的生产生活实际出发，通过制定村规民约、进行量化考核、推广人文关怀等措施，淳民风、聚民心、汇民力，不仅解决了群众生产生活中遇到的现实问题，更使群众的思想境界得到升华，走出一条以群众为主体、共建共享，可持续的党建引领基层社会治理之路。

诸暨市467个行政村全部制定有村规民约。以枫源村为例，《枫源村村规民约实施细则》一共包括28条，是枫源村多年来践行"枫桥经验"，坚持群众路线的智慧结晶。其中，最有特色的是"三上三下"机制。所谓"三上三下"是："一上一下"为收集议题，村两委会从群众中收集议题，并通过上门下访征求意见；"二上二下"为酝酿方案，通过召开民主恳谈会，对方案进行深入讨论，进一步完善；"三上三下"为审议决策，方案提交党员会议审议，经村民代表会议表决通过后组织实施。"三上三下"通过的事情，无论大小，印成一本册子，发放到每一位村民手中。

---

① 《诸暨市打造"三型"人民调解品牌促进矛盾纠纷就地化解》，载绍兴市司法局官网2018年8月16日，http://sfj.sx.gov.cn/art/2018/8/16/art_1488731_20463636.html。

为了发挥村规民约对基层自治的保障作用，2020年浙江省首个《村规民约制（修）订工作规范》编制工作在诸暨市枫桥镇正式启动。由枫桥镇来牵头研制《村规民约制修订工作规范》省地方标准，正是基于枫桥镇前期探索出的一套制度化、规范化的流程和经验。经过一年多的制定和完善，2021年6月25日，浙江省市场监督管理局批准发布了DB33/T 2354—2021《村规民约制修订工作规范》省级地方标准。该项目为浙江省各地村规民约制（修）订工作的开展、管理及评估，提供重要的"操作手册"。为了适应智慧治理、未来乡村的发展趋势，2022年7月，诸暨市印发《诸暨市未来乡村建设实施方案（2022—2025年）》，其中明确提出：在村规民约中融入邻里关爱、道德文明、村庄共建等内容，定期开展村规民约主题宣传活动，对"文明家庭""道德模范"等先进模范进行表彰宣传。将村规民约内容与积分体系联动。

二、新时代"枫桥经验"与红色法治文化

1921年中国共产党成立，掀开了中国历史新的一页。在中国共产党的领导下，中华儿女同仇敌忾，团结奋进，不仅彻底改变了近代以后100多年中国积贫积弱、受人欺凌的悲惨命运，实现了民族独立、人民解放、国家富强、人民幸福；也推动了中国法治建设的进步与跨越，使马克思主义法治理论中国化不断取得新的突破和成就。历史雄辩地证明，中国共产党历来重视法治，特别是在中国革命、建设、改革进程中，中国共产党领导人民群众在法治建设领域进行了一系列卓有成效的探索与实践，为马克思主义法治理论中国化注入了彰显人民性、民族性的原创性智慧，形成了内涵丰富、饶有特色的红色法治文化。在红色法治文化中，"群众路线"无疑是最耀眼、最弥足珍贵的内容。

（一）群众路线：红色法治文化的标志

群众路线是中国共产党把马克思主义群众观和认识论与群众工作实际相结合的产物，是中国共产党的生命线和根本工作路线，其内涵在于：一切为了群众，一切依靠群众，从群众中来，到群众中去，把党的正确主张变为群众的自觉行动①。1943年6月1日，毛泽东在《关于领导方法的若干问题》中详细阐述了"群众路线"："在我党的一切实际工作中，凡属正确的领导，必须是从群众中来，到群众中去。这就是说，将群众的意见（分散的无系统的意见）集中起来（经过研究，化为集中的系统的意见），又到群众中去作宣传解释，化为群众的意见，使群众坚持下去，见之于行动，并在群众行动中考验这些意见是否正确。然后再从群众中集中起来，再到群众中坚持下去。如此无限循环，一次比一次的更正确、更生动、更丰富。这就是马克思主义的认识论。"②群众路线作为中国现代政治法律逻辑中民主的基本概括和本质体现，对于社会主义法治文化的培育、形成和发展具有积极的推动作用。可以说，在波澜壮阔的法治文化史长卷中，"群众路线"的提出，具有划时代的意义。

首先，群众路线集中体现了马克思主义的人民观。人民观是对人民的根本态度和基本观点，是一个政党性质、宗旨和纲要的重要体现。马克思主义认为，人民群众是社会发展的主体，是历史的创造者，是推动历史发展的真正动力。而群众路线是马克思主义人民观的集中体现。毛泽东在《在延安文艺座谈会上的讲话》中提出："人的问题，是一个根本的问题，原则的问

---

① 见《中国共产党章程（中国共产党第十九次全国代表大会部分修改，2017年10月24日通过）》"总纲"。
② 《毛泽东选集》第三卷，人民出版社1991年版，第899页。

题。"①他在《论联合政府》中强调:"我们共产党人区别于其他任何政党的又一个显著的标志,就是和最广大的人民群众取得最密切的联系,全心全意地为人民服务,一刻也不脱离群众;一切从人民的利益出发,而不是从个人或小集团的利益出发;向人民负责和向党的领导机关负责的一致性;这些就是我们的出发点。"②正是由于中国共产党重视人民群众、依靠人民群众、团结人民群众,注意保持与最广大人民群众的血肉联系,才使中国共产党领导下的中国革命具有其他政党无法相比的先进阶级基础和广泛群众根基。事实上,在群众的广泛支持下不断取得的胜利成就,也持续增强了中国共产党对群众路线的坚守和信心。1947年12月25日,毛泽东在《目前我们的形势和任务》一文中强调,"只要我们能够掌握马克思主义的科学,信任群众,紧紧地和群众一道,并领导他们前进,我们是完全能够超越任何障碍和战胜任何困难的,我们的力量是无敌的"③。

中国共产党是群众路线的模范贯彻者,包括政治、法律在内的一切事务均以群众路线为工作方法。把群众路线灵活运用到革命根据地的法制建设中,其实质就是在法制建设过程中树立以人民群众的根本利益为出发点的原则,依靠群众、广泛听取群众意见,使法律、政策和司法活动充分体现人民意愿。同时,人民群众拥护、支持、信任中国共产党领导下的法制建设,能够自觉成为法律的遵守者、维护者,更有助于法律的有效实施,进一步巩固红色政权的稳定性。正如谢觉哉在日记中所言:"我们政策的制定,是依据人民的意见与要求,叫做从群众中来,又到群众中去。是集中了人民的意见,是民主的,又是集中的。""法律是从群众中来的,把群众意见,加以洗练,

---

① 《毛泽东选集》第三卷,人民出版社1991年版,第857页。
② 《毛泽东选集》第三卷,人民出版社1991年版,第1094—1095页。
③ 《毛泽东选集》第四卷,人民出版社1991年版,第1260页。

洗去不好的，炼出好的，用法律形式固定起来。"①认真领会群众路线并将其灵活运用到司法实践的马锡五深有体会："人民群众是真正伟大的，群众的创造力是无穷无尽的。我们只有依靠了人民群众，才是不可战胜的。所以审判工作依靠与联系人民群众来进行时，也就得到了无穷无尽的力量，不论如何复杂的案件和纠纷，也就易于弄清案情和解决。"②

其次，群众路线继承发展了马克思主义的利益观。社会主义法治保障的是社会公益和人民的合法权益。马克思主义认为，人民是利益的主体。马克思和恩格斯在《共产党宣言》中提出："过去的一切运动都是少数人的、为少数人谋利益的运动。无产阶级的运动是绝大多数人的、为绝大多数人谋利益的独立运动。"并且声明，在这场运动中，共产党人"没有任何同整个无产阶级的利益不同的利益"③。马克思主义的利益观的终极目的是实现人的全面发展，让人类社会由必然王国进步到自由王国。中国共产党继承并创新了马克思主义的利益观。1944年，毛泽东在《为人民服务》中强调："我们共产党和共产党所领导的八路军、新四军，是革命的队伍，我们这个队伍完全是为着解放人民的，是彻底地为人民的利益工作的。"对于为人民利益而牺牲的张思德，毛泽东予以高度评价："人总是要死的，但死的意义有不同。中国古时候有个文学家叫作司马迁的说过：'人固有一死，或重于泰山，或轻于鸿毛。'为人民利益而死，就比泰山还重；替法西斯卖力，替剥削人民和压迫人民的人去死，就比鸿毛还轻。张思德同志是为人民利益而死的，他的死是比泰山还要重的。"他特别号召全体党员，要为最广大人民的利益而奋斗："我们的同志在困难的时候，要看到成绩，要看到光明，要提高我们的勇气。中国人

---

① 《谢觉哉日记》（上），人民出版社1984年版，第649页。
② 马锡五：《新民主主义革命阶段陕甘宁边区的人民司法工作》，载《政法研究》1955年第1期。
③ 《马克思恩格斯选集》第一卷，人民出版社1995年版，第283页。

民正在受难，我们有责任解救他们，我们要努力奋斗。要奋斗就会有牺牲，死人的事是经常发生的。但是我们想到人民的利益，想到大多数人民的痛苦，我们为人民而死，就是死得其所。"①

作为中国共产党领导法治工作的重要方法，群众路线毫无保留地呈现出对人民利益的重视和推崇。群众路线不仅体现在每一位革命干部的言行举止中，也反映在红色政权法律文本的字里行间。例如，延安时期中国共产党相继制定并颁布了《抗日救国十大纲领》《陕甘宁边区选举条例》《陕甘宁边区施政纲领》《陕甘宁边区保障人权财权条例》等重要法令，这些法律规范均在不同程度上表达了对动员群众、维护群众根本利益以及保障人权的重视，尤其是将"人权"概括为人民的生存权、选举权与被选举权、受教育权以及言论、出版、集会、信仰乃至居住的自由权等，极大地明确和拓宽了人民的合法权益，为人民利益的实现奠定了重要基础。为了充分相信群众、发动群众、依靠群众，更好地、更切合实际地实现人民的利益，中国共产党还特别注重协调各阶层群众之间的利益关系。通过在党政机关和人民军队中开展大生产运动和"精兵简政"，正确地处理了政府利益和人民利益的关系；通过"减租减息"，妥善调节了地主利益和农民利益的关系；通过合理税收，有效协调了富裕群众利益和劳苦大众利益的关系……这些举措使得人民的长远利益和当前利益得以较好的统筹兼顾。而做好上述工作的主要方式方法，就是群众路线。

再次，群众路线彰显了社会主义法治文化的人民性和进步性。中国是拥有五千年法治文明的古国，在中国传统法文化话语中，"民惟邦本，本固邦宁"熠熠生辉，凝聚着历代政治家、思想家重民、爱民的智慧。然而，群众路

---

① 《毛泽东选集》第三卷，人民出版社1991年版，第1004页。

线的提出，不仅实现了对传统民本思想的超越，也与中华民国时期国统区推崇的形式意义上的"民有、民治、民享"有本质区别。中国古代的民本是专制主义体制下"自上而下"的民本，对明君、贤吏具有强烈的依赖性；同时，传统社会奉行父子有亲、君臣有义、贵贱有等、长幼有序、男女有别的道德标准，导致人与人之间的权利义务关系并不对等，甚至出现子对父、妻对夫、臣对君、贱对贵、幼对长只能恪守义务而不得主张权利的现象。在这种"义务本位"法律观的基础上，"民本"难以充分释放百姓的活力和对权利的渴求。民国建立后，在立法中规定了民众的民主自由权利，但仅局限于纸面的宣扬，无法在半殖民地半封建社会中落地生根。群众路线是中国共产党对待人民群众的态度和基本政治立场在国家政治生活中的集中体现，其逻辑起点和终极目标上具有本质的一致性，都是人民当家作主。坚持群众路线，必然要求占人口绝大多数的人民成为国家权力的主体，而遵循群众路线的民主法治建设，也必须以维护和发展最广大人民群众的根本利益为出发点和落脚点，切实维护民众合法的政治权利和经济文化社会等方面的权利。这种真正"广泛"的民主，是中国历史上前所未有的。

群众路线深刻地影响了红色政权的法制建设。早在1944年11月5日，习仲勋在《贯彻司法工作的正确方向》中就生动阐述了贯彻群众路线的人民司法和以往司法作风的显著区别。他说："司法工作是人民政权中的一项重要建设，和其他行政工作一样，是替老百姓服务的。这样，就要一心一意老老实实把屁股放在老百姓这一方面，坐得端端的。旧司法机关的屁股就不是坐在老百姓这一方面的，是坐在少数统治者的怀里。他们可以贪赃枉法，鱼肉人民，认熟人，认面子，认亲戚朋友；有钱有势的，囤积居奇，贩卖毒品，反而逍遥法外；万千无辜老百姓，却充满着监狱。与其说他们是解决纠纷，不如说他们是制造纠纷。这是旧司法的一套。这一套在我们这里吃不开。我们的司法工作方针是要团结人民，教育人民，保护人民的正当权益。越是能使老百姓邻里和睦、守望相助，少打官司，不花钱，不误工，安心生产，这个司法工作就越算做得好。"他特别提出"我们司法工作者，既是为老百姓服务，就应该站在老百姓中间，万不能站在老百姓头上"，"千百事件整天发生在人民中，最适当的解决办法，也就在人民中。只有通过人民，才会解决得最快、最正确……我们不要以为自己比老百姓高明，其实不然，新的创造要在老百姓中找寻"[①]。可见，坚持群众路线，维护群众利益，千方百计为人民排忧解难，从群众的伟大实践中寻找破解司法难题的智慧和路径，是中国共产党领导司法工作的优良传统，也体现出以群众路线为代表的社会主义法治文化积极的、人民的、进步的一面。

（二）新时代"枫桥经验"与群众路线的法治文化实践

群众路线贯穿于社会主义法治文化从萌芽到形成、发展的全过程，几乎每一份社会主义法治文化成果，都带有群众路线的鲜明烙印。在群众路线的法治文化实践中，涌现出以"枫桥经验"为代表的一批典型案例。丰富的社会治理实践表明，"枫桥经验"是红色法治文化传承的生动写照，是中国共产党团结带领人民群众进行法治建设的经验和智慧的结晶。

发动群众、依靠群众、从群众中来到群众中去、全心全意为人民服务是中国共产党领导中国革命胜利的重要法宝，也是中国共产党领导人民开展革命、建设和改革，取得一切举世瞩目的成就的基石。"枫桥经验"诞生于浙江诸暨，历经社会主义建设、改革开放等各个历史阶段，内涵不断丰富，影响与日俱增，已成为中国共产党领导人民群众创造的一整套行之有效的社会治

---

① 习仲勋：《贯彻司法工作的正确方向》，载《解放日报》1944年11月5日。

理方案，不仅被誉为政法综治战线的一面旗帜，也成为中国特色社会主义社会治理体系的重要内容。"枫桥经验"在传承中发展、在发展中创新，展示出历久弥新的魅力。实践表明，"枫桥经验"是创新群众工作方法，善于运用法治思维和法治方式解决涉及群众切身利益矛盾和问题的典范。作为基层社会治理的"金字招牌"，"枫桥经验"为坚持和完善社会治理，实现共建共治共享提供了重要范本。根据新时代主要矛盾的变化，"枫桥经验"不断创新工作理念、方法和载体：在治理理念上，从侧重社会稳定为主，转为社会全面进步，推进基层社会治理现代化；在治理主体上，从一元治理转为多元治理，形成了共建共治共享的社会治理格局；在治理方式上，从传统治理转为数字治理，从被动治理转为主动治理，从事后治理转为事先预防，形成了系统治理、依法治理、综合治理、源头治理的现代治理体系。[1]

作为基层民主法治建设的典范，"枫桥经验"的核心价值是以人民为中心，注意加强良好的干部与群众之间的关系，尊重人民群众的首创精神，鼓励群众通过自治发挥聪明才智，在政策制定与实施、纠纷预防与化解等方面，始终坚持以人民群众的满意与否作为检视治理成效的根本标尺，将政治效果、法律效果、社会效果的有机统一和个人利益、集体利益的协调并重作为成功化解矛盾纠纷的重要考量。因此，"枫桥经验"是紧贴实际、扎根基层的经验，它的制度关怀触及群众生活的细致末梢，它的历久弥新则在于人民群众在生产生活过程中的自觉创造，实际上，正是对人民群众自治权利的努力维护和充分信任，才使得风险预防、矛盾化解、乡村振兴、经济发展等有了有温度、有效率的基层社会基础。

而"枫桥经验"保持生命力和创新性的关键，除了贯彻群众路线，还在

---

[1] 陆健、严红枫：《"枫桥经验"：基层社会治理的中国方案》，载《光明日报》2021年3月17日05版。

于对大政方针的深刻领会和对成功做法的总结坚持，并以此为基础进行了制度层面的自觉探索，一言以蔽之，即"完善了中央立法、地方立法和社会规范的三层治理制度体系，形成了自上而下和自下而上相结合的基层社会制度供给状态"①。基层民主法治的巩固，同样需要加强供给能力建设，形成地方立法与社会规范相互衔接的制度保障机制，形成一整套紧密相连、衔接协调的体制机制和制度安排。②

当前，诸暨市正在深化"群众路线"，不断创新发展新时代"枫桥经验"。譬如，在实践探索中，诸暨市坚持用好"枫桥经验"，走好"群众路线"，紧盯"民有所需，我有所应"的需求导向，大力开展"推进全城志愿，打造温暖之城"行动，形成了共建共享、群策群力的大志愿格局，全市每5个人中就有1名志愿者。一是推行全民化集成服务。突出党员干部先锋引领，创设"先锋微家"平台，开展在职党员服务社区"亮旗"行动。注重身边力量贴心常驻，全面推行"5+X"乡村志愿服务标准体系，各村统一建立邻里纠纷调解队、民间文艺演出队、乡风文明理事会、邻里互助促进会、乡贤议事参事会等"两队三会"，因地制宜打造若干个性化、特色化的志愿团队，构建起守望相助的农村志愿队伍。引导公益组织专业支持，依托全市1000多个公益性社会组织，为老百姓提供心理辅导、法律援助等专业服务。鼓励"巾帼""银发"积极参与，吸引老年大学、妇女之家、行业协会、专业协会等团体入驻实践阵地，发展壮大团队力量。二是推行联盟式便民服务。推进文明实践"一件事"改革，创新"镇镇联盟、村社走亲"服务模式，集成邻镇、邻村资源建成10个镇街志愿联盟、53支村社"志愿轻骑兵"，每月开设文化礼堂

---

① 汪世荣：《"枫桥经验"视野下的基层社会治理制度供给研究》，载《中国法学》2018年第6期，第9页。
② 余钊飞：《论市域社会治理现代化的制度规范》，载《民主与法制时报》2020年6月11日07版。

"乡里乡亲"服务集市，提供健康服务、家电维保、传统修补等便民服务。三是推行引领式精品服务。每年切出专项资金，持续实施发布招募、跟踪推进、联动响应、褒奖激励的精品培育工作闭环，打造了一批受欢迎、能落地、可推广的优质项目。四是推行数字化闭环服务。开发上线"越文明"数字化平台，打造"掌上移动"实践中心，构建"活动开展、数据分析、群众评价、定向反馈"的闭环管理模式。[1]

诸暨市对"群众路线"的贯彻，是全方位、多领域的。在基层监督治理中，诸暨市也自觉把群众路线贯穿其中。"枫桥经验"始终坚持和执行群众路线，"从群众中来，到群众中去"，充分发动和依靠群众，发挥人民群众的主体性、能动性和首创性，群策群力解决群众生产生活中出现的矛盾纠纷和风险隐患。目前，乡村振兴、除险保安、稳进提质等基层治理任务更加繁杂，对公共管理的高效和公共服务的精准提出了更高要求，相应对党员干部的要求也更高。诸暨提出，监督建在支部上、建在最小权力单元上的机制，在此基础上，邀请社会各界人士成立市镇村三级"清廉建设顾问团"，以各个层面企业家成立"亲清企业联盟"，以此探索自上而下专责监督和自下而上群众监督相结合的新路径，从而更加密切联系各个领域的群众，防范脱离实际、脱离矛盾、脱离基层的现象。同时出台制度加强"室组地"片区协作，实现四个监督力量协同发力，强化纪检监察与组织、审计、财政、税务等其他职能监督紧密协作，鼓励多元监督，真正实现基层社会治理的人民性和多元性。[2]

---

[1]《深化"枫桥经验"走好"群众路线"》，载人民资讯网 2021 年 5 月 31 日，https://baijiahao.baidu.com/s?id=1701227243224005846&wfr=spider&for=pc。

[2]《诸暨：论全面从严治党视域下的新时代"枫桥经验"》，载绍兴市纪委监委官网 2022 年 10 月 8 日，http://sxlz.sx.gov.cn/art/2022/10/8/art_1483647_58924006.html。

三、新时代"枫桥经验"与社会治理文化

善治是中国自古及今治国理政的价值追求，也是全面依法治国、实现国家治理体系和治理能力现代化的必然选择。作为国家治理的重要方面，善治也是社会治理现代化题中应有之义。社会治理的善治成效与国计民生直接相关。善治局面下的社会治理为一个地方经济社会的高质量发展确立了重要前提，更为不断提高人民群众的获得感、幸福感、安全感提供了坚实保障。在长期探索中，中国的社会治理实践深化与制度建设不断适应，社会治理经验提升与理论总结日益结合，为社会主义文化的繁荣发展提供了优渥而富饶的土壤，催生出"多元善治"的社会治理文化。

（一）多元善治的社会治理文化

善治，英文谓之"good governance"，既是一个政治学概念，又是一个法学概念，古往今来，论者多矣。人们对善治的关注与人类文明本身一样历史久远。善治国家、基层善治、良法善治等皆是政治法律生活中耳熟能详的词语。在众多论说中，强调政府与社会、公民的合作治理，保障公民权利、实现公平正义、依法运行公权力、良好安排公共治理以及促进公共利益最大化是善治论者的普遍共识。党的十八大以来，"社会治理"取代"社会管理"成为中国社会治理制度建设的一大创新。"治理和管理一字之差，体现的是系统治理、依法治理、源头治理、综合施策。"[1]这一变化体现的是从国家自上而下的管理转变为上下互动、国家与社会相结合、发挥多元社会主体作用的治

---

[1]《习近平在参加上海代表团审议时强调 推进上海自贸区建设 加强和创新特大城市社会治理》，载《人民日报》2014年3月6日01版。

理，更强调各种社会力量的参与、各种治理目标的实现以及多种治理思维的综合、多种治理资源的统筹。公共性、多元性和共同性是社会治理的重要特征。而无论社会治理理念、机制、方式如何转变，善治始终是一以贯之的普遍追求。在此基础上，多元善治可以理解为：人人有责、人人尽责、人人享有的社会治理共同体不断形成，共建共治共享的社会治理格局稳步实现，社会活力充分激发、社会秩序良好运行、社会关系和谐友善、社会矛盾有效化解，社会治理社会化、法治化、智能化、专业化水平大幅度提升的良好状态。作为社会治理文化的重要创新，多元善治的先进性体现如下：

首先，多元善治是对马克思社会共同体思想的丰富和发展。马克思社会共同体思想洋溢着唯物史观的光辉，在马克思主义发展史上占有极其重要的地位，它揭示了"人类社会从原始社会到社会主义社会发展的历史，也就是人类社会共同体由低级到高级的发展史"[1]的客观规律。马克思指出，"人的本质并不是单个人所固有的抽象物，在其现实性上它是一切社会关系的总和"[2]，"人不是抽象的蛰居于世界之外的存在物。人就是人的世界，就是国家，社会"[3]。这就说明，人的本质是人的真正的共同体，人通过世界、国家、社会等共同体而存在。而社会利益关系是共同体的维系纽带，人类社会在共同利益与特殊利益的对立统一中进步发展。共同体的演进形态表现为，个体从最初的对人的依赖演变为对物的依赖，到最后实现自由与全面发展，这种转变分别对应三种共同体：基于血缘和地缘的自然共同体、以国家和阶级为基础的虚幻共同体以及实现自由人联合体的真正共同体。而人的自由联合的共同体才是实现人的自由全面发展的社会结构。也就是说，真正的共同

---

[1] 石云霞：《马克思社会共同体思想及其发展》，载《中国特色社会主义理论》2016年第1期，第23页。
[2] 《马克思恩格斯选集》第1卷，人民出版社1995年版，第65页。
[3] 《马克思恩格斯选集》第1卷，人民出版社1995年版，第1页。

体是实现个体自由与全面发展的条件。

多元善治强调党委、政府、社会、群众等多元力量协同治理，在有机互动中提升社会治理效能。它基于共同利益和价值追求，依托制度关系发挥整体合力，最大程度实现利益诉求。因此，多元善治的社会治理无疑是价值、目标、方式、制度的社会治理共同体。中国共产党十分重视社会治理的整体性，十九届四中全会通过的《中共中央关于坚持和完善中国特色社会主义制度 推进国家治理体系和治理能力现代化若干重大问题的决定》指出："必须加强和创新社会治理，完善党委领导、政府负责、民主协商、社会协同、公众参与、法治保障、科技支撑的社会治理体系，建设人人有责、人人尽责、人人享有的社会治理共同体。"①社会治理共同体是当代中国实践的结晶，是对马克思社会主义共同体思想的丰富和发展。它强调始终尊重人民的主体地位，坚持以人民为中心，既一切依靠人民又一切为了人民，打造共建共治共享的社会治理格局，不断增进人民福祉，最大程度实现人的自由全面发展；同时，意味着治理方式必须从碎片化向整体性治理转变，以共同的利益、价值和方式为前提，依靠党委领导、政府主导、社会力量参与和人民群众自治等方式协同治理，形成的具有高度认同感、归属感和凝聚力的生命有机体，持续深化新时代多元善治实践。

其次，多元善治是对中华优秀传统文化的继承与创新。中国是一个有着悠久历史和辉煌法治文明的古国，五千年来一直沿着立足传统、革故鼎新的轨迹发展着，不仅成功地塑造出推动中国社会发展进步并影响周边国家千年之久的中华法系，也形成了凝聚古圣先贤杰出政治智慧和理性法律思维的中华优秀传统文化。中国传统词语中有"善治"的明确表述，并多与"善事"

---

① 《中国共产党第十九届中央委员会第四次全体会议公报》（2019年10月31日中国共产党第十九届中央委员会第四次全体会议通过），载《人民日报》2019年11月1日01版。

"善政""善法"等相联系，其理论与实践互动的过程中形成了中国古代独具特色的善治文化。如《尚书·皋陶谟》强调"德惟善政，政在养民"。《道德经》有言"居善地，心善渊，与善人，言善信，政善治，事善能，动善时"。管仲主张善事是善治的前提，《管子·枢言》曰："无善事而有善治者，自古及今未尝有也。"《管子·任法》中进而提出"有善法而不能守"，则善治无所保障。王安石在《周公》中主张："盖君子之为政，立善法于天下，则天下治；立善法于一国，则一国治。"可见，善治是古代贤明思想家、政治家共同的政治愿景，选贤人、行德政、施良法、顺时势成为善治文化的基本构成。在长期的岁月磨砺和丰富的治理实践中，中华民族还形成了周虽旧邦、其命维新的改革精神，勤劳勇敢、自强不息的奋斗观念，吃苦耐劳、勤俭朴素的生活态度，厚德明法、诚信友善的道德操守，精忠报国、移孝作忠的爱国意识，同仇敌忾、共赴国难的家国情怀，修齐治平、兼善天下的广阔心胸，礼乐政刑、综合为治的治理理念，等等，这些思想既是中华优秀传统文化的精华，也是中华民族精神的重要支撑。

"一个国家的治理体系和治理能力是与这个国家的历史传承和文化传统密切相关的。"[1]多元善治不是凭空产生的，它是马克思主义中国化的产物，是对中华优秀传统文化的创造性转化与创新性发展。中国共产党历来重视从中国历史上治国理政的成功经验及优秀文化中汲取力量，在革命年代就养成了对优秀传统文化推陈出新的优良作风："我们这个民族有数千年的历史，有它的特点，有它的许多珍贵品。对于这些，我们还是小学生。今天的中国是历史的中国的一个发展；我们是马克思主义的历史主义者，我们不应当割断

---

[1] 习近平：《牢记历史经验历史教训历史警示 为国家治理能力现代化提供有益借鉴》，载《人民日报》2014年10月14日01版。

历史。从孔夫子到孙中山，我们应当给以总结，承继这一份珍贵的遗产。"①"中国共产党人是我们民族一切文化、思想、道德的最优秀传统的继承者，把这一切优秀传统看成和自己血肉相连的东西，而且将继续加以发扬光大。"②实践表明，无论是革命、建设和改革各个时期，中国共产党始终能够用历史唯物主义观点看待中国问题，始终把满足人民群众的最大福祉作为自己的不懈追求。中华民族讲仁爱、重民本、守诚信、崇正义、尚和合、求大同的精神特质融入了社会主义核心价值观，在多元善治中得到弘扬和发展，彰显出中国社会治理道路的深厚历史文化底蕴。被誉为中国基层社会治理制度经典样本的新时代"枫桥经验"，就是体现多元善治追求并融合了马克思主义先进理论、中华优秀传统文化、中国基层社会治理实践经验的产物。

再次，多元善治昭示着中国社会治理现代化的发展方向。习近平在庆祝中国共产党成立100周年大会上的讲话中指出："我们坚持和发展中国特色社会主义，推动物质文明、政治文明、精神文明、社会文明、生态文明协调发展，创造了中国式现代化新道路，创造了人类文明新形态。"③中国式现代化是中国共产党带领中国人民持续探索形成具有中国特色、符合中国实际的现代化。这是"人口规模巨大的现代化，是全体人民共同富裕的现代化，是物质文明和精神文明相协调的现代化，是人与自然和谐共生的现代化，是走和平发展道路的现代化"④。中国式现代化道路的形成和拓展，彰显了中国特色社会主义的强大生命力和巨大优越性，破除了"现代化就是西方化"的迷

---

① 《毛泽东选集》第 2 卷，人民出版社 1991 年版，第 533 页。
② 《中国共产党中央委员会关于共产国际执委主席团提议解散共产国际的决定》，载《解放日报》1943 年 5 月 27 日第 1 版。
③ 习近平：《在庆祝中国共产党成立 100 周年大会上的讲话（2021 年 7 月 1 日）》，载《人民日报》2021 年 7 月 2 日 02 版。
④ 习近平：《把握新发展阶段，贯彻新发展理念，构建新发展格局》，载《人民日报》2021 年 5 月 1 日 01 版。

思，对世界各国实现现代化提供了崭新范式。社会治理现代化是中国式现代化的重要内容，而多元善治是社会治理现代化智慧经验的高度凝练和时代表达。多元善治的中国实践表明，社会治理现代化首先需要有一个坚强有力、能够始终代表人民利益的执政党。在党的领导下，始终凝聚人民共识、代表人民利益，锲而不舍地追求现代化目标。其次，需要一系列系统性的理念、制度、机制、方法创新。聚焦社会主要矛盾的变化，通过系统治理、综合治理、依法治理、源头治理，实现社会建设与经济发展同步、平安幸福与民生改善共进。最后，要有独立自主的意识。坚持以我为主、博采众长，而不是人云亦云，拿来主义，这样才能摆脱依附性发展的陷阱，完成从站起来、富起来到强起来的伟大飞跃。

多元善治验证并启发着中国社会治理现代化，不仅要创新和健全社会治理体系，更要提升社会治理能力。综合治理主体的多元化和治理内容的复杂性，社会治理能力主要表现为各种社会治理能力的聚合力。这些具体能力包括：一是党的领导力，即党在社会治理领域的政治引领、思想引领、组织建设和协调各方的能力；二是政府负责力，即政府制定社会规划、提供公共服务、解决社会矛盾、促进社会整合的能力；三是民主协商力，即发扬民主、凝聚共识、广纳群言、广集民智的能力；四是社会协同力，即发挥人民团体、基层自治组织、各类社会组织和企业事业单位协同作用的能力；五是公众参与力，即强化自治、参与合作、提升利益平衡的能力；六是法治保障力，即坚持科学立法、严格执法、公正司法、全民守法，运用法治思维和法治方式推进社会治理的能力；七是科技支撑力，即资源整合、信息共享、以科技赋能社会治理的能力。这是由当前社会治理现代化的形势决定的，社会治理现代化是一项涉及方方面面的系统工程，我国改革开放和社会治理现代化建设对社会治理不断提出新任务，世界政治格局变化和科技进步日新月异对我国社会治理现代化的影响等，均迫切要求社会治理能力必须加快提升。而上述能力共同提升、协同发力，会汇聚成社会治理现代化的不竭动力，持续推动多元善治的实现。

（二）新时代"枫桥经验"与多元善治的治理文化实践

近年来，诸暨市在创新发展新时代"枫桥经验"以及建设"基层治理四平台"上进行了许多卓有成效的探索。尤其围绕"基层治理四平台"建设要求，通过构建综治工作、市场监管、综合执法、便民服务四个平台，打造全科网格队伍，实现部门与镇乡（街道）间的职责重构、资源重配、体系重整，基层治理取得了喜人的成绩，丰富了多元善治的经验。"基层治理四平台"建设，是数字化转型背景下基层治理体系的重要架构，诸暨市不断提升基层治理现代化水平的有效载体，突破了过去以部门、乡镇为单位的"单打独斗"治理模式，改为以"平台"为核心的市县联动、县乡联动、部门联动、政社联动、全市一体的共建共治模式，涵盖了经济、社会、文化和乡村建设等方方面面。

枫桥镇对"基层治理四平台"进行了创新发展。首先，标准化地搭建一个平台架构：在2017年，枫桥镇遵循"职责相近、职能交叉、联系紧密"的原则，对内设机构进行归类整合，从而搭建了综治工作、市场监管、综合执法以及便民服务四个平台。其次，在新平台组织建构的创新中，进行创新探索：在"业务整合、分片管理、组团执法"原则的指导下，2018年成立了"1+4+X"模式的"大执法"机构——联合执法平台；在"'一站式'化解"和"五个到位"的总体建议下，成立"大调解"机构——社会矛盾纠纷调处化解中心；为实现"一证通办、一窗通办、一网通办、城乡通办"的四个"通办"，成立"大服务"机构——为民服务中心。2020年年初，枫桥镇提出了

"打造基层治理四平台的升级版,奋力打造全国一流小镇大脑"的设想,进一步推动了政府职能转变。

而在浙江全省,所有乡镇都建成"基层治理四平台"。据统计,近年来,"基层治理四平台"共受理事项办结率达96.9%,其中99.6%在镇村两级得到妥善解决。[1]浙江省的"基层善治四平台"建设呈现出以下特点:一是基层治理构架持续优化。通过归类整合,在所有乡镇(街道)全面建成综治工作、市场监管、综合执法、便民服务4个功能性工作平台和综合指挥室,推动省、市、县三级相关部门信息系统整合对接、互通共享,形成了"1+11"统分结合的建设模式,作为基层治理基础平台、骨干系统的定位和不可替代性不断凸显。二是综合指挥体系逐步完善。以县级矛调中心建设为牵引,依托"基层治理四平台",统筹综治工作、矛盾化解、应急处突、综合执法、市场监管等业务需求,加快打造县乡一体的综合指挥体系,"乡镇(街道)综合受理、部门系统分类交办、站所人员现场处置、网格力量实地确认"工作闭环基本构建。三是基层智治能力明显提升。大力推进四平台信息系统建设,省协同平台建立了社会治理主题数据库25个,横向打通了一批省直部门系统,创新融合了"浙江解纷码"、省矛调协同应用系统,揭榜认领了派驻人员考核管理、重大事件"掌上指挥"等一批场景应用,跨层级、跨部门处置效率明显提升。四是共建共治格局有力形成。省纪委省监委、信访、法院、检察、公安、司法行政、人力社保、市场监管等单位在四平台建立协同联动机制,卫健、应急、气象、金融、国安、城建等部门将相关工作规范融入全科网格,一大批社会治理类社会组织入驻平台,人人参与、共建共治的局面进一步形成。

---

[1] 《持续擦亮"基层治理四平台"工作品牌》,载今日浙江网2021年10月11日,http://jrzj.cn/art/2021/10/11/art_14_11614.html。

总体而言,"基层治理四平台"的法理基础体现如下:

第一,体现了坚持加强党对依法治国的领导。党的领导是社会主义法治最根本的保证。全面依法治国的重心在基层,治国理政的根基在基层,法治中国与平安中国建设的基础也在基层,而基层事务千头万绪,上面千条线,底下一根针,这就要求直面关系人民群众切身利益的基层乡镇政府、街道办事处必须建立强有力的施政机制,尤其是发扬新时代"枫桥经验"中"党委领导"的优良传统和核心优势,加强和改善党的领导,不断提高党通过处理各项社会治理事务从而领导依法治国的能力和水平,巩固党的执政地位。特别是"基层治理四平台"的构建与完善,也彰显出基层党委厉行法治、保证执法、支持司法、带头守法的积极姿态。

第二,体现了坚持人民主体地位。无论是法治建设,还是社会治理,归根结底都是为了实现人民群众的根本利益最大化,即为了人民、依靠人民、造福人民、保护人民,让人民群众通过亲身经历的各项事务,感受到法治所带来的获得感、幸福感、安全感,感受到社会公平正义。为了群众、依靠群众是新时代"枫桥经验"的重要内容,也是"枫桥经验"60年来历久弥新的关键所在。在新时代,坚持和发展这一经验就要坚持以人民为国家和社会治理的主体和中心,充分发挥广大人民群众在基层社会治理中的积极作用。"基层治理四平台"所涉及的乡镇(街道)综治工作、市场监管、综合执法、便民服务等核心功能,恰恰反映了社会治理创新对群众利益和诉求的呼应。

第三,体现了坚持依法治国、依法执政、依法行政共同推进,法治国家、法治政府、法治社会一体建设。作为一项系统工程,全面依法治国呈现出鲜明的系统性、整体性和协同性。虽然依法治国、依法执政、依法行政各有侧重,法治国家、法治政府、法治社会各有特色,但无论是前三者,还是后三者,都须保持相辅相成、一体推进,这些宏观的战略部署体现在基层,就是要充分调动基层党委、政府、社会等多元治理主体的积极性，充分发挥各自优势，形成党委领导、政府负责、民主协商、社会协同、公众参与、法治保障、科技支撑的社会治理体系和人人有责、人人尽责、人人享有的社会治理共同体。"基层治理四平台"正是对上述战略在基层结合当地经济、政治、文化、科技、社会发展水平的创造性实践。尤其是其推行的依法考核，对各类责任主体完成社会治理目标任务的进度、质量、效果进行严格检查评估，确保社会治理取得预期效果，极大地丰富了社会治理的制度供给。

第四，体现了系统治理、依法治理、综合治理、源头治理。党的十九届四中全会《决定》指出，要坚持党的领导、人民当家作主、依法治国有机统一，坚持解放思想、实事求是，坚持改革创新，着力固根基、扬优势、补短板、强弱项，构建系统完备、科学规范、运行有效的社会治理制度体系，把制度优势更好转化为社会治理效能。"四个平台"不仅是"互联网+政务"在基层的具体实践，也加速了社会治理的智慧化、法治化和系统化。尤其是"基层治理四平台"的建设既有助于打破各部门各自为政、"九龙治水"的分散状态，有针对性地实现了执法资源和政务服务资源的整合，而且，也有助于增进党委、政府、社会及广大群众在社会治理中的互动关系，提升政务透明度和执法行为、司法行为的公信力，及时化解各种矛盾，消除各种风险。特别是"基层治理四平台"扎根乡镇基层政府，更有助于实现"大平安"的价值目标，做到法治思维和法治方式的推动下的"小事不出村、大事不出镇、矛盾不上交"。

综上所述，社会治理的重心在基层，难点在基层，活力也在基层。"基层治理四平台"是依靠群众就地化解矛盾，实现党建引领下自治、法治、德治相结合的重要成果，体现出问题导向、目标导向和责任导向。"基层治理四平台"的成果实践，说明了诸暨市在追求基层善治的工作中推进"一站式"改革，贯彻党的群众路线，充分调动党员、干部的积极性和自觉性，尊重人民群众的自主性和创造性，将自上而下的问题排查与自下而上的问题反映结合起来，畅通群众合法诉求的表达渠道，丰富社会矛盾纠纷化解的法治路径，规范矛盾纠纷调处化解工作，把矛盾解决在萌芽状态、化解在基层，切实做到标本兼治。

第四章
新时代"枫桥经验"的治理实践

2016年10月,习近平总书记就加强和创新社会治理做出重要指示:"提高社会治理社会化、法治化、智能化、专业化水平。"[①]2017年,习近平总书记在党的十九大再次强调:"打造共建共治共享的社会治理格局。加强社会治理制度建设,完善党委领导、政府负责、社会协同、公众参与、法治保障的社会治理体制,提高社会治理社会化、法治化、智能化、专业化水平。"我们在调研中发现,浙江省诸暨市、陕西省西安市雁塔区、广东省佛山市南海区等地在推进基层社会治理社会化、法治化、智能化、专业化的实践中各有特色,因而本章将其作为研究对象,希望通过对各地创新实践的分析,能够为其他地方提高社会治理社会化、法治化、智能化、专业化水平提供有益镜鉴。

---

① 《习近平:完善中国特色社会主义社会治理体系 努力建设更高水平的平安中国》,载新华网2016年10月12日,http://www.xinhuanet.com//politics/2016-10/12/c_1119704461.htm。

一、基层社会治理社会化——以绍兴市诸暨市的实践为例

2002年,党的十六大报告要求"完善政府的经济调节、市场监管、社会管理和公共服务的职能",将"社会管理"明确为政府的四项主要职能之一。2013年,党的十八届三中全会首次使用"社会治理"这一概念,并从"改进社会治理方式""激发社会组织活力""创新有效预防和化解社会矛盾体制""健全公共安全体系"等方面要求"创新社会治理体制"。2017年10月,"社会治理社会化"正式写入党的十九大报告。"社会治理社会化"是我国在探索社会管理模式、推进国家治理现代化进程中提出的一个新概念。"社会治理社会化"概念的产生,有其特殊的政治社会背景,是对社会管理概念的超越。尽管从"社会管理"到"社会治理社会化"体现了极大的历史进步意义,但无论是党政部门,还是学术界,对这个话语转向的认识依然存在一定的局限,要么将其理解为基层群众和社会组织参与,要么将其理解为加强社会工作。基于此,有学者指出,"社会治理社会化"是指扭转"过度行政化"的社会管理方式,全面理解社会的重要性、引入社会力量,以社会组织和社会资源为基础,推动社会事务多主体合作治理的过程。①因此,进入新时代以来,"枫桥经验"以实现基层社会治理社会化为目标,坚持以人民为中心的基层社会治理理念,将基层社会治理主体、制度、资源、技术等社会性要素嵌入基层社会治理全过程,建设人人有责、人人尽责、人人享有的基层社会治理共同体。

---

① 吴晓林:《"社会治理社会化"论纲——超越技术逻辑的政治发展战略》,载《行政论坛》2018年第6期。

（一）坚持以人民为中心的社会化治理理念

党的二十大报告强调："我们要实现好、维护好、发展好最广大人民根本利益，紧紧抓住人民最关心最直接最现实的利益问题，坚持尽力而为、量力而行，深入群众、深入基层，采取更多惠民生、暖民心举措，着力解决好人民群众急难愁盼问题，健全基本公共服务体系，提高公共服务水平，增强均衡性和可及性，扎实推进共同富裕。"实现好、维护好、发展好最广大人民根本利益，也是我国社会治理的根本目标。就基层社会治理现代化的本质而言，为最广大人民谋求根本利益乃是最高价值追求。当然，人民是社会治理的基础，社会是由人民组成的，这就意味着基层社会治理必须坚持以人民为中心的社会化理念，调动各类社会力量参与基层社会治理的积极性。"枫桥经验"在推进基层社会治理社会化过程中，始终坚持和践行党的群众路线，坚持从群众中来、到群众中去，将维护和满足广大人民群众对美好生活的追求放在第一位，充分发动和依靠人民群众的力量，群策群力防范和化解生产生活中出现的风险隐患和矛盾纠纷。

1. 适应社会主要矛盾变化，积极满足基层人民群众的新需求

人民既是历史运动的主体，也是现实政治的主体，更是社会变革的中坚力量和核心动力。[1]"枫桥经验"之所以能够发展成为当代中国基层社会治理的典型经验，最根本的原因是其将"人民是历史的创造者"贯彻落实到了基层社会治理的实践环节，不仅让"人民"真正成为基层社会治理的主体，而且让"人民"成为基层社会治理的最终受益者。随着社会主要矛盾的发展变化，基层人民群众的需求也在不断发展变化。不同的历史时期，人民的需求

---

[1] 侯学华：《枫桥经验："以人民为中心"的基层社会治理经验》，载《人民法治》2019年第2期。

有不同的内容。改革开放以前，基层人民群众需求主要侧重于政治需求和物质需求方面。改革开放以后，人民需求变得日益多元化，更加侧重对更高层次政治需求、物质需求和精神需求的追求。对此，党的十一届六中全会通过《关于建国以来党的若干历史问题的决议》，对社会主要矛盾做了新的概括："社会主义改造基本完成以后，我国所要解决的主要矛盾，是人民日益增长的物质文化需要同落后的社会生产之间的矛盾。"经过近40年的发展，党的十九大报告指出，中国特色社会主义进入新时代，我国社会主要矛盾已经转化为人民日益增长的美好生活需要和不平衡不充分的发展之间的矛盾。人民群众在民主、法治、公平、正义、安全、环境方面有了新的需求。

"枫桥经验"立足满足人民群众日益增长的美好生活需求，将工作重心聚焦于维护基层社会稳定上，一方面发动和依靠群众化解人民内部矛盾，一方面组织群众做好预防性工作，防止矛盾纠纷激化升级。比如，在信访工作中，作为"枫桥经验"的发源地，诸暨市深刻地认识到信访工作是送上门来的群众工作，干部只有在信访中倾听群众呼声、了解群众愿望、汲取改进工作和作风的营养，才能满足群众需求，提升基层治理能力、维护安全稳定和社会和谐。近年来，诸暨市高度重视信访工作，坚持从源头上解决信访问题的关键环节，积极探索用"信访代办制"撬动社会基层信访创新。该制度的实施，为群众提供了快捷方便的服务模式，不光是信访问题，很多的生活日常事务都可以由代办员代为跑腿，使"最多跑一次"落到实处，极大地方便了群众，有效打破了传统基层"行政围墙"。"信访代办制"还将乡贤、退休老干部、社区工作者、法律专业人士和社会组织力量吸纳引入，充分发挥他们与群众沟通的天然优势，架起连心桥，成为政府与信访人员之间的缓冲层,有效化解疑难问题。①

2. 动员社会力量广泛参与,打造共建共治共享的社会治理格局

基层社会治理现代化程度是影响经济社会发展的重要因素,也是人民群众对美好生活的向往的重要组成部分,基层社会治理水平高低与人民群众的获得感、满足感呈正相关关系。毛泽东同志在批示"枫桥经验"时指出:"从诸暨的经验看,群众起来之后,做得并不比你们差,也不比你们弱,你们不要忘记动员群众,群众工作好了,可以减少反革命案件,减少刑事犯罪案件。"习近平总书记指示要求:"各级党委和政府要充分认识'枫桥经验'的重大意义,发扬优良作风,适应时代要求,创新群众工作方法,善于运用法治思维和法治方式解决涉及群众切身利益的矛盾和问题,把'枫桥经验'坚持好、发展好,把党的群众路线坚持好、贯彻好。"由此可见,坚持以人民为中心的"枫桥经验"是中国共产党一贯坚持的群众路线的本质体现,因而实现基层社会治理社会化,自然离不开社会力量的广泛参与。而且,在社会治理的语境下,相比于社会管理而言,更加突出了社会力量参与社会治理的重要性。中国特色社会主义进入新时代,我国社会主要矛盾发生重大变化,要解决社会治理面临的诸多新风险、新挑战、新任务,还须深入践行以人民为中心的发展思想,充分发挥社会力量的作用,打造共建共治共享的基层社会治理格局,增强基层社会治理的科学性和有效性。

在基层社会治理过程中,社会组织是实现社会调节、社区治理、居民自治良性互动的重要纽带,是构建共建共治共享的社会治理新格局的重要一环。2014年12月,诸暨市以"服务、凝聚、自律、协同"为宗旨,坚持党建引领、政府搭台、专业运作、社会监督、公众参与、服务群众的原则,成立了

---

① 干婧、周佳:《诸暨:架起沟通"连心桥" 服务群众"零距离"》,载《浙江日报》2020年8月26日15版。

诸暨市社会组织孵化中心，搭建集社会组织培育孵化、社会组织能力建设、推动公益理念普及、社会组织信息交流与咨询、公共资源共享、社会组织成果展示、社会工作人才实训等功能于一体的综合性社会组织服务平台，致力于"激发社会组织活力，创新社会治理方式，增强社会组织能力，服务诸暨社会发展"①。2015年，诸暨正式印发了《关于培育发展社会组织和建立现代社会组织体制的实施意见》，开始正式建立现代社会组织的体制框架。如今，在诸暨已经搭建起市、街道（镇乡）、城市社区三级的社会组织服务平台，除了在市区、街道（街道）的服务平台，在社区还有针对培育、扶持本社区社会组织的服务平台，构成了诸暨社会组织的三级服务网络体系。截至2023年2月，诸暨市登记在册的社会组织共5330家，备案社区社会组织4140家，参加人数达28.4万人，占122万常住人口的23.2%，②他们在基层社会矛盾纠纷化解、推进平安诸暨建设、发展慈善和公益事业、推动社会经济发展和民生事业发展等方面发挥了积极作用。

（二）构建"一核多元"的社会化组织体系

1. 党建引领多元主体协同构筑基层社会治理共同体

中国共产党诞生于国家内忧外患、民族危难之时，从成立之日起就把建设和治理一个更加美好的社会主义社会作为党的理想目标和现实追求。改革开放以来，中国经济实现了高速发展与增长，推动社会各方面发生了深刻而巨大的变化。中国共产党不断创新社会治理制度，从党的十六届四中全会"党委领导、政府负责、社会协同、公众参与的社会管理格局"到十八大"党

---

① 侯学华：《枫桥经验："以人民为中心"的基层社会治理经验》，载《人民法治》2019年第2期。
② 《诸暨市打造"123"模式 赋能社会组织参与社会治理"新引擎"》，载浙江省民政厅网2023年2月15日，https://mzt.zj.gov.cn/art/2023/2/15/art_1632804_58932102.html。

委领导、政府负责、社会协同、公众参与、法治保障的社会管理体制",再到十九届四中全会"党委领导、政府负责、民主协商、社会协同、公众参与、法治保障、科技支撑的社会治理体系",中国特色社会主义社会治理制度体系逐步建立健全。[①]进入新时代以来,浙江把基层治理同基层党建结合起来,以组织力建设为重点,坚持"执政重在基层、工作倾斜基层、关爱传递基层"的理念和"一切工作到支部"的鲜明导向,形成了"浙江农村基层党建经验二十条"等一批经验做法,积极探索了"党建+基层治理""党建+网格""党建+专业市场""党建+流动人口管理服务"等举措。在此过程中,"枫桥经验"坚持党的领导,积极构建"一核多元"基层治理体系,强化党建引领基层治理,充分凝聚网格、驻地单位、社会组织、志愿服务团队、物业、业委会、志愿者、社区群众等多方力量,不断筑牢镇(街道)社区党组织战斗堡垒,构建共建共治共享的基层治理新格局。

2. 多元平台共建构筑基层社会治理平台保障

推进基层社会治理社会化离不开相应的平台支撑。为凝聚多元力量推进基层社会治理社会化,诸暨市在网格化治理基础上以综合化运行的思路为指引,将基层社会治理体系"四个平台"建设作为推进政府职能转变的重要抓手和有效破解基层治理难题的关键举措,全面整合林管员、水库巡查员、安全员、流管员、食安员等协辅人员,出台标准化手册、品牌识别系统、宣传折页、典型案例汇编等规范标准,建立健全以工作制度、信息平台、指挥运作、全科网格、属地管理、便民服务、标识标牌、工作台账等八方面为主要内容的"8+X"标准化体系,打造集中统一、信息共享、功能完善的工作平台。同时,依托平台积极建立合作治理机制,与公安系统对接开展"一警情

[①] 刘中起、谢清钰:《百年大党引领社会治理创新的历史逻辑与基本经验》,载《社会治理》2021年第10期。

三推动"工作，全面打通全市"四平台"与110报警服务台，在做好矛盾纠纷警情推送的基础上对非涉密警情应推尽推，开展联动化解，最大限度把问题化解在当地；联合市场监管局、水利水电局、气象局等部门，加快推动"食品安全+网格""河长制+网格""气象+网格"等工作与全科网格的衔接，提升网格治理的效能；依托平安建设信息系统，建设完善基层治理综合信息平台，融合"雪亮工程"视频系统、综治视联网系统，实现网格员进村入企轨迹化、网格事件分布比对可视化、事件上报与办结动态化、平台流转交办数字化，整个流程实现留痕管理，事件处置有图有真相。①

3. 多元组织共商激活基层社会治理活力

在我国社会领域发生大变革大调整的背景下，城市化进程不断加快，由此带来的社会治理问题也不断增多，促使人民群众的思想和社会需求发生重大变化，人们的思想意识、道德观念、价值取向日益多样化，对基层社会治理的新需求日趋增加，公平意识、民主意识、权利意识、法治意识、监督意识也不断增强，迫切要求多元的社会组织能够在基层社会治理过程中充分发挥作用。诸暨市仅从事调解类的组织就有市、街道两级调解联合会从事相关调解业务和技能交流的组织，诸如枫桥镇"老杨工作室""娟子工作室""枫桥大妈""江大姐调解室""村嫂护河队"等公益性、专业调解组织已遍布村、镇街道中，确保基层社会矛盾，诸如邻里矛盾、家庭纠纷、经济摩擦等日常矛盾能"及时""专业""就地"解决。②为进一步培育壮大社会组织，促进社会组织积极参与基层社会治理，诸暨市以"三加强"举措全力激发社会组织动能，提升社会组织发展质量，有效提高参与社会治理的社会化和专业化水

---

① 王晓秋：《基层治理新变，"四平台"建设展诸暨作为》，载光明网2022年9月14日，https://m.gmw.cn/baijia/2022-09/14/36024751.html。
② 侯学华：《枫桥经验："以人民为中心"的基层社会治理经验》，载《人民法治》2019年第2期。

平。一是加强党建，助力管理。按照分级负责、条块结合、区域兜底的原则，实现社会组织综合党委实体化运作，搭建横向到边、纵向到底、立体交织的"3+N"社会组织党建工作管理网络，推行社会组织功能型党组织、党建指导员、党员结对联系等制度，探索实施"六同步两覆盖"工作机制，全面实现业务主管部门行业管理、镇乡（街道）属地管理、社会组织综合党委托底管理。二是加强扶持，助推发展。加快政府职能转变，让渡服务空间，健全以需求为导向、项目为载体的政府向社会组织购买服务机制，实现政府、社会、市场良性互动合作。如市司法局向市心理协会等多家社会组织购买矫正人员分类教育、心理矫治、风险评估等服务；出台社会组织发展专项资金管理办法、公益创投项目管理办法等，项目化扶持社会组织，仅2021年，社会组织公益创投项目立项78个，资金超过210万，项目涉及老年人、残疾人、青少年、社区治理等多个方面。推行"1+X"模式，通过聚焦目标项目，整合多个社会组织资源，共同发力，提升服务对象获得感。三是加强管理，助跑引领。会同公安、市场监管等相关部门开展打击整治非法社会组织、规范行业协会商会收费、整治违规评选等活动，加大监管执法力度，推动联合执法，切实履行监管责任，加大监管力度，进一步加强沟通协调，采取多种方式，多渠道摸排，及时共享监管信息，探索形成对社会组织规范管理的长效监管机制。①

4.多元资源共享整合基层社会治理资源

推进基层社会治理社会化是一项系统工程，离不开党委政府和社会力量的共同参与，既要加强资源整合与力量汇聚，又要创新基层社会治理模式，激发基层社会治理的活力。在党委政府层面，既要为社会力量提供运营空

---

① 《诸暨市多措并举激发社会组织动能》，载浙江省民政厅网2021年8月12日，https://mzt.zj.gov.cn/art/2021/8/12/art_1632804_58925820.html。

间、管理支持、资源链接、金融服务、社企认证等一系列综合服务，也要为社会力量进入市场创造条件，让社会组织在基层服务中发展壮大。诸暨市将12345统一政务咨询投诉举报平台、社会治理综合指挥中心、"智慧城管"等线上运作平台进行整合，初步实现了矛盾纠纷化解从碎片治理向集成治理、被动治理向主动治理、突击治理向长效治理迈进，用智慧的手段前置化处理问题，畅通线上服务，实现案件一网可查、环环留痕。实践中，诸暨市依托"1963法润"直播平台，定期宣传各类法规政策，增强人民群众遵法守法意识。开通市领导视频接待业务，实现网上约访、接待和信访代办，使群众足不出户就能获得面对面的服务。同时，积极发挥基层治理"四平台"作用，利用"大数据"、网格员线上线下优势，广泛收集矛盾纠纷，及时做好预警提示，并落实风险隐患的评估和预防，不断提升基层社会治理的智能化、现代化水平。①

5.多元服务共担创新基层社会治理载体

"群众利益无小事，一枝一叶总关情。"基层社会治理面对的都是人民群众的急难愁盼，真正做到为居民群众排忧解难，得到人民群众的认可，关键要在服务上下足功夫，保持同人民群众的血肉联系，一切为了群众，一切依靠群众，从群众中来，到群众中去。诸暨市在推进基层社会治理社会化过程中，紧紧围绕服务群众这一中心工作，抓住为民办实事做好事这一关键点，更新服务理念，变"要我办"为"我要办"，凝聚"专业+志愿+群众"三方合力，深挖各类基层社会治理主体共建共治共享潜能。一是充分发挥专业服务的"精准性"。聚焦特殊领域、特定群体和特别需求，引导全市社会组织在为老帮扶、助残服务、心理疏导等多领域提供专业化、精准化服务。以社区矫

---

① 干婧、周佳：《诸暨：架起沟通"连心桥" 服务群众"零距离"》，载《浙江日报》2020年8月26日15版。

正为例，全市社会组织年参与服务社区帮教人员超 1000 人次，社区服刑人员实现期满后 100% 解矫，解矫后再就业率达九成以上。二是全面调动志愿服务的"公益性"。梳理政府购买服务、社会组织参与服务、社区需求、群众需求"四张清单"，出台《诸暨市公益创投项目管理办法（试行）》，完善公益创投和资金扶持机制。三是广泛带动全民参与的"群众性"。打造乡贤理事（参事）会、江大姐调解室等基层社会组织，引导群众广泛参与矛盾调解、文明建设、环境保护等。发动乡贤力量成立社区发展基金会，利用社会力量助力"一老一小"、扶贫帮困、社区建设。①

（三）打造"五社联动"的社会化格局

社会工作是秉持利他主义价值观，帮助有需要的困难群体解决困境问题，以受助人的需求为中心，以科学的技巧为手段，以实现助人有效性的职业活动。诸暨市在坚持和发展新时代"枫桥经验"过程中，以"创新五社联动机制"省级试点为契机，把社会工作服务理念引入社会治理体制，促进社会服务与社会治理的有效融合，倾力打造社会工作的"诸暨品牌"，打通为民服务"最后一米"，从而提升居民的幸福感和获得感。

1. 以社工站为支点完善"五社联动"工作机制

诸暨市作为创新"五社联动"机制试点单位，由市政府分管领导牵头，统筹组织部、政法委、民政局、司法局、农业农村局等部门力量，研究制定《诸暨市高水平建成和谐自治标杆区（创新五社联动机制）试点方案（2021—2025）》，建立上下联动、运行顺畅的"五社联动"工作机制，紧密联动社区、社会组织、社会工作者、社区志愿者和社会慈善资源，有效回应社区居

---

① 《诸暨市打造"123"模式 赋能社会组织参与社会治理"新引擎"》，载浙江省民政厅网 2023 年 2 月 15 日，https://mzt.zj.gov.cn/art/2023/2/15/art_1632804_58932102.html。

民各类社会服务需求，有力推进社区自治力量成长。鼓励社会组织项目落地社区，通过项目，关注社区微治理、村居融合、公共资源协商议事等社区重点问题，提高群众参与度，促进社会组织更好参与社区治理。鼓励发展社区社会组织，拟出台村（社区）支持型、枢纽型社会组织规范化发展指导意见，通过规范化管理、标准化参考、项目运作、社工站帮带等途径，形成社区社会组织发展和服务的良性互动。[1]2020年，诸暨市结合自身实际，根据省市统一部署，将社工站建设纳入诸暨市基层治理微改革项目，在7个镇乡（街道）试点推进社会工作站建设，探索具有诸暨特色的社工站发展道路。其间，在全面了解各镇街社会工作发展情况基础上，邀请暨阳学院、市委党校教师、社工机构人员等，结合广深模式和湖南模式就诸暨社工站建设中难点、创新点、疑惑点进行分析讨论，明确诸暨社会站建设运行模式。2020年5月22日，绍兴市首个乡镇社会工作服务站——诸暨市枫桥镇红枫社工服务中心揭牌成立。在建设过程中，明确要求将社工站建设与现有的文化站、居家养老照料中心、残疾人之家、党员活动中心等场地整合，选址在交通便利的位置，方便居民求助和接受服务，配备原则上不小于50平方米的办公场地，用于社工日常办公、例会、文书记录、档案存放、接受督导培训等。同时根据需求设置个案工作室和小组活动室，并做到"三个统一"，即统一标识（显著位置挂牌"××镇乡（街道）社会工作服务站"）、统一规章制度、统一服务标准。明确每个镇街社会工作站设站长1名，对社工站的工作负全责；依托民政社会救助项目社工（各镇街至少1名），另外通过市社工协会招聘配备2名由市级财政保障人员经费的全职工作人员，负责落实社工站人员管理和项目运营等。统筹整合镇街辖区内项目资源，探索"113X"模式，明确服务菜

---

[1]《诸暨市多措并举 推进创新"五社联动"机制试点工作》，载浙江省人民政府网2022年6月20日，https://www.zj.gov.cn/art/2022/6/20/art_1229413434_59713923.html。

单,即强化党建引领"1"个核心项目;突出辖区居民群众最迫切最需要的"1"个重点项目;夯实家庭、养老、青少年服务"3"个基础项目;探索拓展多领域的"X"个特色项目,打造有属地特色的社工服务机构品牌。如同山镇围绕"同山烧"这一金字招牌试点建立"酒小二社工站",璜山镇社工站整合打造"田园村嫂"品牌。①

2. 不断健全社工工作制度、规范服务流程、建立社工站考核办法

专业社会工作是我国社会建设领域一支重要的行动体系,是提高我国民生保障水平、促进社会治理专业化的重要力量,在维护社会和谐、保障民生、提高生活质量、提升社会治理水平等方面发挥着重要作用。②推进基层社会治理社会化,加强专业社会工作制度建设意义重大。作为专业的社会工作制度,应当包括社会工作职业制度、专业资格制度、岗位设置制度、服务流程规范、教育培训制度等内容,确保社会工作能够达到基层社会治理所需的专业化服务质量和水平。为更好发挥社会工作在基层社会治理和社会建设中的重要作用,诸暨市人民政府办公室于2021年11月印发了《关于加快镇乡(街道)社会工作站建设的通知》,要求各镇乡(街道)社工站聚焦主责主业,坚持党建引领,运用社会工作的专业方法和技巧,综合评估服务对象的问题、需求和能力,开展精神慰藉、心理疏导、能力提升、生计发展、关系调适、社会融入、人文关怀等专业化、个性化服务。鼓励各镇乡(街道)根据实际情况,确定社工站重点服务对象和服务内容,打造特色服务品牌。镇乡(街道)行政性事务不得列入服务内容。在健全社工工作制度方面,要求所打造的"枫桥式"社工站要有合理的组织架构和内部责任分工;有规范的运

---

① 《诸暨市先行先试做好乡镇社工站建设》,载浙江省民政厅网2020年8月12日,https://mzt.zj.gov.cn/art/2020/8/12/art_1632804_54375988.html。
② 关信平:《加强专业社会工作制度建设》,载《中国社会科学报》2020年5月19日。

行流程和标准；有人员、财务、志愿者、服务场所使用以及文书档案等管理制度；有服务文书档案、服务对象数据库、服务承诺等。各镇乡（街道）要指导社工站规范化建设，建立健全基本工作制度，完善操作规程和考核办法，对负责人、专职社工、志愿者的基本行为规范、考勤、培训、考评、奖惩、工作流程及规范、职业伦理等内容做出明确规定，严格按照制度规定加强对机构及相关人员的管理。①

3. 链接多方力量提升社工队伍工作能力

随着社会治理的重心不断向基层下移，基层社会治理面临诸多问题和矛盾，社工能力素质成为制约基层社会治理水平的重要因素。社会工作者是基层社会治理的实践者，也是基层群众自治的组织者。党中央、国务院2017年印发了《关于加强和完善城乡社区治理的意见》，2021年印发了《关于加强基层治理体系和治理能力现代化建设的意见》，要求健全社区工作者职业体系、落实社区工作者待遇、强化社区工作者能力建设，为加强社区工作者队伍建设工作提供了重要制度保障。2019年10月31日，中共浙江省委组织部、浙江省教育厅、浙江省民政厅、浙江省财政厅、浙江省人力资源和社会保障厅联合印发了《关于加强社会工作专业人才队伍建设 加快推进社会工作发展的意见》，不仅明确要求从加大社会工作专业人才的培养力度、推行社会工作专业人才职业水平评价、建立社会工作专业人才职业制度体系、加强社会工作专业人才数字系统建设、加强社会工作专业人才激励保障等方面加强社会工作专业人才队伍建设，而且要求通过分类推进社会工作岗位设置、积极培育社会工作服务机构、推动社会工作服务加快开展、深入推进社区社会组织社会工作 "三社联动"、推广 "社会工作专业人才+志愿者" 协作机

---

① 《诸暨市人民政府办公室关于加快镇乡（街道）社会工作站建设的通知》，载诸暨市人民政府网2021年11月24日，https://www.zhuji.gov.cn/art/2021/11/24/art_1229079889_1850738.html。

制，以加快推进社会工作参与社会服务和社会治理。为了有效提升社工站社工队伍的工作能力，诸暨市明确要求所招聘的工作人员为持证社工，社会工作专业、学生干部及获得绍兴市级以上荣誉的公益团队负责人，开设两星期的入职能力提升课程，增强服务意识和实操技能，明确新招录社工两年内必须持证。依托市社会工作协会采取专业社工机构"1+1"挂钩联系制度，即一家机构联系一个站点，充实站点活动和项目。同时考虑诸暨社工本土督导短缺的实际，聘请外部督导，采取实地督导一季度一次、线上督导随时开展模式，加强社工专业指导。此外还建立社会工作专业督导人才库，推进本土社工督导培养，推动形成"一线社工—督导助理—本土督导"的人才梯队。①

案例：五社联动聚合力　社工服务暖基层

"老师，下个月有几场公益活动？我想去当志愿者。"几乎每个月，诸暨市向日葵社会工作服务中心社工黄巧燕都会接到阿斐（化名）打来的电话。阿斐曾是向日葵社工服务中心反家暴促和谐公益项目的一个服务对象。该项目为女性开展家庭暴力求助、单亲就业帮扶、亲子关系改善等社工个案服务，帮助参与个案女性愈合创伤、自我成长，服务辐射人数已超1200人。阿斐是一名离异单亲妈妈，因为婚后一直做全职家庭主妇，离异后缺少经济收入，情绪低落，在家消极度日。阿斐的状态也影响到了两个孩子，大女儿成绩明显下降，小女儿成为经常被妈妈发泄情绪的对象。黄巧燕第一次通过阿斐的朋友协助约见她，以同样作为孩子妈妈的身份与阿斐交谈，拉近和阿斐的距离。第三次见面到了阿斐的家中，黄巧燕进一步了解到阿斐每日的生活主要是打扫卫生和安排孩子学习。剩下的时间在家发呆，会不自觉地流泪，

---

① 《诸暨市先行先试做好乡镇社工站建设》，载浙江省民政厅网2020年8月12日，https://mzt.zj.gov.cn/art/2020/8/12/art_1632804_54375988.html。

和朋友相聚非常少，但又很在意别人的看法，只能自己承受压力和痛苦。黄巧燕在交谈中注重引导阿斐发现自己的优点。了解到阿斐在婚前是有工作经历的，就邀请她参加"老年手工坊"公益活动。在公益服务过程中，阿斐从一开始的沉默寡言到主动帮助老人搬椅子、整理剪纸，一步一步地打开自己的心扉。奶奶们在活动后的声声感谢，让阿斐很是激动，感受到了温暖，也想到了自己和女儿的关系。得到了向日葵社工的支持，阿斐主动和大女儿提出要找工作。大女儿对妈妈的变化相当惊喜，表示全力支持。向日葵社工服务中心帮助链接工作资源，第十二次服务时，阿斐已经在一家私人工作室实习两天了。她说，先慢慢适应实习、上班，虽然有些累但可以坚持下去，往后计划自己开个小小的创业店，也想考取社工师证书，为更多像自己一样的单亲妈妈助力。①

（四）完善灵活高效的社会化运行机制

"枫桥经验"是基层党组织深入贯彻群众路线，统筹一切社会力量解决基层社会问题的工作机制，是基层加强党的领导、改进干部作风、践行宗旨观念、提升治理体系与治理能力现代化的实践成果，与党的自我革命和带领人民进行伟大的社会革命紧密相关。健全完善灵活高效的社会化运行机制，一方面要坚持和加强党对社会治理的领导，充分发挥好党总揽全局、协调各方的核心作用；另一方面要以党的建设引领基层社会治理，通过构建共建共治共享的基层社会治理体系，完善基层群众自治制度，健全基层协商民主机制，实现基层社会治理社会化的目标。

---

① 《五社联动聚合力 社工服务暖基层》，载诸暨网 2022 年 3 月 30 日，https://www.zjrb.cn/news/2022-03-30/605544.html。

1. 完善党建引领社会组织参与基层社会治理的机制

党的十九届六中全会通过的《中共中央关于党的百年奋斗重大成就和历史经验的决议》总结中国共产党百年奋斗的历史经验，第一条就是"坚持党的领导"，强调"充分发挥党的领导政治优势，把党的领导落实到党和国家事业各领域各方面各环节"。基层社会治理离不开党的领导，当前我们面临国内外各种严峻的风险挑战，必须改变党的领导与基层治理的传统模式，必须坚持"问题发现靠党建、问题发生查党建、问题解决看党建"，以问题整治到位为目标，着力构建党建统领、整体智治、唯实唯先的工作新格局，实现高质量党建推动基层治理新成效。①"枫桥经验"的最大特点就是党建统领基层社会治理，通过深化群众路线来解决实际问题。发挥社会组织作用推进基层社会治理社会化，就是要坚持和完善党建引领的基层社会治理机制。"枫桥经验"始终坚持党的领导，加强党的基层组织建设，探索建立健全基层治理党的领导体制。党建统领关键在压实党建责任，诸暨市率先出台深化"四责协同"、落实"五张责任清单"工作机制，明确各级党委、党委"一把手"、分管领导、纪检监察机关和组织人事部门的五方责任，同时聚焦基层矛盾化解、政治生态建设、落实中央八项规定精神、优化经济社会发展软环境、强化权力运行制约和监督、全面深化清廉村居建设等重点工作完善配套制度，构建责任闭环，推动履职尽责，提高基层党组织的统筹力、号召力、执行力，增强基层社会管控力，支持群众在法治和德治的前提下广泛自治。②在完善党建引领社会组织参与基层社会治理机制过程中，诸暨市紧扣时代发展脉搏，把准社会组织参与基层治理的政治方向，在社区社会组织培育发展过程

---

① 《论全面从严治党视域下的新时代"枫桥经验"》，载浙江省纪委省监委网 2022 年 10 月 8 日，http://sxlz.sx.gov.cn/art/2022/10/8/art_1483647_58924006.html。
② 《论全面从严治党视域下的新时代"枫桥经验"》，载浙江省纪委省监委网 2022 年 10 月 8 日，http://sxlz.sx.gov.cn/art/2022/10/8/art_1483647_58924006.html。

中，做到"社会组织孵化到哪里，党的工作就跟进到哪里，党的组织就建到哪里"，出台《关于加强党建引领村（社）社会组织"5+X"标准化建设的实施方案》，引导各村（社）构建乡贤参事议事会、乡风文明理事会、志愿服务协会等五类基础型社会组织，因村制宜培育"X"类个性化社会组织，实施村（社）各类组织向党组织报告制度，鼓励村（社）党组织班子成员、党小组长和骨干党员担任社会组织负责人，提升了党委把方向、管大局、促发展的政治引领力，使更多社区社会组织走上健康有序发展道路。①

2.推动社会组织融入共建共治共享的基层社会治理体系

构建中国特色共建共治共享的社会治理格局，是中国共产党长期社会治理实践经验的总结和理论创新的升华，是推进国家治理体系和治理能力现代化的重要内容，也是解决人民群众最关心、最直接、最现实的利益问题的重要举措。②"枫桥经验"始终践行党的群众路线，坚持"从群众中来，到群众中去"，充分发动和依靠群众，发挥人民群众的主体性、能动性和首创性，群策群力解决生产生活中出现的矛盾纠纷和风险隐患，为推动社会组织融入共建共治共享的基层社会治理体系提供了重要理论依据。在坚持"枫桥经验"促进社会组织参与基层社会治理中的创新运用中，诸暨市创新"五社联动"机制，倾力打造社会组织高质量发展的"诸暨样本"，推动社会组织融入共建共治共享的社会治理体系，实现基层治理从独奏曲向交响乐演变。一是组织专业人干专业事。诸暨市充分发挥社会组织和社会工作的专业化优势，聚焦特殊领域、特定群体和特别需求，切实提升社会治理的有效系数。全市范围的社工站设立后以社会救助、困难帮扶、老年服务、困境儿童关爱、社会治

---

① 《诸暨市民政局关于诸暨市第十七届人大五次会议第44号建议的答复》，载诸暨市人民政府网2021年7月28日，https://www.zhuji.gov.cn/art/2021/7/28/art_1229550390_38011.html。
② 刘中起、谢清钰：《百年大党引领社会治理创新的历史逻辑与基本经验》，载《社会治理》2021年第10期。

理等为主要领域，如暨阳街道社工站走访辖区内老年人，了解老年人的居家养老服务需求，助推居家养老照料中心开展精细化、精准化的服务；姚江镇社工站依托残疾人之家，为残疾人提供技能培训等，助推残疾人更好地融入社会。二是调动志愿者干自愿事。坚持把社会组织作为志愿服务的"主平台"，大力发展"社工+义工"，引导社会组织积极参与矛盾化解、治安管理、应急救援等，切实提升志愿服务的含金量。目前，全市志愿服务类社会组织中涌现出枫桥调解志愿者协会、江大姐调解室等一批特色调解志愿类社会组织，年参与调解各类矛盾纠纷数万件，调解成功率达95%以上。三是发动老百姓干百姓事。诸暨市紧扣共建共治共享主题，以镇乡（街道）社会组织党群服务中心、乡镇社工站为载体，打造乡贤理事（参事）会、乡风文明理事会等一批在基层、接地气、有影响的社会组织。比如以移风易俗催生治理新活力，扎实推进新时代文明实践中心"先行试验区"建设，倡导"婚事新办、丧事俭办、喜事简办"的新风尚，真正为老百姓办好体面的"减负小事"。①

3.健全完善基层群众自治制度

习近平总书记指出，治国安邦重在基层，党的工作最坚实的力量支撑在基层，最突出的矛盾和问题也在基层，必须把抓基层、打基础作为长远之计和固本之策。基层群众自治制度是我国三大基本政治制度之一，有利于调动人民群众参与基层公共事务和公益事业的积极性，增强民主的广泛性和真实性。基层群众自治实践的诸多环节，都是围绕人民群众最关心、最直接、最现实的利益问题展开的，既锻炼了人民群众的议事能力，又维护了人民群众的经济利益，体现了民主目的性与手段性的统一。党的二十大报告提出"积

---

① 《诸暨市民政局关于诸暨市第十七届人大五次会议第44号建议的答复》，载诸暨市人民政府网2021年7月28日，https://www.zhuji.gov.cn/art/2021/7/28/art_1229550390_38011.html。

极发展基层民主",要求"健全基层党组织领导的基层群众自治机制,加强基层组织建设,完善基层直接民主制度体系和工作体系,增强城乡社区群众自我管理、自我服务、自我教育、自我监督的实效"。"枫桥经验"高度重视基层群众自治制度建设实践,诸暨市创新运用新时代"枫桥经验",不搞行政命令,依靠群众自治破除陈规陋习、倡树新风良俗,持续推进婚丧嫁娶移风易俗工作,施行一村(社)一策,组建乡风文明理事会,红事提前上门、白事第一时间上门,让群众去说服群众,形成了"党员干部婚丧报备制""家宴厨师厉行节约承诺制""文化礼堂宴席准入制""星级酒店平价菜单制"等基层经验,被群众评价为"有面子的节俭"。坚持"一村一策"是指按照"婚事新办、丧事简办、其他喜事减办"的总要求,根据"十里不同风、百里不同俗"的实际,坚持一村一策,不搞一刀切,各村在走村入户、听取意见的基础上,召开村两委会议、党员大会、村民代表会议,集体议定符合村情民意的婚丧嫁娶操办规章,将其纳入村规民约,有效推动村民自我约束、自我管理。为了深入做好移风易俗工作,村干部主动上门进行宣传。比如,同山镇吉水坑村规定过"小年"不大办酒席;岭北镇规定丧事"不择日"。部分村还探索将移风易俗"软指标"纳入管理"硬指标",姚江镇孙郭村把移风易俗纳入"红心书"积分制,陶朱街道联合村把移风易俗纳入"红黑榜"备案制。在实践中,各村积极吸收有威望的乡贤、老党员、老干部、老教师、"台门宗亲"组建乡风文明理事会,利用村村建立的关爱基金,做到婚事提前介入,白事第一时间上门,将慰问关爱送上门的同时,把移风易俗思想工作做到位,甚至在酒席当天主动充当"服务员""记账员",特别紧盯头几场红白事,立规矩、做样板,将移风易俗工作压紧做实。基层草根人才还创作西路乱弹、三句半、小品、顺口溜等文艺作品,用身边典型案例、村书记现身说法,帮群众算清"经济账""人情账",推动移风易俗成为文明风向标。大力发挥公职人员、基层党员、"两代表一委员"引领作用，建立婚丧喜庆报备制度，签订移风易俗承诺书，将移风易俗情况纳入日常行为量化、先锋指数考评，党员干部自觉破除陈规陋习。强化厨师、婚庆等行业监管，组织农村厨师签订"菜单不超标、食材不浪费"承诺书，举办"新风尚"菜单评选，推行星级酒店平价菜单，成立公益婚庆车队、简婚志愿者联盟助力移风易俗。同时，着力完善文化礼堂、家宴中心等公共配套设施，推行"宴席准入制"，打造红白喜事规范办、有序办的主阵地，从源头上遏制大操大办陋习。大力倡导"酒席排场做减法、互助互爱做加法"，引导群众将移风易俗节省的开支捐入村级关爱基金，用于帮扶重大变故、慰问重点对象、补助重点项目、保障节日活动、褒奖好人好事等，在"一加一减"之间涵养节俭向善新风。[①]

4.健全完善基层协商民主机制

协商民主是实践全过程人民民主的重要形式。党的二十大报告提出"全面发展协商民主"，要求"完善协商民主体系，统筹推进政党协商、人大协商、政府协商、政协协商、人民团体协商、基层协商以及社会组织协商，健全各种制度化协商平台，推进协商民主广泛多层制度化发展"。其中，基层协商民主是协商民主体系的重要组成部分，既是落实党的群众路线、实现人民当家作主的制度保障，也是深化基层群众自治实践、实现和维护好基层群众利益的客观需要。在基层社会治理社会化的实践中，浙江省诸暨市作为"枫桥经验"的发源地，做出了诸多有益的探索，为健全"自治、法治、德治"相结合的乡村治理体系提供了有益镜鉴。新时期以来，诸暨市探索出以陈家村"村规民约"、枫源村"三上三下"民主议事机制及诸暨市各级"乡贤参事会"等为代表的城乡协商民主的新途径、新经验，涉及城乡民主决策、民主

[①]《"群众自治"工作法》，载新浪网2022年7月14日，http://news.sohu.com/a/567418635_121117494。

管理和民主监督等诸多领域。其中，陈家村"村规民约"从协商主体、协商内容到协商结果的执行，通篇都贯穿着协商民主的精神。在村规民约制定过程中，陈家村村民广泛参与其中，充分体现了民事民议、民事民办、民事民管的协商民主思想，是一个集体协商的结晶。在协商内容上，涵盖了政治事务、经济事务、治安事务、文明建设等农村社会治理的方方面面。枫源村"三上三下"民主议事实践最初是源于在行政村大规模调整过程中如何有效解决"并村又并心"的问题，体现了"群众的事群众自己解决"的思想。"三上三下"机制中的"一上一下"为收集议题，"二上二下"为酝酿方案，"三上三下"为审议决策，强调有事好商量，众人的事由众人商量，从而使重大事项的决策权由传统的村两委干部说了算转向由村民说了算，由村民与村民、村民与村干部协商说了算，实质是一种农村重大村务事项的民主决策、民主管理机制。① 乡贤参事会建设诸暨市是为了解决当前农村人才、资金等外流，普遍出现"真空"状态的治理难题而提出的，其要求把本村本土的老党员、老干部、道德模范、企业法人、"返乡走亲"机关干部、社会工作者、经济文化能人、教育科研人员以及在农村创业建设的外来生产经营管理人才等视为乡贤。鼓励条件成熟的行政村和社区成立乡贤组织。乡贤个人会员50名以上的村，成立村乡贤参事会，由会员大会选举产生理事成员，理事成员会议选举产生会长、副会长、秘书长。乡贤个人会员在5—49人的村，由村所在的镇乡统一成立乡贤参事会，村设分会。乡贤人数在5人以下的村，设立村乡贤顾问，发挥其参政、议政、辅政作用，引导他们积极参与乡村社会公共事务治理，凝聚智慧力量反哺乡村经济、引领乡风文明传统文化传承，积极参与乡村公益事业建设、矛盾纠纷化解、乡村社会治理以及"美丽乡村""平安诸

---

① 马成、薛永毅：《"枫桥经验"与基层协商民主的探索实践》，载《人民法院报》2018年8月10日05版。

暨"建设和"五水共治"等中心工作。①诸暨市的这些创新和探索，把协商民主与基层社会治理有机结合起来，形成了多元主体协商治理的有效机制，对于重塑乡村秩序、推进基层善治具有重要的理论和实践意义。

二、基层社会治理法治化——以西安市雁塔区的实践为例

基层社会治理法治化是指将相关法律规范作为基层社会治理的主要手段，确保城乡社区治理参与者严格以法律法规和行政规章为准，积极有序参与社区治理，实现城乡社区治理的规范化、科学化、精细化、组织化。②面对基层社会治理中法治氛围差、居民群众法治意识淡薄、参与社会治理积极性不高等不符合依法治国要求的突出问题，必须加强法治的引导作用。提高基层社会治理法治化水平，能够为多元化基层社会治理主体参与基层社会治理提供平台保障，为推进基层社会治理现代化提供制度保障，为有效防范和应对基层社会治理风险以及避免出现更大不和谐因素提供矫正机制。2021年1月，中共中央印发的《法治中国建设规划（2020—2025年）》擘画了法治中国建设蓝图。从治理空间维度看，法治中国建设不仅包含城市治理的法治化，而且包含着乡村治理的法治化。从治理主体维度看，法治中国建设既包含着国家机关工作人员依法治理，而且包含着广大人民群众自觉学法、守法、用法。法治中国建设的根基在基层，基层社会治理法治化是法治中国建设的题中应有之义。近年来，"枫桥经验"贯彻落实全面依法治国基本方略，蕴含着以法治思维和法治方式建设"平安中国"的价值追求，通过加强基层治理制

---

① 《诸暨积极探索"乡贤参事会"乡村建设治理模式》，载首都文明网2022年1月25日，http://zxgc.bjwmb.gov.cn/sjjl/t20170116_808997.htm。
② 张春照：《新时代城乡社区治理法治化》，载《重庆社会科学》2018年第6期，第90页。

度供给、培育社会主义法治文化、完善公共法律服务体系等方式，不断提升基层社会治理法治化水平。为进一步筑牢防范化解各类矛盾风险法治基础，引导广大群众依法办事、依法诉求，切实增强全社会的法治意识，西安市雁塔区在坚持和发展新时代"枫桥经验"过程中，充分发挥司法行政工作在促进平安建设中承担的"第一道防线"作用，切实做好严格执法司法、法治宣传教育、基层法律服务、落实重大决策项目依法决策等工作，积极发挥法治保障作用。

（一）建立健全执法司法监督制约机制，确保严格规范公正执法

基层社会治理所要解决的都是和居民群众切身利益相关的问题，是整个社会治理的最前沿。伴随着城镇化快速发展，越来越多的城市社区呈现出"陌生人社会"的特点，不仅使社区治理面临的挑战增多，而且增加了社区治理的难度。依法治国是我国治国理政的一项基本方略，法律在包括社区治理在内的社会治理中扮演着重要的角色，具有其他社会规范无法比拟的显著优势。因此，加强和创新社会治理，必须聚焦基层社会治理中的突出矛盾与问题，将基层社会各项事务纳入法治轨道，实现规范化运行，进而提升基层社会治理法治化水平。社会治理理论要求政府在适当放权的过程中转变治理理念，实现从大包大揽的管理型思维向相互协作的合作型思维转变，把本应由社会或者市场承担的责任交还回去，从而有效保障人民和社会的权利，促使权力与权利在基层社会治理过程中实现良性互动。政府行使治理权力绝不能出现权力滥用、权力行为失范和以权压民的现象，要确保权力行使能够切实有效地分配公共资源、化解社会矛盾、维护公共利益、提供公共服务，并

通过规制权力、明确权利和鼓励广大人民群众有序参与以保障社会公众的权益。[1]当前，一些地方的基层社会治理之所以出现治理思维、治理方式同经济社会发展多元化、多样性之间的对立或者冲突，根本原因在于基层政府权力同人民群众权利之间出现了失衡现象。基层社会治理法治化，包含动态和静态两个层面的意义。作为动态过程的基层社会治理法治化，根本逻辑在于实现权力与权利的协作与互动。作为静态的基层社会治理法治化，内含着彰显法律权威、规范社会事务和完善治理机制等形式、程序和实质向度的基本内容。[2]在法治轨道上推进基层社会治理现代化，关键是要建立健全执法司法制约监督机制，把权力关进制度的笼子，严格规范公正执法，防止权力对权利的干扰和影响。

为了确保司法机关严格规范公正执法，西安市雁塔区在推进基层社会治理法治化过程中，深入贯彻习近平法治思想，贯彻落实党中央决策部署，牢牢抓住"建立健全执法司法监督制约机制"这个"牛鼻子"，加快建设公正、高效、权威的执法司法监督制约机制，推进更高水平的法治雁塔建设。第一，把习近平法治思想作为各级党委（党组）理论学习中心组学习的重要内容，区委理论学习中心组定期开展法治学习。把法治督察列入全区督查检查考核计划，由区委依法治区办联合纪委监委开展法治政府督察工作。把法治建设纳入年度目标任务考核，建立考核清单，每季度围绕法治建设任务完成情况进行打分评价，强化考核激励。第二，严格落实党政负责人履行法治建设第一责任人职责。坚持将法治建设与经济社会发展同部署、同促进，区第十四次党代会明确提出了"争创全国法治政府建设示范区"的目标。印发

---

[1] 赵媛媛、黄迪民：《"法治中国"建设中的基层治理法治化》，载《青海社会科学》2015年第4期，第90页。

[2] 赵媛媛、黄迪民：《"法治中国"建设中的基层治理法治化》，载《青海社会科学》2015年第4期，第88页。

《法治雁塔建设规划（2021—2025年）》《西安市雁塔区法治政府建设实施方案（2021—2025年）》《西安市雁塔区法治社会建设实施方案（2021—2025年）》，构建了新时代法治雁塔建设"一规划两方案"的总体设计。组织开展"一把手跟执法"活动，及时发现整改涉及执法事项问题。第三，全面推进行政执法"三项制度"，采取书面督查和实地检查相结合的方式，组织开展专项督导检查评估，邀请相关专家对各单位行政执法"三项制度"落实情况进行现场评估打分。第四，健全行政执法和刑事司法衔接机制，完善执法司法信息共享、案情通报、案件移送制度，防止有案不移、有案难移、以罚代刑，实现行政处罚与刑事处罚依法对接，严格执行司法建议、检察建议的反馈落实制度，深入落实和完善认罪认罚从宽制度，积极稳妥推进公益诉讼检察。第五，完善执法司法权管理监督制约体系，人民检察院、公安机关进一步健全完善侦查监督与协作配合制度机制，加快推进侦查、监督数据共享机制建设。第六，严格落实领导干部干预司法活动、插手具体案件的记录、通报、责任追究制度，落实司法机关内部人员过问案件的记录和责任追究制度，规范司法人员与当事人、律师、特殊关系人、中介组织接触交往行为，加强防止干预司法"三个规定"宣传教育。第七，为进一步落实重大决策社会稳定风险评估工作，促进重大项目顺利建设，从源头预防及减少各类矛盾纠纷问题的发生，雁塔区积极健全重大决策社会稳定风险评估机制，对于直接关系人民群众切身利益且对社会稳定、公共安全等方面可能造成较大影响的重大决策事项进行社会稳定风险评估。

（二）全面加强法治宣传教育，促进社会矛盾化解营造良好的法治环境

党的十八大以来，以习近平同志为核心的党中央高度重视法治宣传教育

工作，习近平总书记对全民普法和守法做出一系列重要论述，强调要坚持把全民普法和守法作为依法治国的长期基础性工作，加大全民普法力度，建设社会主义法治文化，树立宪法法律至上、法律面前人人平等的法治理念。比如，2018年8月24日，习近平总书记在中央全面依法治国委员会第一次会议上强调："我们坚持把全民普法和守法作为依法治国的基础性工作，实行国家机关'谁执法谁普法'普法责任制，将法治教育纳入国民教育体系，全社会法治观念明显增强。"2019年5月7日—8日，习近平总书记在全国公安工作会议上强调："要加强全民普法宣传教育，推动全社会形成办事依法、遇事找法、解决问题用法、化解矛盾靠法的良好法治环境。"因而要看到，在推进基层社会治理法治化过程中，加强法治宣传教育具有长期基础性的地位。这种"长期基础"性的定位既意味着必须绵绵用力，久久为功，更意味着必须定向精准，靶向施策。[1]中国特色社会主义进入新发展阶段，开启全面建设社会主义现代化国家新征程上，迫切要求进一步提升公民法治素养，推动全社会尊法、学法、守法、用法。为深入学习宣传贯彻习近平法治思想，做好第八个五年法治宣传教育工作，进一步加大全民普法力度，中央宣传部、司法部印发了《中央宣传部、司法部关于开展法治宣传教育的第八个五年规划（2021—2025年）》，明确指出要"坚定不移走中国特色社会主义法治道路，紧紧围绕服务'十四五'时期经济社会发展，以使法治成为社会共识和基本准则为目标，以持续提升公民法治素养为重点，以提高普法针对性和实效性为工作着力点，完善和落实'谁执法谁普法'等普法责任制，促进提高社会文明程度，为全面建设社会主义现代化国家营造良好法治环境"。为我们全面加强法治宣传教育工作提供了行动指南。

---

[1] 罗培新：《久久为功靶向施策聚焦法治守正创新》，载《法治日报》2022年7月14日07版。

近年来，雁塔区把深入学习宣传习近平法治思想作为首要任务，将其作为推进法治雁塔建设的指导思想，以深入开展法律进机关、进学校、进社区、进乡村、进寺庙、进企业、进单位的"法律七进"工作为载体全面推进法治宣传教育活动。一是建立区政府常务会议学法制度和行政机关负责人学法制度，进一步推动各行政机关负责人履行党政主要负责人法治建设第一责任人职责，带头学法、主动用法、严格遵法。通过培训学习，切实提高领导干部、公职人员运用法治思维和依法办事能力水平。二是深入开展法治宣传进校园活动。全面落实法治副校长制度，全区中小学聘请检察官、警官86名担任法治副校长，举办法治专题讲座80余场，实现法治与德治相结合，课堂教育与课外教育相补充，强化学生法治理念，提高学生法律素养。三是持续开展"优化营商环境法治宣传"活动，助力企业经济发展，组织法治讲师团成员在未来城产业园、中核实业等70余家企业开展合同风险防控、公司法、破产法、知识产权法等法治讲座，进一步提高了企业经营人员和职工的法治意识和依法维护企业合法权益的能力。四是深入开展送法律进社区、村活动，组织机关干部、普法讲师团、律师深入农村、社区开展法治宣传活动，围绕宪法、民法典、预防网络电信诈骗和集资诈骗等与居民群众相关的法律法规。五是围绕重点节日开展法治宣传活动，组织机关干部在小寨赛格广场、小寨华旗商场开展"3·15消费者权益日""4·15国家安全日""4·26知识产权日""6·26国际禁毒日"等主题宣传活动。六是充分利用报刊、电台、电视台、法治雁塔微博、微信公众号、今日头条等深入开展学习宣传习近平法治思想、宪法、民法典、法治政府建设、安全生产法、疫情防控、扫黑除恶、社会主义核心价值观、劳动和社会保障、提升营商环境、预防网络电信诈骗和集资诈骗等与群众生产生活密切相关的法律法规知识，以及与疫情相关的政策法规和解读。七是建立法律明白人队伍。制定印发了雁塔区《进一步推进全区"法律明白人"培养工作实施方案》,组织完成选取法律明白人213人,参加了市上举办的法律明白人网络培训,全力提升村、社区法律明白人的法律专业素质和能力,充分发挥法律明白人作用,进一步做好辖区居民群众普法宣传教育,及时化解矛盾纠纷,维护辖区和谐稳定。八是建立区行政中心、区法院、红专南路、205所、千户社区等5个法治文化广场、文化长廊,充分发挥法治文化的浸润作用,不定期更新普法内容,及时为群众宣传党的政策及法律法规,提高法治文化阵地影响力、渗透力和感染力,充分发挥法治文化阵地示范引领作用。

(三)严格落实重大决策项目依法决策机制,确保所有重大行政决策合法

"奉法者强则国强,奉法者弱则国弱。"法治政府建设是促进社会和谐稳定的根基,建设法治政府是推进基层社会治理法治化的关键一环。随着现代社会法治进程的不断推进,作为我国政府自我规制重要经验和成果的"重大行政决策"工作越来越成为关注焦点。党的十八大以来,党中央、国务院高度重视科学民主、依法决策。党的十八届四中全会提出,健全依法决策机制,把公众参与、专家论证、风险评估、合法性审查、集体讨论决定确定为重大行政决策的法定程序。[①]2015年12月,党中央、国务院印发《法治政府建设实施纲要(2015—2020年)》,提出了推进行政决策科学化、民主化、法治化的具体目标和措施。但在基层社会治理实践中,一些地方政府仍存在行政决策尊重客观规律不够,听取群众意见不充分,违法决策、专断决策、应及时决策而久拖不决等问题,严重损害了政府公信力,影响了基层社会治理

---

① 《中共中央关于全面推进依法治国若干重大问题的决定》,载中国政府网2014年10月28日,https://www.gov.cn/zhengce/2014-10/28/content_2771946.htm。

法治化进程。为了健全科学、民主、依法决策机制，规范重大行政决策程序，提高决策质量和效率，明确决策责任，国务院根据宪法、地方各级人民代表大会和地方各级人民政府组织法等规定，制定了《重大行政决策程序暂行条例》。该《条例》"总则"第三条以"列举+排除"的方式规定了五类重大行政决策事项：制定有关公共服务、市场监管、社会管理、环境保护等方面的重大公共政策和措施；制定经济和社会发展等方面的重要规划；制定开发利用、保护重要自然资源和文化资源的重大公共政策和措施；决定在本行政区域实施的重大公共建设项目；决定对经济社会发展有重大影响、涉及重大公共利益或者社会公众切身利益的其他重大事项。《条例》并在分则部分重点规定了公众参与、专家论证、风险评估、合法性审查、集体讨论决定的具体要求，为进一步推进行政决策科学化、民主化、法治化，提高重大行政决策的质量和效率提供了依据。

近年来，西安市雁塔区认真落实中央和省市要求部署，多措并举积极推进法治雁塔建设，为奋力谱写雁塔高质量发展新篇章提供了坚强有力的法治保障。一是深入贯彻落实《陕西省重大行政决策程序暂行规定》，区委常委会专题听取区政府党组关于学习贯彻《陕西省重大行政决策程序暂行规定》情况的报告，研究贯彻落实办法。持续完善法律顾问制度机制，制定《雁塔区人民政府法律顾问考核办法（试行）》，坚持重大行政决策听取法律顾问意见建议。不断加强政务诚信建设，制定《雁塔区信用体系建设工作考核细则》等文件，完善信用体系建设机制，区政府各部门在区政府网站、信用中国网站公开政务诚信承诺书，严格落实信用承诺制度。二是按照"有件必备、有备必审、有错必纠"的原则和区人大常委会要求，协助区人大常委会制定《西安市雁塔区人大常委会规范性文件备案审查规定》《西安市雁塔区人大常委会关于推进规范性文件备案审查工作的实施意见》等制度，积极督促"一府两院"按时报备、依法公开规范性文件，密切与各委员会配合，加大备案审查力度。三是严格落实《西安市雁塔区规范性文件监督管理办法》，严把行政规范性文件合法性前置审查关。司法局与区政府办建立了行政规范性文件审核联动机制，在区政府和区政府发文稿纸中专门设置"规范性文件审核意见"，所有文件未经区司法局审核，并出具《西安市雁塔区司法局行政规范性文件办理单》的，区政府办秘书科一律不予收文。四是严审行政规范性文件备案材料。根据省、市及我区行政规范性文件相关规定，对行政规范性文件备案资料逐一进行审核，资料不齐全的一律不予备案。经备案审查的行政规范性文件由起草单位在区政府网站予以公开，雁塔区亦将备案审查的行政规范性文件目录在区政府网站予以公开。五是充分发挥法律顾问在政府制定重大行政决策、推进法治政府建设中的重要作用。区政府法律顾问由律师和行政复议应诉专家咨询组成员组成，目前8个街道均聘请了1—4名律师担任常年法律顾问，区政府组成部门、开发区管理机构共27个部门均聘请了常年法律顾问，法律顾问覆盖率约为100%。六是深入推进村（居）法律顾问工作。雁塔区司法局按照省市部署积极推动法律服务向农村、社区延伸，创新思路，明确措施，持续推进区村（居）法律顾问工作，覆盖率达到100%。

（四）深化公共法律服务体系建设，切实办好"惠民实事"

公共法律服务是政府公共职能的重要组成部分，是保障和改善民生的重要举措，是全面依法治国的基础性、服务性和保障性工作。推进公共法律服务体系建设，对于更好满足广大人民群众日益增长的美好生活需要，提高国家治理体系和治理能力现代化水平具有重要意义。党的十八届四中全会提出，建设完备的法律服务体系，推进覆盖城乡居民的公共法律服务体系建设,加强民生领域法律服务。①习近平总书记多次对公共法律服务工作做出重要指示,强调要加快建设覆盖城乡、便捷高效、均等普惠的现代公共法律服务体系,统筹研究律师、公证、法律援助、司法鉴定、调解、仲裁等工作改革方案,加快发展律师、公证、司法鉴定、仲裁、调解等法律服务队伍,整合法律服务资源,尽快建成覆盖全业务、全时空的法律服务网络,让人民群众切实感受到法律服务更加便捷。②新时代新阶段,人民群众对美好生活的向往更多向民主、法治、公平、正义、安全、环境等方面延展,持续优化营商环境,依法防控疫情,加强和创新社会治理,人民群众依法办事、依法解决矛盾纠纷,要求公共法律服务供给更加充分、优质、便捷。

公共法律服务的全面布局,为社会公众解决矛盾纠纷提供了便捷高效的渠道,将矛盾化解在基层,有利于缓解司法资源紧张的问题。③近年来,为加快推进公共法律服务体系建设,全面提升公共法律服务能力和水平,从中央到地方都做出了一系列重要部署。2019年7月,中共中央办公厅、国务院办公厅印发了《关于加快推进公共法律服务体系建设的意见》,要求"到2022年,基本形成覆盖城乡、便捷高效、均等普惠的现代公共法律服务体系。公共法律服务体制机制不断完善,服务平台功能有效发挥,服务网络设施全面覆盖、互联互通,公共法律服务标准化规范化体系基本形成,城乡基本公共法律服务均等化持续推进,人民群众享有的基本公共法律服务质量和水平日益提升。到2035年,基本形成与法治国家、法治政府、法治社会基本建成目标相适应的公共法律服务体系。公共法律服务网络全面覆盖、服务机制更加

---

① 《中共中央关于全面推进依法治国若干重大问题的决定》,载中国政府网2014年10月28日,https://www.gov.cn/zhengce/2014-10/28/content_2771946.htm。
② 习近平:《全面深入做好新时代政法各项工作,促进社会公平正义,保障人民安居乐业》,载《人民日报》2019年1月17日01版。
③ 杨凯:《公共法律服务学导论》,中国社会科学出版社2020年版,第5页。

健全、服务供给优质高效、服务保障坚实有力，基本公共法律服务均衡发展基本实现，法律服务的群众满意度和社会公信力显著提升，人民群众共享公共法律服务成果基本实现"。2021年12月，司法部为深入贯彻落实《关于加快推进公共法律服务体系建设的意见》，审议通过了《全国公共法律服务体系建设规划（2021—2025年）》，进一步明确了"十四五时期"的主要目标，即建成覆盖全业务、全时空的法律服务网络；"八五"普法规划实施完成；推动法律援助法实施；发挥律师在公共法律服务中的主力军作用；扩大公证服务供给；提高司法鉴定质量和公信力；完善仲裁制度，提高仲裁国际化水平；深化构建大调解工作格局。2022年12月，陕西省人民政府结合本地实际，深入贯彻落实司法部规划，研究制定了《陕西省公共法律服务体系建设规划》，进一步加大公共法律服务体系建设服务质量和效能的监管力度，推进全省公共法律服务体系建设高质量发展。

正是在这样的背景下，西安市雁塔区在西安市司法局的指导下，立足本地实际，从推进基本公共法律服务均衡发展、强化公共法律服务职能作用、创新公共法律服务管理体制机制等方面加快推进西安市公共法律服务体系建设。第一，充分发挥法律服务在促进经济高质量发展中的服务保障作用，印发了《雁塔区公共法律服务进园区实施方案》，在区公共法律服务中心设立服务民营企业窗口，对民营企业困难职工申请法律援助，免于经济状况审查，并实行优先办理。构建完善了以区公共法律服务中心为主导的"1+8+N"公共法律服务体系，打通了服务群众"最后一公里"降槛扩面。第二，将法律援助的对象范围从低保群体扩大到低收入群体，对特殊群体和农民工因请求支付劳动报酬和工伤赔偿申请法律援助，直接给予援助。全面推行法律援助"跨区通办"，"容缺受理"，高效应援，方便群众申请法律援助。第三，线上线下一体推进公共法律服务工作。推行实体平台"一窗一事办"，打造"资源集聚、管理规范、运行高效"的平台服务方式。依托陕西法律服务网、西安法援微信公众号等网络媒体资源，推进"互联网+公共法律服务"工作。第四，加大矛盾纠纷化解力度，积极构建"党建+多元化解""人民调解+共享法庭"等联动解纷新模式，全面开展矛盾纠纷大化解专项活动，不断拓展矛盾纠纷调解领域，推进行政调解与人民调解、司法调解有效衔接，排查调处各种民间矛盾纠纷，调解率达到100%，调解成功率达99%。

三、基层社会治理智能化——以佛山市南海区智慧法院建设为例

面对城乡社区居民群众各不相同的社会治理需求，基层社会治理必须精细化，"互联网+"、大数据、区块链、人工智能等现代科技的普遍应用，为基层社会治理精细化发展提供了智能依托，社区治理智能化也因此成为现代社区治理区别于传统社区治理的一大鲜明特点。因此，基层社会治理智能化即指运用现代科技手段充分调动多元主体自觉积极参与基层社会社区治理，促进基层社会治理手段和水平升级，实现基层社会治理精细化。智能化重在运用现代科技手段打通各个基层社会治理主体面临的信息鸿沟，实现数据信息共享，有效降低治理成本，并且依托现代科技精准识别社区居民的个性化诉求，为社区居民提供有针对性的公共服务。而且，智能化具有数据量大、类型多、更新速度快等特点，具有数据、信息、图像等即时互动功能，有利于提升基层社会治理决策的科学化水平，有利于强化对基层社会治理精细化的监督。[①]提高基层社会治理智能化水平，前提是必须推动基层社会治理平台与

---

① 张锋：《以智能化助推城市社区治理精细化研究——基于上海杨浦区控江路街道的实证分析》，载《城市发展研究》2019年第3期，第6页。

"互联网+"、大数据、区块链、人工智能等现代科技的深度融合,在确保信息数据安全的基础上促进数据信息的开放与共享。习近平总书记指出,"人工智能是新一轮科技革命和产业革命的重要驱动力量,加快发展新一代人工智能是事关我国能否抓住新一轮科技革命和产业变革机遇的战略问题"。这要求,矛盾纠纷多元化解机制的健全和完善势必要结合大数据信息技术,以努力满足人民群众多元化的司法需求。在完善矛盾纠纷多元化解机制的过程中,佛山市南海区人民法院在坚持和发展"枫桥经验"过程中极为重视现代信息科技在矛盾纠纷化解中的应用,充分利用现代科技优势,回应人民诉求,以技术换人力,充分发挥互联网和大数据的积极作用,取得了优异的治理绩效。

(一)树立矛盾纠纷化解智能化理念

科技发展与创新对社会治理的影响必定是巨大的。以大数据为例,人类社会已经进入大数据时代,更好地分析和运用大数据,为科学研究和决策咨询提供服务,无疑是目前最有意义的工作之一。[1]又比如,区块链是近年来极具革命性的一种计算机技术新型应用模式,是以分布式数据存储、点对点传输、共识机制、加密算法等方法按照时间顺序将数据区块以顺序相连的方式组合成的一种链式数据结构,并以密码学方式保证的不可篡改和不可伪造的分布式账本。伴随着城镇化进程和社会流动不断加快,社会治理体系和治理能力面临着日益严峻的考验。实现社会治理数字化、精细化、智能化,需要在维护国家安全、加强社会治安防控体系建设、防范化解社会矛盾风险、切实保障公共数据安全、培育社会信任、推动社会共治等社会治理领域充分发

---

[1] 刘玉照、盛智明:《特大城市社会治理创新研究》,社会科学文献出版社2020年版,第133页。

挥区块链技术优势，通过区块链赋能创新社会治理路径，有利于打造共建共治共享的社会治理新格局。提高矛盾纠纷化解智能化水平，要求矛盾纠纷化解主体深刻把握大数据、移动互联、云计算、区块链和人工智能等现代科技发展大势，把基层社会治理智能化思维运用于矛盾纠纷化解实践当中。

首先，充分认识到矛盾纠纷化解智能化是顺应现代科技发展趋势的必然选择。大数据、移动互联、云计算和人工智能等现代科技与经济社会发展的深度融合，极大地改变甚至重塑了社会生产和社会组织的关联形态。比如说，大数据开启了一次重大的时代转型，就像望远镜让我们能够感受宇宙，显微镜让我们能够观测微生物一样，大数据正在改变我们的生活以及理解世界的方式，成为新发明和新服务的源泉，它既是人们获得新的认知、创造新的价值的源泉，又是改变市场、组织机构，以及政府与公民关系的方法，可以说，大数据已经撼动了世界的方方面面，从商业科技到医疗、政府、教育、经济、人文以及社会的其他各个领域，对大数据的掌握可以转化为经济价值和社会治理效能的来源，联系到我国现代化所面临的各种问题以及教育、医疗、交通、金融、天文、公共卫生、社会治理等方面的挑战，解决这种由大规模数据引发的问题，探索以大数据为基础的解决方案，是中国产业升级、社会治理效率提高的重要手段。①这就要求我们必须与时俱进，树立社会治理智能化理念，提升矛盾纠纷化解水平。

其次，充分认识到矛盾纠纷化解智能化是破解基层社会治理难题的现实需要。在智能互联技术日益普及和我国经济社会加快转型的大背景下，我国基层社会治理面临跨区域、跨行业、跨群体的矛盾纠纷化解需求层出不穷，网络虚拟空间矛盾纠纷化解水平急需规范提升等新挑战。应对这些新挑战，

---

① [英]维克托·迈尔-舍恩伯格、肯尼思·库克耶：《大数据时代：生活、工作与思维的大变革》，盛杨燕、周涛译，浙江人民出版社2013年版。

破解基层社会治理难题，必须加快推进矛盾纠纷化解智能化。党的十九大报告在总结过去社会治理经验基础上，提出要加快社会治理体制机制创新，完善党委领导、政府负责、社会协同、公众参与、法治保障的社会治理体制。随后，党的十九届四中全会为进一步提升社会治理社会化、法治化、智能化、专业化水平，打造共建共治共享社会治理格局，又增加了民主协商和科技支撑两项内容，形成了党委领导、政府负责、民主协商、社会协同、公众参与、法治保障、科技支撑的社会治理体制。这为我们明确了基层社会治理的基本模式。加快构建智慧社会治理新模式，有助于促进智慧社会治理更加精准化、精细化、精致化，全面提高智慧社会治理效能。

最后，充分认识到矛盾纠纷化解智能化是新时代发展的内在要求。价值是治理的追求，能否满足基层需要，为群众创造价值，是基层治理的重要目的。科技创新可以为基层治理提供新的思维理念、方式方法，让群众充分享受科技进步带来的实惠。在社会日益"技术化"的当今时代，推动人工智能融入社会、共同走向"善治"的过程中，一定要正确处理好技术和人之间的关系，明确科技对于社会治理的辅助性作用，避免出现智能风险、智能偏见、智能失权。当前，人民群众对参与基层社会治理、实现个性化发展等的需要不断增长，提高矛盾纠纷化解智能化水平，毫无疑问可以为满足人们的新需要提供有力支撑。诸暨积极推进大数据与信访工作的深度融合，打造"智慧信访"，切实提升服务群众水平，努力做到让来访群众满意而归。在南海区，经过近几年的探索和实践，南海法院以电子卷宗随案生成和深度应用为抓手，逐步探索出一条独具特色的智慧法院建设路径，实现审判全程数字化、法官办案无纸化、诉讼服务贴心化，为南海打造一流营商环境提供了有力的司法保障，成为全国法院信息化建设的范本。①

（二）建好矛盾纠纷化解智慧平台

新科技是矛盾纠纷智慧化解的重要支撑，科技赋能已然成为提升智慧社会治理效能的有效路径。一方面，智能技术为精准化解矛盾纠纷赋能。智能技术可以为矛盾纠纷化解插上"智慧翅膀"，实现对社会运行的实时监管、突发事件的预警处置和重要证据资料的固定，提升矛盾纠纷化解的精准度和精细化水平。比如，将人工智能技术深度嵌入社会治理各领域、各环节，充分利用人工智能技术准确感知、预测等优势，强化对社会面的监控和服务，为矛盾纠纷化解提供支持。另一方面，智能技术为矛盾纠纷化解高效化、精致化赋能。运用智能技术保障矛盾纠纷化解工作，将智能技术运用于矛盾纠纷多元化解过程之中，把窗口服务尽可能地移到网上、连到掌心、放在手中，提供渠道多样、简便易行的矛盾纠纷化解服务，在各种信息有效收集汇总、归纳分类、挖掘处理的基础上，及时回应人民群众关切，推动"马上办""一次办""网上办"，实现集中受理、分类派送和限期回馈的一体化智能化处置，让群众少跑腿、数据多跑路。

科技支撑不仅可以在社区网格化管理、"雪亮工程""天网工程"建设过程中，将视频监控源与数据分析、人脸识别、车牌识别、智能预警等技术相结合，提升治安管控、交通拥堵缓解等方面的预防预控预警能力，实现社会治安防控"全覆盖、无死角、无盲区"，还可以优化城市"超级大脑"，提升矛盾纠纷化解能力和水平。在南海区人民法院，为实现法院解纷水平迭代升级，法院以信息化、智能化为杠杆，积极推进现代科技与法院工作深度融

---

① 王紫涵、易可欣：《南海法院以"互联网+"赋能智慧办案》，载《中国审判》2022年第6期。

合。具体而言，南海区人民法院借助大数据与信息技术，深化全链条信息查询机制，与全区43个部门和单位建立起系统化、制度化的协同联动机制，建立起"南海区人民法院执行大数据应用系统"，实现财产、身份、行踪等信息的全面对接，建立起信息共享、措施联动、反应迅捷的执行联动体系。这个大数据应用系统可在最大范围内收集全国各个行政区域中的个人信息，精准定位，查找到被执行人，南海区人民法院依托统一的执行大数据平台，可以准确地查找到被执行人的行踪，从而为下一步执行工作做好了准备。

围绕提高矛盾纠纷化解效率的目标，提高矛盾纠纷多元化解智慧化水平，必须重视矛盾纠纷化解智慧基础设施和智慧平台建设。因此，应完善市县（区）镇（街道）村（社区）四级"综治中心+网格化+信息化"矛盾纠纷化解体系，合理布建具有人像采集、高清监控、全景监控等不同功能的视频监控探头，构建视频监控"雪亮工程"网，汇聚全市可调度监控资源，密织社会治安防控网络，推动全市公共安全区域视频监控全覆盖，推行党建网格和平安网格双网融合，构建以"网格+"为基础的综治信息网，加快全市综治中心公共安全视频联网总平台和公安系统、综治中心公共安全视频分平台规范化建设，建设综治信息数据库，将与基层社会治理和矛盾纠纷化解工作密切相关的人、地、事、物、组织等数据整合融合，将公安、交通、教育等重点行业监控视频接入全市总平台，实现数据共享、信息互通，重点对人员密集区域、重点场所、要害部位的风险隐患自动感知、预警防范、目标追踪，为实战应用和共享打好基础。

南海区一年大概有10万多起案件，面对如此"庞大"的案件量，传统做法在解决问题上显示出巨大的劣势，南海区人民法院2019年开始就设立了电子政务数据集成中心，通过专门的外包服务将在案件审理中形成的纸质版的材料，经过电子系统进行扫描，形成电子卷宗，由综合电子系统对卷宗进行编目。在随后的执行系统中，根据电子系统进行分门别类，再将其转入相应的执行部门，这种做法无疑是对传统纸质版案卷办案的一个革新。电子卷宗的推行能够使得需要材料的不同部门在同一时间、不同的工作环节使用材料，提高了办案效率，也能使得法官最大程度地从烦琐的案卷材料整理、收集等辅助性工作中解放出来，专注于案件的审理。当前，"以审判为中心"是整个司法改革的任务之一。以审判为中心要求庭审实质化，控辩双方在庭审过程中进行充分的辩论，法官应当注重庭审过程中对案件事实的调查。南海区法院运用信息技术，将法官从繁忙的执行工作中解放出来，从而全身心地投入案件审判工作，以实现司法公正。可见，这种做法也积极响应了司法改革的核心要求。

（三）推行矛盾纠纷化解智能办案

当前我国已经进入全面建成中国特色社会主义现代化的重要历史时期，处在社会转型期、矛盾凸显期，社会治理现代化是国家治理现代化的重要方面，社会的安全稳定也是基层社会治理的一项重要任务，而有效的基层社会治理也需要强大的现代科技作为支撑。与此同时，我们已经无可逃避地进入到一个数字化时代，数据成为一种新的生产要素，而且网络信息技术日益成为生产力中最活跃、最具革命性的因素，推动了生产力发生新的质的飞跃，也引发了生产关系、上层建筑等领域的变革与重塑，我们已经全面进入了网络时代。2021年8月27日，中国互联网络信息中心（CNNIC）在京发布第48次《中国互联网络发展状况统计报告》。报告指出，截至2021年6月，我国网民总体规模超过10亿，庞大的网民规模为推动我国经济高质量发展提供强大内生动力。截至2021年6月，50岁及以上网民占比为28.0%，较2020年6月增长5.2个百分点。互联网惠民创新应用的场景极为广泛，涵盖餐饮、住宿、交通出行、金融、购物、教育、医疗健康、租赁、文化体育、旅游休闲、社会保障、政府服务、创业就业等各个方面。在这样的背景下，矛盾纠纷化解工作也应当及时跟上社会发展变化特点，利用互联网和大数据服务矛盾纠纷化解智能办案。

以信息技术作为发展引擎积极推进基层社会治理多元化、智能化，是促进基层社会治理能力现代化的重要要求。基层社会矛盾的多样性、复杂性需要运用互联网思维整合多方力量参与矛盾纠纷的解决，需要借力信息化技术打造新型纠纷解决模式。为了适应信息化、智能化的社会发展趋势，南海区人民法院充分利用信息技术，在用"智慧办案"破解"执行难"问题方面进行了许多有益探索，取得了积极的治理长效。而且，九江镇在基层社会治理过程中，全面开展"智感安防"小区规划和建设工作，探索引入3D建模、一键报警、立体化社会管理平台的技防手段，全力打造乡村振兴点亮工程等，联合高新技术手段和网格化管理全面提高基层社会治理的精准度，形成深度和广度、横向和纵向协同的治理全覆盖，为矛盾纠纷多元化解提供了科技支撑。

在南海区法院第23场"海啸"执行行动中，申请人广东某集团股份有限公司与被执行人广州市某建设有限公司于2015年签订协议，共同开发南海桂城一块工地。在协议履行的过程中，申请人发现，被执行人违反约定，要求解除协议。经审理，南海法院于2018年2月8日做出判决，要求被执行人在判决发生法律效力之日起十日内退出并交回施工工地，但被执行人对判决置之不理，多次联系无果，于是就有了这次的强制清退行动。在强制清退行动中，桂城街道办的协助显示出"信息共享、多调联动"的优势。在强制清退过程中，桂城街道办组织多名治安队员予以协助，并协调相应的村居对法庭执行予以支持。南海区法院得以在最短的时间内获知被执行人员的行动信息，快速找到被执行人，从而顺利开展执行活动。

南海区执行工作信息化的另一个亮点，便是结合信息化时代人们接收信息渠道的多样化来公布失信人信息，实现多级联动。南海区人民法院与今日头条、中国移动失信彩铃业务以及佛山人保分众平台合作，全方位公布失信人员的信息，解决执行难中查找人的难题。值得注意的是，南海区运用今日头条公布失信人员的做法紧紧抓住了信息时代人们进行社会生活的特点。在数字技术媒体普遍应用的现代社会，人们接收信息的方式呈现出一种"碎片化"的特征，短视频几十秒的呈现方式恰好迎合了人们这种心理，人们能够在最短的时间内获得最舒服的阅读体验，短视频自此深入人们生活的各个方面，拥有了较大规模的受众群体，以这种方式公布失信人员的信息，大大节省了执行中查找人物的时间。此外，短视频因为操作简单、与诸多第三方合作的特征，降低了使用门槛，广大受众在扮演信息接收者的同时，也扮演着"信息传播者"的角色，人们乐于通过短视频的方式来向自己身边的人分享自己接收到的信息，因此，"二次传播""三次传播"，甚至多次传播的过程中，失信人员信息的传播范围进一步扩大，更进一步缩短了查找人员的时间，提高了工作效率。

更重要的是，南海区人民法院推行执行工作信息化也极大地提高了执行工作的效率。2020 年，南海区人民法院共办结执行案件 39166 件，已结案执行到位金额 23 亿元。具体来说，办理网络财产查控 31030 件，新收网拍标的 1236 个，成交标的 930 个，执行退款 37210 笔，退款金额 23.26 亿元，办结受托执行事务 5559 件，事项受托期限内办结率 100%，办理财产保全实施案件 7819 件，办结财产保全和复议和执行异议案件 441 件。普执案件结案平均用时 120 天，速执案件结案平均用时 46 天，执行案件的结案率和用时都有实质性的发展。信息技术极大地方便了人们生活的同时，也给司法工作提供了一种全新的工作方法。南海区人民法院在突破"执行难"工作中顺应了社会发展的趋势，将最先进的信息技术引进，运用于执行工作中，取得了优异成绩，其做法也给其他地区人民法院走出"案多人少"的司法困境提供了一个可资借鉴的做法。

（四）完善线上线下联动化解矛盾纠纷机制

从历史上看，任何一次科技革命在发展中必然会带来对原有的产业结构、利益结构和就业结构的冲击、挑战和影响。欧盟委员会（EUROPEAN COMMISSION）还专门发布了《面向未来的100项重大创新突破》（100 Radical Innovation Breakthroughs for the Future）报告，为所有关心科学、技术和创新决策的人们提供了战略资源。该报告通过对最新科学技术文献的大规模文本挖掘，结合专家的咨询评论，筛选了100项可能对全球经济社会发展产生重大影响的颠覆性技术。人机交互和仿生、脑科学、精准医学、基因编辑、虚拟现实、增强现实、人工智能机器人、3D打印、4D打印、太赫兹、云计算、物联网、互联网+、大数据、石墨烯、电池、量子、超材料、超级计算机、卫星、北斗、智能制造、不依赖GPS导航、5G、MIT技术评论、航空发动机、可穿戴、氮化镓、隐身、脑机接口、传感器、数字孪生等一系列前沿科技进入我们的日常生活当中，在促使社会结构发生前所未有的改变同时，也对社会治理产生了重要影响。对于矛盾纠纷化解而言，互联网、大数据和移动技术为提高矛盾纠纷化解智能化水平开辟了广阔空间。

充分发挥现代科技在矛盾纠纷多元化解机制中的积极作用，需要深入拓展"互联网+"和大数据技术在矛盾纠纷多元化解机制中的深度应用，利用信息技术重塑基层治理运行的模式，形成多功能、智能化、集成性、线上与线下融合的服务模式，实现多个平台互联互通，整合多方力量实现矛盾纠纷的多元化解，实现解纷资源跨时间、跨空间、跨部门的优化配置，实现互联网化、在线化、数据化，实现信息大联动、平台大集群、流程大互通、跨界大协同，建立健全调解数据库，建立纠纷解决大数据应用中心，通过云计算对社区村居发生的各类纠纷及其解决情况进行深度分析，研判纠纷发展态势，预测纠纷发展方向，为决策提供参考，推动社会治理、司法运行、公共服务等工作机制创新。城乡社区作为社会的基础单元，是社会矛盾的聚集点、社会建设的着力点，推行矛盾纠纷化解智能办案，关键在于加强"网格+网络"的矛盾纠纷化解信息化平台建设。比如说，可以借鉴一些地方的实践做法，积极开发矛盾纠纷化解 App 系统，建立"手机派出所"，建立微信法治宣传教育和服务平台，推行矛盾纠纷网上调解平台，开设"微法院"，建立"云法庭"，在市、县（区）、镇（街道）、村（社区）四级层层建立矛盾纠纷在线化解专家库，畅通矛盾纠纷化解线上服务渠道，择优评选一批矛盾纠纷在线化解专家，实行定期线上值班，为有需求的群众在综治视联网和微信、QQ 等新媒体开展远程矛盾调解、线上心理咨询服务、法治宣传、惠民政策推送讲解等服务，将在线调解、仲裁、公证、司法确认、判决、信访多重功能整合兼容一体，为人民群众提供便民服务。

　　为深入贯彻习近平总书记考察浙江省安吉县社会矛盾纠纷调处化解中心的重要讲话精神，2020 年 5 月，广东省信访工作联席会议将南海确定为全省县（区）群众信访诉求综合服务中心试点地区。随后，南海区抓紧推进试点建设，积极探索建设群众信访诉求综合服务中心，于 2021 年 3 月 30 日揭牌运行，构建了一套组织共管、民情共解、队伍共建、资源共享、网格共治的矛盾纠纷化解工作体系，力争将矛盾解决在萌芽状态、化解在基层，为人民群众化解矛盾纠纷提供了极大的便利。用互联网、大数据和移动技术提高矛盾纠纷化解智能化水平，关键在于找准互联网、大数据和移动技术同矛盾纠纷多元化解机制创新的契合点,将互联网、大数据和移动技术同矛盾纠纷化解工作深度融合,通过创新矛盾纠纷化解思维和方式、优化矛盾纠纷化解环节和过程,提高矛盾纠纷多元化解水平和能力。

科技创新对于提高矛盾纠纷化解水平具有重要意义,因此,如何充分发挥科技创新在矛盾纠纷化解中的应用,让矛盾纠纷化解工作切实利用好科技创新带来的红利,是未来一段时间的重点工作。这就要求我们在完善矛盾纠纷多元化解机制的过程中,一定要深入推进"互联网+矛盾纠纷化解",加大矛盾纠纷智慧化解的投入力度,有效拓展公共服务职能,提高公共服务效率,精准有效解决传统矛盾纠纷化解面临的难题,积极探索科技创新与矛盾纠纷化解工作的深度融合路径。在矛盾纠纷多元化解工作中,必须将科技应用同矛盾纠纷多元化解平台的运行机制有机结合起来,最好根据问题归属和职责权限,设计工作流程和操作规范,明确问题发现、流转交办、协调处置、结果反馈、督查问效工作流程,构建"矛盾纠纷化解网格化、指挥调度平台化、日常管理信息化、服务全程一体化、考评考核智能化"的矛盾纠纷化解体系,破解矛盾纠纷在线化解中面临的难题。针对矛盾纠纷化解的一般流程,可以依托矛盾纠纷多元化解平台,科学合理地通过现代科技健全完善线上的首问负责、分流交办督办、研判会商、应急联动、考核评价等机制,积极拓展"民有所呼、我有所行"线上渠道。此外,还要充分发挥网格员在矛盾纠纷多元化解智慧化实践中的预防作用,通过线下网格员巡查走访和线上"雪亮工程"视频巡屏、视联网指挥调度、统一地址库数据归集等科技支撑,及时发现上报网格内风险隐患、矛盾纠纷、信访案件等,将矛盾纠纷化解于萌芽之中。

四、基层社会治理专业化——以"枫桥式"社区警务为例

随着经济社会发展，基层居民群众权利意识日益增强，服务需求日益呈现出多层次、多方面、个性化的特征，迫切要求加快城乡社区治理专业化发展步伐，以专业社区治理理念引领居民群众广泛参与、以社区治理专业技能回应居民群众各项诉求、以专业的社区服务增进居民群众的福祉。社区警务是国际警务变革后的产物，是当今世界各国警务变革的主导方向，它不同于以往以侦查破案和打击违法犯罪的警务工作。社区警务以违法犯罪预防为主要目的，要求警察能够通过广泛组织或调动社区成员参与积极性以及时、准确了解社区警情动态，实现有效减少违法犯罪活动的效果。毛泽东同志于60年前肯定"枫桥经验"的同时，还强调在一般的公安工作方法中最重要的就是如何做群众工作、教育群众、组织群众。枫桥派出所结合枫桥经验精神内涵，不断创新社区警务工作模式，发展形成了"枫桥式"社区警务，有效预防了大量违法犯罪行为发生，为维护社会治安秩序稳定发挥了重要作用，成为推进基层社会治理专业化的典型代表。

（一）"枫桥式"社区警务的实践背景

1. 社区警务是我国社会治安综合治理模式的新发展

社区警务模式发端于美国，是20世纪60年代西方国家社会政治、经济发展和警务工作社会化的结果，主要有社会契约论、犯罪预防、社会需求、破窗理论等理论基础。美国社区警务的主要工作内容包括警察执法、维护治安、服务社会三个方面，警察需要对社区居民负责，了解他们的诉求，解决他们的问题。当然打击犯罪仍然是警察工作的重要方面，但不是通过警车巡

逻，对报警迅速反应，而是通过完成其他方面的任务（如解决社会问题）而间接的实现。①

1991年中共中央、国务院基于治安问题产生的规律和特点，发出《关于加强社会治安综合治理的决定》，明确了公安机关开展警务工作的方向，提出了运用社会治安综合治理的方针解决中国社会治安问题的思路，形成了"打防结合、预防为主，专群结合、依靠群众"方针。自实施社会治安综合治理以来，公安机关在维护治安秩序和社会稳定方面取得了诸多成绩。我国社会治安综合治理是一项化解不稳定因素、维护社会治安秩序稳定的系统工程。它强调广泛组织各类社会力量，充分发挥政法部门尤其是公安机关作用，综合运用多种手段，通过对违法犯罪行为或行为人的预防、教育、管理、惩罚、改造以实现社会治安秩序的稳定。化解不安定因素，从根本上预防和治理违法犯罪问题是社会治安综合治理的核心思想。

正式提出社区警务概念是2002年3月公安部在全国公安派出所工作会议上提出的实施社区警务战略。此次会议要求各地结合实际建立统一样式、标志、配置的警务室，并按统一标准配置警力。公安部2006年出台《在全国实施社区和农村警务战略的决定》（以下简称《决定》）规定，明确以维护社会稳定、服务人民群众、实现执法为民为根本任务，以贯彻综合治理思想为目标，将实现"发案少，秩序好，社会稳定，群众满意"作为我国社区警务工作目标。从维护社会治安的角度来看，公安民警必须全面承担刑侦、治安及系列非警务职责，提高工作效率，满足人民群众对公安工作的新要求。

比较可见，美国和中国的社区警务都强调警察职责，并将群众满意度及警民关系融洽状况作为衡量社区民警工作好坏的重要标准。但两国社区警务

---

① 罗赞：《美国社区警务的形成》，载《现代世界警察》2017年第6期，第61页。

理论基础却明显不同，我国的社区警务强调综合治理的目标，必然要结合我国社会治安治理实际，它以坚持群众路线和社会治安综合治理为理论基础。因此说，社会治安综合治理的思想集中体现在社区警务工作中，社区警务是我国社会治安综合治理模式的新发展。

2."枫桥式"社区警务发展创新了社会治安综合治理方式

21世纪以来，浙江公安高举枫桥经验旗帜，在全省范围坚持和发展枫桥经验，枫桥派出所从提高警务效能角度出发，结合《关于加强社区警务建设的意见》和《决定》将矛盾化解在基层的要求，在社会治安综合治理基础上开始了"枫桥式"社区警务的探索过程，不断在社区警务创新发展过程中创新社会治安综合治理模式。2003年底，枫桥派出所建立起了以依靠人民群众为主体、情报信息和人口管理为核心的预警机制。采取治安大协作手段整合了各方社会力量，组织群众参与社会治安维护，保障了枫桥镇的平安稳定，形成了"分工协作、多警联动"社区警务工作机制。在此期间，枫桥派出所配套设置了7个警务区，①在管理上建立了所领导"分线、联区、抓事"的管理制度和民警"合、分、联"有机协调的运行机制，构筑了"派出所把面、警务区管片、警务点控村、警务和政务联动"新格局，实现了警务工作由被动转向主动；同时，以警务区为平台将服务群众的功能定位放在了各警务室，方便群众就近办事，工作理念实现了由管理向服务的转变；此外，以社区民警专职化为目标充分保证其在警务区的工作时间，实现了警力下沉，警务前移，真正将派出所建在了群众家门口。十六大期间，枫桥派出所以营造新农村社会环境为着眼点创新开展了"群众警务"，整合各类资源就地化解矛盾纠

---

① 每个警务区设立一个社区警务室，并配套设置司法工作室、综合调解室，每个警务室配备2至4名民警、2名社区保安，同镇乡的2名司法干部合署办公，联动处事。派出所组建了驻所刑侦中队、社区中队、巡逻值勤中队和内勤组"三队一组"警务机构，按照动态警务模式的要求，联合枫桥交巡警中队，建立起社区民警、刑侦民警、交通民警、巡逻民警"四警联动"的警务工作模式。

纷，创新关爱外来人员和帮教归正人员的形式和机制，建立了上下结合、横向联动的矛盾纠纷"联动联调"机制，推行"零距离工作法""超市工作法""六必到工作法"，还采取了"三网四早五依靠"的国保维稳工作方法以维护社会稳定。①在群众警务模式基础上完善了人防技防相配套、动态与静态相结合、集镇与农村相呼应的"点上控、路上巡、面上防"的治安防控体系。②十七大期间，枫桥派出所继续推进警力下沉，创新农村社区警务模式。以"一网一站建警区、一村一点设阵地、警务政务相融合"为原则搭建警务平台，按照"警力下沉最大化、一区多警进社区、社会力量做补充"的原则配置专职社区民警走近群众，按照信息警务的发展导向让"警务跟着民意走，民警围着群众转"，构建了"网格化管理、组团式服务"基础管理机制，建立了"乡村110"快速反应机制，成立了派出所的"老杨调解中心"，以"四心服务"创建和谐警民关系，形成了"以农村社区为平台、基础信息为引领、群众工作为主题、人民满意为目标"的农村社区警务模式。十八大以来，枫桥派出所继续探索符合枫桥镇实际的警务模式，在治安管理和治安防范基础上更加强调社区警务的服务职能。

"枫桥式"社区警务是枫桥派出所在灵活运用枫桥经验精神基础上形成的。换句话说，"枫桥式"社区警务是枫桥派出所因时、因地、科学探索合适的警务模式的结果，社会治安综合治理理念为"枫桥式"社区警务形成奠定了理论基础。所谓"枫桥式"社区警务，是枫桥经验在公安基层工作中的具体运用，是枫桥派出所运用枫桥经验基本精神，预防为主，综合施策，根据

---

① 所谓"三网四早五依靠"，是指在6个治安重点村建立了村级警务室，重点建设好"基础防范网、基础管控网、综治工作网"三张警务工作网，按照"早信息预警、早教育转化、早防范控制、早打击处理"要求做好基础管控工作，推行"依靠党政重视抓维稳、依靠单位部门抓教育、依靠村级组织抓管理、依靠基层群众抓转化、依靠警务联动抓打击"维稳工作方法。
② 张锦敏：《运用"枫桥经验"创新群众警务之探究》，载《公安学刊》2009年第2期，第21页。

枫桥镇社会治安特点，立足于公安基层基础建设，以社情民意为主导在社区开展治安管理、防范与服务的警务模式。①他树立了"立足预防、化解矛盾、追求和谐、推进法治"的警务理念，确定了"基础优先、信息导警、专群结合、防控一体"警务定位，明确了"发案少、治安好、社区安定、群众满意"的警务目标。"枫桥式"社区警务就是社区警务的"枫桥经验"，是枫桥社会治安综合治理的重要实现形式之一。也可以说，社区警务战略实施和社区警务工作发展促进了"枫桥式"社区警务形成，创新了枫桥社会治安综合治理新的实现方式。②

3. 新时代"枫桥经验"为"枫桥式"社区警务新实践提供新根据

"枫桥式"社区警务坚持用现代警务理念引领社区警务工作，调整并形成金字塔式的警力部署结构过程，将大量警力放在了农村和社区当中，并针对当前基层公安机关面临工作被动、警务理念落后、警力部署不合理、非警务活动多、民警工作重点不明确、考核标准不科学、各地社区警务工作流于形式等实际，及时制定社区民警考核办法，目前已形成有全方位服务群众机制、常态化警民沟通互动机制、立体化治安防控机制、深层次警民协作机制、多元化矛盾纠纷联调机制、精细化科学考核机制等六大机制保障社区警务工作深入开展。

"枫桥经验"历经半个多世纪传承和发展，实现了由"小事不出村、大事不出镇、矛盾不上交"向"矛盾不上交、平安不出事、服务不缺位"的跨

---

① 张永林：《"枫桥式"社区警务的现代启示》，载《人民法治》2018 年第 Z1 期，第 135 页。
② 这一判断可以从绍兴年鉴记载的公安工作内容得到证实：绍兴市基层派出所工作重心自 2001 年开始便从组织"严打"斗争和专项整治行动，转移到了积极推进社区警务建设上来。至 2007 年，绍兴市公安机关以枫桥式社区警务模式为样板，扎实推进社区和农村警务建设，共建成社区、农村警务室 315 个，到位民警 611 人；全市 37 个未设派出所的乡（镇）所在地以及已撤并的原乡（镇）所在地全部建立警务室，"一镇（乡）二警"和"一区一警""一村一警"比例分别达到 100% 和 60%。上述时间节点正好与公安部在社会治安综合治理基础上于全国范围统一部署实施社区警务的时间相吻合。

越,开辟了"枫桥经验"新境界。①这既是对枫桥经验的全新阐释,也是对"枫桥式"社区警务发展根据的准确揭示,反映了"枫桥式"社区警务新实践的时代特色。其中,枫桥派出所总结调解工作经验,探索多种矛盾纠纷化解机制,努力将群众矛盾化解在基层,就是"矛盾不上交"的经验。具体来说,枫桥派出所为做强所站两级治安纠纷联合调处平台,建立了以"源头联动、联合化解、定期清理、集中攻坚"为主要内容的矛盾纠纷预防化解机制,健全了纠纷类案件移交查办、集中清理、责任倒查等制度,对接处警信息实行部门和村(社区)沟通互动,组织和动员村级综治力量和部门力量控制和化解矛盾,提高了办案时效和质量。"老杨调解中心"总结矛盾纠纷化解经验,形成了"调解七法"②。枫桥派出所开展的"五议一创"③平安议事活动和围绕"小警务改善大民生,小警务推动大平安"警务理念开展的"创新十小十好④警务,争当邻家好警察"活动取得了良好的效果,正是"平安不出事"经验的具体体现。近期在枫桥派出所推行的"最多跑一次"和"一次也不跑"的工作方式,既是浙江公安机关在高效警务和服务型警务方面的积极探索,也是"服务不缺位"经验的本质要求。新时代"枫桥经验"的先进性决定其必将为"枫桥式"社区警务创新发展以理念指导。

---

① 金伯中:《新思想孕育新经验——对新时代"枫桥经验"的一点认识》,载《公安学刊》2018年第1期,第15页。
② "调解七法"指"情感感受法""换位思考法""依法疏导法""案例举例法""联动调解法""把握重点法""借助力量法"七种工作方法。
③ 所谓"五议一创",指的是派出所、警务站、社区民警定期组织群众开展"议安全防范、议矛盾调处、议案件办理、议法制宣传、议警务工作、创平安社区"等活动征求辖区群众意见,通报警务工作、形成民意提案,达到"互议化小事、共议解难事、群议创平安"的工作目标。
④ 所谓"十小十好",指的是制好"小卡片"、发好"小单子"、开好"小论坛"、带好"小队伍"、抓好"小服务"、做好"小帮扶"、搞好"小研判"、建好"小档案"、当好"小律师"、讲好"小故事"。

（二）"枫桥式"社区警务的实践侧重

诸暨"枫桥式"社区警务是枫桥派出所结合本地警务工作实际所提出的具有重要实践意义的概念，它是全国"枫桥式"社区警务的经典原型，全面认识"枫桥式"社区警务在社会治安综合治理中表现出的实践特征，有助于更加深刻地认识"枫桥式"社区警务的本质。概括而言，枫桥派出所"枫桥式"社区警务的成功实践主要体现在以下六个方面。

1. 基础工作专职化

社区警务是公安派出所的基础工作，社区民警是实施社区警务的中坚力量，必须推动社区民警专职化，配齐专职社区民警，保证社区民警将主要精力放在及时收集掌握社区情报信息、加强社区实有人口管理、强化社区安全防范和服务居民群众等社区治安管理工作中。枫桥派出所按照"做强社区警务中队"的原则，在枫桥镇三个行政管理区配套设置镇东、镇南、镇西三个警务站，配设"15+1"警力模式，将60%以上的警力下沉到社区，每个警务站保证有5—6名警力，通过月度清单、季度清单、年度清单的"三张清单"，明确社区民警的工作重点和主要责任。在业绩考核方面，主要侧重于社区民警的日常工作量化考核，重点考核民警的走访群众情况、依靠群众力量发挥作用情况、矛盾纠纷调处情况以及辖区居民群众安全感和满意度等方面的内容，并且根据各个民警所在辖区的社会治安状况来评价其工作业绩，由此倒逼社区民警开展社区警务工作过程中必须扎根于所服务的辖区。

2. 勤务结构科学化

公安派出所工作是全部公安工作的基础，涉及事项多，牵扯面广，其工作质量和水平对于整个社会的治安状况都具有重要的决定性作用。在开展具体的社区警务工作过程中，其勤务结构科学与否，直接影响和制约着公安派出所参与基层社会治理的水平高低。枫桥派出所的社区警务实践十分注重对警务运行机制的优化，重视警务站点的建设工作，事先确定了警务站点在联系群众、服务群众、维护稳定和信息实战警务等方面的基本定位和建设理念，随后在枫桥镇建立了一个村级（社区）示范警务站，在其他治安重点村设置若干村级警务室，实行警务站站长负责制，赋予站内指挥调度职责，实行勤务一体化运作，采取全日勤务制度、联勤协作制度、集中攻坚制度、巡逻处警制度、现场必到制度等勤务方式，构建了一套所队站室"四位联动"的社区警务勤务模式，平时将警力化整为零，重点攻坚时再集中警力。

3.防控管理信息化

信息化是当今世界及未来世界发展趋势的一大显著特征，互联网的快速发展和信息技术的普遍运用对社会治安防控管理提出了新的更高要求。随着互联网、大数据、物联网、云技术等现代信息技术在公安工作中的广泛使用，不仅能够有效节约公安机关在人财物等方面的资源投入，而且有利于提高公安机关的工作效率和打防管控水平。枫桥派出所重视现代信息技术和公安工作的结合运用，按照"深化社区警务、推动警力下沉、强化警务前移"的原则，组织"钉钉"警务管理功能延伸开发，重点运用"钉钉"App在社区民警的日常考勤、工作日志、案件跟踪、考核督查等方面的督促和管控功能，将现代科技手段运用和对社区民警的日常管理、业务指导有机结合起来，大大提高了社区民警的工作效率。

4.信息应用智能化

长期以来，公安部对"科技兴警"的理念都极为看重，在公安信息化建设深入推进的过程中，信息资源应用发展成为提升公安机关战斗力的重要要素，警务改革智能化发展的速度也随之不断加快，智慧警务俨然成为当前和未来一段时期警务改革的新方向。建设智慧警务，不仅有利于提升公安机关战斗力,而且有利于促进警务机制改革,提升公安机关精细化管理服务水平。微信是社会信息化、智能化的产物,在人民群众中有着很高的使用率,几乎人人都能熟练运用。枫桥派出所明确"将枫桥打造成高水平社会治理现代化示范区"的工作方向,积极运用"互联网+"思维,将派出所微信公众号建设成为"警务公开、办事服务、警民恳谈、线索举报、警务宣传"的平台,定期发布有关警务信息,及时在网上开展服务、咨询、交流、提示、引导等工作。社区民警以专用工作手机申请微信账号,建立"社区民警微信警务室",作为社区民警互联网工作平台,通过做大朋友圈、做优工作群的工作方法推进微信警务室建设,重点组建治保调解群、重点单位群、重点行业群、平安议事群、治安志愿者群、便民服务群,加强依靠力量和管理对象的网络互动。

5.队伍建设规范化

拥有一支规范化的社区警务工作队伍,对于有效开展社区警务工作意义重大。具体来说,在开展社区警务工作中,社区民警和辅警是最为重要的主体,充分发挥他们的作用,有利于更好地密切警民关系、落实和推进各项社区警务工作以及维护基层社会治安稳定。①为深入实施"防控优先"的社区警务战略,充分发挥社区民警和辅警的工作积极主动性,加强队伍管理,枫桥派出所分别制定了《社区民警考核办法》和《社区辅警队伍考核办法》,这对队伍建设规范化具有重要的促进作用。对于社区民警的考核,内容不仅涵盖日常警务工作的各个方面,而且还强调工作创新和领导认可等方面内容,最终在职务晋升方面重视绩效考核结果的运用。针对社区辅警的考核,重点考核日常管理(35%)、工作实绩(50%)和社区民警评价(15%)三大方面内

---

① 《绍兴市公安机关全力打造"枫桥式"社区警务贴心化解矛盾》,载浙江在线网2018年2月12日,http://cs.zjol.com.cn/zjbd/sx16507/201802/t20180212_6581888.shtml。

容。其中，在工作实绩方面，结合辅警工作岗位，重点考核其工作过程和工作业绩等方面内容。

6.服务群众亲情化

枫桥派出所高度重视提高社区民警的群众工作能力，要求所有社区民警都必须为人民群众提供亲情化的警务服务。枫桥派出所推出了"社区警务站（室）十项便民服务①"，将亲情服务群众的要求予以制度化，总结了"社区民警赢得民心'十要诀'②"，并将其作为"枫桥式"社区警务的工作指南。

（三）"枫桥式"社区警务的特点

"枫桥式"社区警务确定了多元化解决矛盾，全时空守护平安，零距离服务群众的工作重点。核心是建立警察与社区群众之间的良好警民关系，依靠公众的参与和支持实现维护社会治安的目的。主要实践是"基础工作专职化、勤务结构科学化、防控管理信息化、信息应用智能化、队伍建设规范化、服务群众亲情化"。其实践过程更是突出了下列特点：

1.现代警务理念引领

警务理念选择对警务模式效果发挥具有重要作用。全面深化公安改革一个重要导向就是推动社会治理重心下移、服务基层一线。要创新基层警务工作模式，必须把派出所置于基层基础建设的重中之重，进一步规范职责任务，理顺所队关系，优化警力配置，强化警务保障，着力打造预防打击犯

---

① 十项便民服务包括：为社区单位居民提供合法信息服务，在社区警务室联动开设网上警务室，为社区群众集中代办相关户籍资料，在社区警务室受理群众预约服务，在社区警务室为群众提供上门服务，为社区群众提供安全防范指导服务，在社区警务室免费发布租房信息，在社区警务室为群众提供各类表格，在社区警务室提供简便的救急服务，在社区警务室提供有关的法律咨询服务。
② 赢得民心"十要诀"是：主动招呼致意获得百姓信任，经常加强巡视开展针对性宣传，积极参与公益密切警民关系，关爱弱势群体保护合法权益，善于尊老爱幼养成爱民情怀，倾心尽力担责守护校园平安，乐于参加民间活动当好邻里警察，勤于上门服务赢得群众支持，及时告知情况安抚群众情绪，寻找沟通话题当好群众知音。

罪、保卫一方平安的基层战斗实体。坚持一切围绕激发基层活力、增强基层实力、提升基层战斗力，推动重心下移、警力下沉、保障下倾。①这样的警务理念既符合社会治安综合治理的总体思路，符合社区警务理念倡导的警务发展方向，也符合十九大报告中指出的"加快社会治安防控体系建设，加强社区治理体系建设"要求。枫桥派出所按照"警务理念新转变、警务手段新突破、警务方式新拓展、警务能力新提升，构建适应新时代要求的枫桥警务模式"的基本思路，确定了包含"一个目标，两大理念，三项重点，四个基地，五小工程，六大机制"②多方面内容的警务模式，创新发展了"枫桥式"社区警务的实践，并使社区警务的枫桥经验成为维护枫桥社会治安一个重要经验。

2. 优化警务运行机制

有限的警力要发挥最大警务效益，警务运行机制起着至关重要的作用。枫桥派出所重新对警务站定位，在警务运行机制优化方面进行了一系列有益探索。

首先，枫桥派出所结合工作实际，明确社区警务工作围绕"深入走访群众、了解社情民意、排查治安隐患、整治突出问题、加强有效防控、和谐警民关系"的工作目标，创建了"一室两队三站"（综合指挥室、执法办案中队、社区警务中队）警务模式。同时，按照"科学划分、政警联动、所站联

---

① 邢丙银：《公安部：把派出所置于基层基础建设的重中之重》，载澎湃网2018年2月15日，http://www.thepaper.cn/newsDetail_forward_1968555。
② "一个目标"是创建人民满意派出所；"两大理念"分别是警务围着民意转，民警围着百姓转；"三项重点"分别是多元化解决矛盾，全时空守护平安，零距离服务群众；"四个基地"分别是"枫桥经验"学习基地，平安类社会组织孵化基地，安全防范体验基地，平安法治教育基地；"五小工程"分别是破小案，办小事，解小忧，帮小忙，惠小利；"六大机制"分别是全方位服务群众机制，常态化警民沟通互动制，立体化治安防控机制，深层次警民协作机制，多元化矛盾纠纷联调机制，精细化科学考核机制。参见张安妮、忠言：《枫桥警务模式：社区警务的"中国样本"警务理念新转变》，载《派出所工作》2018年第10期，第22—26页。

动、站区融合"原则,将警务站定位为"联系群众的平台,服务群众的窗口,维护稳定的前沿,信息实战警务的单元",规范设置了三个警务站。在重点村设立了村级警务室,构建起所、队、站、室"四位联动"警务模式,通过规范社区民警和村警工作职责,实行村警值班巡逻制度,实现了警务站点设置的前移。

其次,枫桥派出所优化警力部署,积极推进警力下沉,实现了警力部署的金字塔结构,[①]实现了社区民警专职化。枫桥派出所共配备了社区民警16名(占全所正式民警总量的64%),每个警务站配备5—6名社区民警,10名左右辅警,至少1名流动人口专管员。其中,镇南警务站现共有社区民警6名,驻村辅警8名,流动人口管理员3名。枫桥派出所警力部署的金字塔结构,真正将警力下沉到了社区,以更好地服务于基层基础工作。

再次,枫桥派出所创新工作机制与考核机制,落实社区警务民警责任。枫桥派出所一方面通过"三张清单"强化社区民警责任意识,实行社区民警工作实绩与辖区社会治安状况挂钩,倒逼社区民警扎根辖区工作并创新工作方法。一方面确定社区民警工作重点和工作目标,科学设置基本工作流程,明确期限内工作任务,并在派出所统一实行"周抽考点评、月考评通报、季排名亮牌、年考核评优"工作机制,推动社区警务工作常态化规范运作。此外还实行了派出所领导联系警务站制度,派出所领导干部对警务站社区警务工作进行指导、协调和督促,对警务站和社区民警实行同步考核,将警务站考核成绩与本站社区民警和联系领导考核成绩挂钩,警务站社区民警重大工作失职与辖区发生重大案事件实行联系领导责任共担,以此强化派出所领导

[①] 诸暨市公安局现有23个内设机构,2个直属机构(看守所、拘留所),18个派出所。共有在职民警956人,一线实战单位民警896人,占总警力的93.7%。警力配置为实有人口(近140万,其中户籍人口108万,流动人口30万)的6.7‰,另有协辅警2253人充实在警务一线。

干部与社区民警的责任意识。

3. 夯实公安基层基础

诸暨市现有人口约 140 万（包括流动人口在内），相对复杂的社会情况给公安维稳工作带来了较大挑战。枫桥派出所在开展社区警务工作中尤其重视公安基层基础工作的夯实。一方面，为了能将公安工作与经济发展大局相结合，诸暨市公安局加强了对不稳定因素的预测预警和摸排管控，与市级规模企业联合建立了以警企联络室为平台的由公安民警、企业负责人、企业联络员和企业法律顾问等人员组成的警企联络组的警企联络机制，与金融企业合作建立金融秩序保障机制，主动开展信息预警、犯罪预防和重点打击工作。①另一方面，为适应社会发展要求，创新社区警务工作中人口管理工作模式和思路，枫桥派出所加强对常住人口、重点人口、流动人口的管理。从 2003 年开始，枫桥派出所一直着手优化外来人口发展环境，创新管理模式，积极探索外来人口综合管理、公寓式管理和分层次管理等模式，推广公安、劳动、计生等部门"一站式"管理经验，方便外来人员。按照"进得来、留得住、管得好、当主人、作贡献"的总体思路，坚持教育、管理并重，服务、维权并举，切实改进和加强外来人口管理服务工作，为外来人员生产、生活营造了良好的环境。②诸暨市公安局和枫桥派出所坚持运用"枫桥经验"创新公安工作维护社会稳定的思路，依托城乡社区警务从试点到全市推广社区警务工作模式，协调群众自治与政府治理之间的关系，夯实了基础工作，降低了影响社会稳定的消极因素。

4. 突出民意导向

"枫桥式"社区警务立足社区，始终将创新好、发展好"枫桥经验"作为

---

① 王强：《坚持发展"枫桥经验" 创新社会管理新机制——以诸暨市公安工作为视角》，载《公安学刊》2013 年第 3 期，第 77 页。
② 邵平：《创新发展"枫桥经验"，夯实公安基层基础》，载《公安研究》2014 年第 5 期，第 48 页。

自己的光荣使命，坚持将矛盾解决在当地不上交、发动群众参与社会治理的基本导向，坚持用群众的眼光思考解决问题的途径，将"警务工作围着民意走，民警围着百姓转"作为开展警务工作的指导思想和具体经验。重点突出民意导向警务，在夯实基层基础工作中坚持"用民意主导警务，用警务主导民生"，强化预防化解矛盾和打造平安社区工作重点，整合基层警力与社区资源，建立规范高效警务机制，将群众的满意度和支持率是衡量公安工作好坏的直接指标，推进社区治理"防控优先"警务战略。

社区民警是社区警务工作直接责任人，人民群众是社区警务的根本主体，寓服务于管理是具体的工作方式，治安防范是基本手段，群众满意是根本目的，平安和谐是其价值目标。"枫桥式"社区警务正是牢牢抓住这些关键环节，以"一网一站、一区一警、一点一员"的"六个一"为基本框架，以"专业、专职、专心"的"三专警务"为基本定位，完善了社会治安防控体系。枫桥派出所修订了社区民警考核办法，在制度设计上突出社区民警组织、发动和服务群众的工作重点，要求社区民警按照月度工作清单、年度平安清单、年度责任清单等三张清单列举的具体内容开展工作，同时加大对社区民警与群众双向熟悉率、矛盾纠纷调处率、依靠力量作用率、辖区群众安全感满意度等重点工作考核力度。为推进社区民警专职化，诸暨市公安局出台了《诸暨市公安局"枫桥式"社区警务实施方案》，枫桥派出所制定了《枫桥派出所社区警务运行规范》《枫桥派出所社区民警考核办法》《枫桥派出所社区辅警考核办法》等一系列规章作为制度保障，科学设置考核指标考核社区民警工作效果。

人民群众是历史的创造者，现代化的社会管理理念更应该彰显为民服务的理念。①社区警务的目的之一，就是为了加强公安机关基层基础工作和社会治安防范工作，密切警民之间的联系。2017年9月13日枫桥派出所举行的平安议事活动，围绕做好公安工作和创新发展枫桥经验主题组织群众积极献策、提出意见，在群众中收集了35条意见建议，为警务决策发挥了指导作用。实行人本化管理和服务为主的社区警务模式不仅能够加强警察与社区群众的沟通，而且有利于提升公安机关良好形象。

5. 重视智能防控

枫桥派出所紧抓信息时代特点，坚持防控优先的思路，重视依托现代科学技术构建智能防控体系。具体表现如下：第一，紧跟网络时代发展变化特点，开设了"枫桥派出所"微信公众号，社区民警在网上开通了微信警务工作室。其中，微信公众号设置了"微服务、微互动"的版块，关注该公众号的粉丝可以很方便地直接在手机上预约办事、开具证明、义警登记、警务咨询、鉴定查询、微信直播和查询交通违法情况。截至2018年1月，该公众号的粉丝已经达到了15000余人。第二，利用大数据平台，加强对辖区人口的信息采集，进而分类管理、精准管理，真正做到底数清、情况明。第三，依托四个平台（综治工作平台、市场监管平台、综合执法平台、便民服务平台），实施网格化管理，在全镇构建智能防控体系。目前完成了"雪亮工程"建设，目前已经达到了全覆盖程度，通过布建视频监控点位、接入社会视频监控，在火车站、客运中心及所有旅馆、网吧等全部安装人脸识别系统，在关键部位建设MAC地址信息采集设备，有效提升了预测预警预防水平。第四，利用现代科技组织"钉钉"警务管理平台功能延伸开发，重点运用工作日志、签到考勤、走访群众、办案跟踪、考核督查等警务管理功能，加强对民警的日

---

① 张永林：《要以现代警务理念引领公安改革》，载《民主与法制时报》2017年11月2日06版。

常管理和业务指导,提高社区民警工作效率。

6.携手警民合作

社区警务寻求建立警民之间"同伙"关系,试图通过警民携手合作,共同鉴别影响社区品质的问题,进一步找出问题的根源,再由警察与群众共谋解决对策,实现维护整个社区治安的最终目的。[①]枫桥派出所充分依靠群众,最大限度挖掘社区资源,按照"建强一个组织、搭建一个平台、设计一个载体、健全一个机制"的思路,由警务站牵头,社区民警、驻村协警、综治干部共同参与,搭建起了"1+N"警务共同体。社区民警对辖区综治工作检查指导,搭建平安议事平台,组织和动员综治力量和部门力量控制和化解矛盾,推进基层平安创建,形成了基层平安创建的合力。枫桥派出所积极探索警务网格化管理体系,实行参与式管理方式来调动群众积极性,引导网格员采集有效信息,充分发挥了治安防范社会力量的作用。在枫桥派出所的网格化管理中,社区民警定期对网格员进行培训和指导。网格员重点协助社区民警采集有关社会治安与流动人口管理和公共安全管理两大类信息。枫桥派出所正是依靠"人民治安"思想改变了辖区的治安面貌。过去的枫桥镇乐山村盗窃案件相对较多,通过派出所动员发动,从2004年起成立的"老板义务巡防队"吸引越来越多的群众加入义务巡防的行列,常年开展夜间巡查,有效地预防了案件的发生,吸引了数百名外省籍人士在村里安家立业,使得乐山村从一个经济相对落后、案件相对多发的村变成了"绍兴市小康示范村"。

(四)"枫桥式"社区警务的理论升华

"枫桥式"社区警务是基层公安机关坚持和发展"枫桥经验"的警务实

[①] 朱旭东、孔繁燕:《社区警务建设新进展及其理论解读》,载《中国人民公安大学学报(社会科学版)》2008年第6期,第18页。

践创新，不仅具有很强的示范推广意义，而且具有创新和发展中国特色社区警务的重要意义。从枫桥派出所开启的"枫桥式"社区警务实践到全国创建"枫桥式公安派出所"学习借鉴的"枫桥式"社区警务理论，"枫桥式"社区警务成功地完成了从实践经验总结到警务理论升华的质的飞跃。

1. 体现了社区警务的中国特色

社区是社会公众生产生活的基本单元，警务活动只有立足于社区，才能有效预防和控制违法犯罪现象。我国与西方的基层社会有着明显不同，西方社会呈现出一种以高度社会原子化为特征的社会联结状态，我国基层社会则呈现出一种"差序格局"的熟人社会特点。中西方基层社会的不同特点，决定了我国的社区警务必然要结合我国基层社会实际，具有自己的特色之处而不同于西方的那一套，最重要的是，它必须能够适应我国基层社会治理的现实情况。建设有中国特色的社区警务，对于有效防控违法犯罪、构建和谐警民关系、推进社会治安综合治理、加强社区建设、维护社会和谐稳定等方面具有重要意义。

"枫桥式"社区警务的警务实践十分注重密切联系基层社会实际特点，体现了社区警务的中国特色。首先，枫桥派出所一贯强调和坚持"警务围着民意转、民警围着百姓转"的民意导向警务理念，在具体的警务实践中，始终坚持以党建为统领，将警务工作和党建工作密切结合起来，充分发挥基层党组织在社区警务工作中的领导核心和战斗堡垒作用，促使基层党组织和党员成长为社会治安防控和矛盾纠纷化解的中坚力量。其次，"枫桥式"社区警务积极主动地借鉴和吸收新时代"枫桥经验"中"三治融合"的先进经验，引导社会公众积极参与到日常的社会治安防控中来，以法治推进社会治安治理的规范化、现代化，以德治为社会治安治理创造良好的人文环境。再次，枫桥派出所十分重视群众矛盾纠纷调解工作，建立完善了从所领导到警务站长再到社区民警的三级责任调解机制,对不同矛盾纠纷实施分类调处,专门设立了"老杨调解中心",并配备了"老杨调解车",实行基础调解和联动调解有机结合的调解模式,①切实提高了基层公安机关预防和化解社会矛盾纠纷水平。此外,枫桥派出所特别注重服务群众工作机制建设,主动围绕提高公安民警的群众工作能力和服务群众水平的目标,在实践经验总结基础上科学地建立了六大勤务运行机制,切实有效地保障了各项密切警民关系举措取得实效。②

2. 丰富了社区警务的理论内涵

中西方社区警务的实践有着不同的理论基础和具体内涵。西方社区警务是第四次警务革命的理论结晶,该理论以"皮尔原则"为根基,以社会契约论、"破窗"理论以及情境犯罪预防理论等理论为基础,对世界上许多国家警务模式发展和变迁都具有重要影响。社区警务理论认为最有效的警务模式应当密切警察与社会公众之间的合作,而且通过密切警民关系,可以最为有效地预防和控制犯罪,所以警察通过立足和扎根社区来鼓励和引导群众积极参与警务工作是社区警务的基本特点。我国提出实施社区警务战略的时间可以追溯至2002年召开的全国公安派出所工作会议,会议提出"力争到2004年全国大中城市全面实施社区警务",同时还详细阐述和分析了社区警务的实施原则、实施标准以及主要职能等问题,与西方社区警务理论不同的是,我国社区警务有着不同的理论基础——坚持群众路线、坚持社会治安综合治理。我国社区警务坚持公安工作与群众路线相结合的基本方针,要求民警充分利用好各种社区资源,组织和发动群众共同开展群防群治工作,织密社区治安防

---

① 王世卿、杨叶锋:《枫桥经验:历史、价值与警务模式创新实践》,载《中国人民公安大学学报(社会科学版)》2018年第6期,第55页。
② 杨叶峰:《新时代枫桥警务模式创新的路径》,载《社会治理》2018年第10期,第62页。

控网，并将群众满意和警民关系融洽作为社区警务成效的重要衡量标准。党的十八大以来，枫桥派出所将"防控优先"作为其警务战略制定的出发点，牢牢抓住社区警务机制建设这个牛鼻子，坚持以"枫桥经验"为理论指导，确立了民意导向警务的基本理念，积极整合派出所警力和各类社会资源，重视矛盾纠纷化解和平安建设工作，确立了创建新时代"人民满意派出所"的奋斗目标，围绕多元化解矛盾纠纷、全时空守护平安和零距离服务群众三项重点任务，实施破小案、办小事、解小忧、帮小忙、惠小利"五小工程"，极大地提升了人民群众的安全满意度，有力地支撑了枫桥镇平安建设。"枫桥式"社区警务的成功实践，丰富了社区警务的理论内涵，形成了社区警务的"中国方案"。

3. 具备了推广应用的现实条件

理论源于实践的观察和总结，反过来对实践具有重要的指导作用。理论往往是对经验事实的简化和概括，因此总是具有一定的抽象性。任何一种科学的理论，不仅能够在实践中得到验证，而且蕴含着一种系统化的逻辑体系，具有一定的逻辑性、预测性和普适性。枫桥派出所在警务实践中探索形成的"枫桥式"社区警务，有着明确的警务理念、警务定位、警务形式、警务特征和警务目标，具有一套完整的理论体系，蕴含着丰富的理论价值。而且，"枫桥式"社区警务具有广泛的代表性，不仅传承了中华民族的优良文化传统，而且蕴含着科学丰富的公安工作理论和社会治理理论，为我们开创了一条坚持党的领导、坚持走人民治安道路的中国现代警务发展道路。作为一种极具本土特色的社区警务理论，"枫桥式"社区警务能否在全国范围应用推广，关键要看其是否具有普遍的示范性特点。所谓的示范，就是某种经验做法具有"供大家学习的典范"①的重要价值，是一种最为有效的应用和借鉴某一社会行为的途径。"枫桥式"社区警务自探索以来，不仅取得了良好的社会治理效果，而且一直引领着中国社区警务建设的方向。近年来，随着"枫桥式"社区警务逐渐从枫桥镇推广至诸暨市、绍兴市、浙江省乃至全国范围，其示范效用不断增强，充分印证了"枫桥式"社区警务具有很强的示范性特点。事实证明，"枫桥式"社区警务不仅完成了从实践经验到理论创新的质的飞跃，而且具备了应用推广的现实条件。

---

① 何柏生：《作为先进典型的"枫桥经验"及其当代价值》，载《法律科学》2018年第6期，第39页。

第五章
"枫桥式"特色创建助力平安法治建设

一、"枫桥式"特色创建的理论阐述

基层社会治理是国家治理的基石，也是社会建设的重大任务。基层社会治理的成效与国计民生直接相关。高效能的社会治理不仅是一个地方高水平安全的重要前提，而且是实现经济社会高质量发展、人民群众高品质生活的坚实保障。党的十八大以来，以习近平同志为核心的党中央把人民对美好生活的向往作为奋斗目标，奋力推进社会治理现代化，党组织领导的自治、法治、德治相结合的城乡基层治理体系持续完善，共建共治共享的社会治理格局不断健全，社会治理社会化、法治化、智能化、专业化水平大幅度提升，续写了社会长期稳定奇迹。这些成绩不是一蹴而就的，而是在马克思主义基本原理同中国具体实际相结合、同中华优秀传统文化相结合的过程中稳步取得的。在此过程中,全国各地贯彻党中央的决策部署,发挥以新时代"枫桥经验"为代表的社会治理典型经验的示范引领作用,因地制宜进行"枫桥式"特色创建,不断提升基层社会治理效能,也是促进更高水平平安中国建设、法治中国建设不容忽视的一环。

(一)"枫桥式"特色创建:一个重要的时代课题

新时代"枫桥经验"是中国基层社会治理现代化的杰出成果,蕴含的基层社会治理思想观念、工作机制、方式方法,具有本土性、人民性、科学性和示范性,对基层社会治理改革具有重要的启迪作用。党的十九届四中全会、五中全会、六中全会,均以中共中央全会审议通过的形式,将新时代"枫桥经验"写入党的重要文件,标志着新时代"枫桥经验"已经成为党和国家推进社会治理体系和社会治理能力现代化以及中长期发展战略规划的有机组成部分,成为党和国家制定政策、做出决策的重要依据和基本经验。2022年中央一号文件提出"切实维护农村社会平安稳定。推进更高水平的平安法治乡村建设。创建一批'枫桥式公安派出所'、'枫桥式人民法庭'"[1],掀起了坚持发展新时代"枫桥经验",深入开展"枫桥式"特色创建的高潮。"枫桥式"特色创建已然成为一个不容小觑的社会现象,其重要意义体现如下:

第一,"枫桥式"特色创建关系到新时代"枫桥经验"的推广完善。

60年浩浩荡荡的发展历程充分表明,"枫桥经验"具有与时代同步、与群众同行、与社会共进的鲜明特征和强大生命力。特别是党的十八大以来,新时代"枫桥经验"再次走出诸暨、走出浙江,成为全国各地创新基层社会治

---

[1]《中共中央 国务院关于做好2022年全面推进乡村振兴重点工作的意见》,载中国政府网2022年2月22日,http://www.gov.cn/zhengce/2022-02-22/content_5675035.htm。

理的参考，而各地的实践在极大地丰富中国特色社会主义社会治理制度的同时，也为新时代"枫桥经验"注入了时代力量和区域贡献。这就说明，新时代"枫桥经验"不局限于一地、一部门、一行业，而是具有全域性、开放性、包容性的基层社会治理典型经验。它植根于中国大地，既是枫桥的、诸暨的、浙江的，也是全国的，是基层治理"中国方案"的重要元素和组成部分。"枫桥式"特色创建正是全国各地坚持新时代"枫桥经验"过程中的自觉探索，这一探索将与平安建设、法治建设、基层社会治理有关的积极因素全部调动起来，增进了新时代"枫桥经验"与各区域、各行业、各领域干部群众的血肉联系，推动着新时代"枫桥经验"在更大范围生根发芽，为新时代"枫桥经验"的推广完善提供了有力支撑。

第二，"枫桥式"特色创建关系到各行业各领域治理能力的有效提升。

社会治理是一项系统工程，既需要各级领导干部密切联系群众，掌握系统治理、综合治理、依法治理、源头治理的理念，综合法律、道德、习惯、科技等要素，运用法治思维和法治方式，解决好关涉群众利益的点滴事务；也需要基层群众性自治组织、企事业单位、社会团体、社会组织等多元主体协同创新，践行党的群众路线，坚持人民主体地位，聚焦平安和谐的目标追求，充分发挥自身特色和综合优势，提高"共建"协同力、"共治"参与力和"共享"保障力，形成人人有责、人人尽责、人人享有的社会治理共同体。这些方面考验着各类社会治理主体的智慧和能力，也对"枫桥式"特色创建提出具体要求，即"枫桥式"特色创建必须结合各创建主体的实际情况，坚持内涵式建设与"枫桥式"创建相统一，形成"百舸争流""百花齐放"的生动局面。例如，公安部为了深入贯彻落实习近平总书记关于"把'枫桥经验'坚持好、发展好，把党的群众路线坚持好、贯彻好"的重要指示精神，经中央领导同志批准，自2019年起在全国范围内开展"枫桥式公安派出所"活动，而其他部门、单位也进行了不同程度自上而下或自下而上的创建。这些创建均紧贴自身参与社会治理能力的提升，对本行业领域治理效能的释放起到了积极作用。

第三，"枫桥式"特色创建关系到基层社会治理现代化的稳步推进。

在社会治理现代化进程中，新时代"枫桥经验"主要是科学统筹"发展"与"安全"，有序推进基层社会矛盾纠纷综合治理的典型经验，其最显著的特点就是重心下移、端口前移、预防为先、工作在前，在党的领导下团结、发动、依靠广大群众，凝聚集体智慧和优势资源，努力将矛盾纠纷和各类风险解决在基层、解决在内部、解决在萌芽状态，做到早发现、早报告、早控制、早处置，切实增强维护社会稳定的针对性和有效性，为人民群众对美好生活向往的实现保驾护航。因此，新时代"枫桥经验"的本质是以基层为重心的社会治理样本。《中共中央、国务院关于加强基层治理体系和治理能力现代化建设的意见》提出"坚持和发展新时代'枫桥经验'"，"增强乡镇（街道）平安建设能力"，进一步说明新时代"枫桥经验"在促进基层社会安全稳定方面的特殊价值。"安全"是"发展"的前提，"枫桥式"特色创建的功能在于从不同层面、不同领域为基层社会的安定有序和健康发展提供坚强后盾。有了广泛而又牢固的安全基础，基层治理现代化水平才能大幅提升，中国特色基层治理制度的优势才能充分展现。

（二）实践及挑战："枫桥式"特色创建的展开

1. "枫桥式"特色创建的各地实践及特点

现阶段，"枫桥式"特色创建在全国范围如火如荼地展开，不断涌现出典型，在基层社会治理现代化中展现新的成效。这些创建并非统一口径、统一部署，而是各领风骚，各展其长，使得新时代"枫桥经验"在各行业、各领域遍地开花。较具代表性和有影响力的"枫桥式"特色创建见下表：

表 1　各行业各领域代表性"枫桥式"特色创建简表

创建活动	创建主体	代表单位	活动内容
枫桥式公安派出所	全国各级公安机关	浙江省诸暨市公安局枫桥派出所	以"矛盾不上交、服务不缺位、平安不出事"工作理念为引领，构建"党建统领、多元共治、数字赋能、惠民共享、法治保障"五位一体的公安基层治理体系①
枫桥式人民法庭	全国各级人民法院	浙江省诸暨市人民法院枫桥法庭	以"办案最公正、解纷最高效、服务最便捷"为追求，探索具有时代特征和地方特色的"枫桥式人民法庭"工作模式②
枫桥式检察室	部分人民检察院	浙江省长兴县人民检察院开发区检察室	以办案为中心，高效办理轻微刑事、食药环境及民事公益诉讼案件，推出"专业化法律监督+社会化综合治理+恢复性司法实践"三位一体办案模式③
枫桥式司法所	部分司法行政机关	浙江省诸暨市司法局枫桥司法所	围绕"党建示范引领、人民立场坚定、体制机制顺畅、队伍建设过硬、工作实绩显著、基础保障有力"等任务，以点带面、重点突破，提升司法所建设整体水平④
枫桥式乡镇	部分乡镇（街道）	浙江省诸暨市枫桥镇	围绕自律与他律、刚性与柔性、治身与治心、人力与科技"四个统一"，构建以乡镇党委为核心、乡镇政府为主导、基层群众自治组织为主体、社会组织有序参与的"一核多元"乡村治理新格局⑤

① 《"枫警"这边独好 诸暨市公安局深化创建"枫桥式公安派出所"》，载平安绍兴网 2021 年 10 月 27 日，http://pasx.pazjw.gov.cn/fazhishaoxing/202110/t20211027_23277108.shtml。
② 《最高人民法院发布〈新时代人民法庭建设案例选编（二）〉》，载中华人民共和国最高人民法院网 2022 年 1 月 18 日，https://www.court.gov.cn/zixun-xiangqing-342451.html。
③ 《浙江长兴在全国率先打造"枫桥式"基层检察室》，载人民论坛网 2022 年 6 月 14 日，http://www.rmlt.com.cn/2022/0614/649380.shtml。
④ 《浙江司法所工作白皮书》，第 14 页，见浙江省司法厅网 2021 年 12 月，https://zjjcmspublic.oss-cn-hangzhou-zwynet-d01-a.internet.cloud.zj.gov.cn/jcms_files/jcms1/web2747/site/attach/0/cabd6725a95d4b7baec39782db20534e.pdf。
⑤ 《浙江省绍兴市诸暨市枫桥镇探索构建乡村治理新格局：坚持发展新时代"枫桥经验"实现"四个统一"》，载中国农网 2021 年 12 月 16 日，http://www.farmer.com.cn/2021/12/16/99884374.html。

续表

创建活动	创建主体	代表单位	活动内容
枫桥式信访代办制	部分信访局和乡镇（街道）	浙江省诸暨市信访局、诸暨市枫桥镇	发挥信访代办"替民跑、解民愁、赢民信"作用，成立镇、社会组织、村三级信访代办服务机构和信访代办服务团、信访综合评判团，推动信访办理从"多次跑"向"一次跑"转变①
枫桥式分监区	部分监狱	浙江省第一监狱	以"在更高水平上坚持好发展好新时代'枫桥经验'，将矛盾纠纷及时就地化解在基层和萌芽状态"为初衷，积极探索新时代"枫桥经验"与基层工作的深度融合，化解罪犯在监内的各类矛盾，践行"法助共富、法护平安"责任担当②
枫桥式监察办	部分纪检监察部门	浙江省嵊州市纪委市监委	加足小微权力运行"防腐剂"，推进农村集体"三资"公开，出台村居干部履职红线"二十八条"，严防权力"越界"，积极主动自办案件，将矛盾化解在基层③
枫桥式税务分局④	部分税务局	四川省安州区花荄税务分局	构建集"税情收集、税法服务、综合调解、法律救济、权益保护、风险防控"六大功能于一体的基层税收治理综合体，努力让小事不出分局，大事不出区局，矛盾就地化解⑤

① 《一把手任站长 代办员"跑起来" 枫桥镇试点群众信访代办制》，载《绍兴日报》2019年3月9日02版。
② 《打造"枫桥式"分监区 将矛盾化解在萌芽》，载《浙江法制报》2022年5月12日08版。
③ 《管好小微权力 嵊州创新打造"枫桥式"监察办》，载诸暨市人民政府网2021年2月9日，https://www.zj.gov.cn/art/2021/2/9/art_1554470_59083594.html。
④ 同样引人瞩目的还有陕西省渭南市富平县的"枫桥式税务分局"创建，富平县税务局以实际行动践行新时代"枫桥经验"，以五大工程牵引"枫桥式"税务分局创建扎实有效开展，做实做优"富税有为·治享太平"枫桥式税务分局品牌，在"柿管家"服务先锋队队旗下，高标准高质量服务纳税人缴费人，实现"税务干部事事管时时管、纳税人缴费人时时满意事事满意"。这一创建以党建为引领，要求党员干部职工开展"五比五创"活动，比党建，比业务，比干劲，比服务，比作风，充分发挥党员先锋模范作用，以过硬的素质投入到为纳税人缴费人服务的工作实践中去，在全局掀起个个都是服务纳税人缴费人的金牌"店小二"，人人都是富平营商环境的"枫桥税务"实践者，大力实现各类涉税缴费事项马上办、网上办，让纳税人缴费人应享尽享税收优惠政策，做纳税人缴费人最贴心的"柿管家"，实现"矛盾不上交、服务不缺位、征纳更和谐"，为进一步优化和提升富平营商环境贡献税务力量。
⑤ 《四川首个"枫桥式"税务分局成"枫桥经验"研学基地》，载《中国税务报》2022年4月26日B1版。

续表

创建活动	创建主体	代表单位	活动内容
新时代枫桥式退役军人服务站	部分退役军人服务部门	浙江省诸暨市枫桥镇退役军人服务站	以服务退役军人为宗旨，加强退役军人服务保障体系建设，努力实现服务不缺位、保障全覆盖、尊崇有氛围、引领建新功①
枫桥式供电所	部分国家电网地方公司	国网浙江省电力有限公司诸暨市供电公司	坚持做到人民电业为人民、矛盾化解在基层、专业服务到家门，主动化解各类涉电矛盾，做好广大群众"电保姆"、用电企业"电管家"、人民政府"电参谋"②
枫桥式园区	部分乡镇（街道）及企业	广东省深圳市龙岗区平湖街道华南城	将信访维稳端口和服务窗口前移，建立综合处置机制，搭建多方沟通平台，将社会治理末梢延伸至园区内部，从源头上化解纠纷，实现管理、服务双提升③

从上表来看，"枫桥式"特色创建呈现出以下特点：

其一，覆盖面广，种类多样，凸显出"枫桥式"特色创建的引领性。新时代"枫桥经验"久负盛名，常被誉为政法综治战线的一面旗帜，因此，在"枫桥式"特色创建中，支持力度最大、创建范围最广的是各政法单位，传统的公安系统、检察系统、法院系统和司法行政系统均为"枫桥式"特色创建的积极推动者。尤其是枫桥式公安派出所、枫桥式人民法庭的创建得到中央一号文件的支持，力度空前，为公安系统、法院系统更好地坚持发展新时代"枫桥经验"，提升执法机关和司法机关参与社会治理的能力和水平提出更高要求。同时"枫桥式"特色创建并不局限于上述部门，监狱、信访、纪检监察等系统也纷纷参与其中。除了表中反映的创建活动，全国各地围绕"枫桥

---

① 《浙江推广新时代"枫桥经验" 建好示范型退役军人服务站》，载《中国退役军人》2020年第6期，第8页。
② 《闪耀党建红 点亮国网绿 国网绍兴供电公司全力创建党建特色品牌》，载《杭州日报》2022年7月5日15版。
③ 《解码华南城"枫桥式园区"创建路径》，载《深圳商报》2020年7月6日03版。

式"街道、"枫桥式"村（社区）的创建也层出不穷，极大地拓宽了"枫桥式"特色创建的广度。

其二，地域延伸，职能拓展，凸显出"枫桥式"特色创建的时代性。从表中及目前各地实践情况看，"枫桥式"特色创建虽仍体现出新时代"枫桥经验"发源地浙江省诸暨市所特有的区域优势，但无论是浙江省内各市，还是全国各省，均参与到"枫桥式"特色创建之中，在某些领域其至比诸暨市更加主动、更富活力、更显成效。特别是纪检监察系统、税务系统、退役军人事务管理系统、国家电网系统的积极作为，不仅为新时代"枫桥经验"赋予了为不同领域服务的新使命，实现了"监察+平安""税收+平安""服务+平安"的职能拓展与整合；也使新时代"枫桥经验"突破了既往政法领域的场域限制，更加符合基层社会治理现代化所倡导的"大平安""大治理"理念和党群同心、多元共治的要求。

其三，扎根基层，贴近生活，凸显出"枫桥式"特色创建的人民性。目前发起"枫桥式"特色创建的单位和部门，均肩负着创新基层社会治理、与群众保持密切联系、直接为群众排忧解难的职责。而基层单位和部门的纠纷化解能力和服务质量是打通与群众"最后一公里"的关键所在，各行各业的"枫桥式"特色创建，显示出各基层治理主体对群众路线的坚守，每一类"枫桥式"特色创建，均具有依法履职、推动自身工作发展以及服务群众、实现群众对公平正义和案结事了需求的双重功效。这就说明"枫桥式"特色创建在不断适应社会所需、群众所盼，不断改进党在基层的领导方式，不断创新群众工作的体制机制和方式方法，不断调动人民群众参与基层社会治理的积极性、主动性和创造性。各类创建最终殊途同归，均服务于以人民为中心的社会治理现代化，形成最大程度激发基层社会治理新效能的"组合拳"。

2. "枫桥式"特色创建面临的挑战

其一，内涵不定、外延不周的问题亟待解决。尽管各地创建热情高涨，使新时代"枫桥经验"成功具备"跨部门""跨行业""跨领域"的普遍影响力，但创建活动依然存在内涵、外延尚不清晰的问题，具体表现为：第一，应如何把握新时代"枫桥经验"的精神实质，新时代"枫桥经验"和"枫桥式"创建是否适用于除履行政法综治职能以外的其他执法部门、服务部门，换言之，适用到哪些部门较为恰当，人大、政协、社会团体、社会组织、企业等能否开展"枫桥式"特色创建；第二，应如何理性看待各地坚持发展新时代"枫桥经验"和推进"枫桥式"特色创建的关系，尤其是推动新时代"枫桥经验"转型升级卓有成效但尚未参加"枫桥式"特色创建的部门是否应纳入创建活动；第三，根据重视"三农"和乡村振兴导向鲜明的中央一号文件的影响，"枫桥式"特色创建的主场究竟应放在乡（镇、街道）、村（社区）两级，还是可以向县域、市域蔓延，等等。

其二，标准不一、差异显著的情况普遍突出。在众多"枫桥式"特色创建中，除了公安系统由公安部牵头颁布了全国性的统一标准外，其他领域的特色创建目前均未形成国家标准，这就导致即使同一领域也存在不同标准的情形大量存在。如与浙江省以党建示范引领、人民立场坚定、体制机制顺畅、队伍建设过硬、工作实绩显著、基础保障有力等重点任务展开"枫桥式"司法所相同步，河南省司法厅出台《司法所建设强基创优三年行动方案（2022—2024年）》，明确提出在全省创建"枫桥式司法所"，要求司法所建设应紧抓突出政治建设、提升规范化建设水平、推进平安建设、推进法治建设、构建公共法律服务体系、提高保障能力等任务，青海省出台《青海省"枫桥式"司法所创建方案》，提出创办一批体制顺畅、力量充足、履职活跃、设施齐全、所务规范、群众满意的示范司法所。这些标准聚焦司法所法定职责，基本代表了东、中、西部创建的特色，但这些标准或关注宏观职能，或体现微观需求，有的标准酝酿时间短，有的标准则经过了数年试点和探索，以致标准之间差异较大，每条标准是否具备科学性、可操作性和现实针对性，仍待实践的充分检验。

其三，同质创建、移植照搬的现象屡见不鲜。综合考察全国各地"枫桥式"特色创建的实践情况，虽然大多数单位的活动可圈可点，但标新立异、简单复制、牵强附会等问题也一定程度的存在，导致创建活动良莠不齐。部分地区甚至出现了一些为创建而创建的生搬硬套行为，既无益于丰富和彰显新时代"枫桥经验"的时代价值，也对现有工作产生一定干扰，偏离了以提质增效的特色创建推进社会治理现代化的初衷。尽管各地坚持发展新时代"枫桥经验"、改进基层社会治理思想观念、体制机制、方式方法的热情不减，对诸暨市枫桥镇的调研、取经不断，但这既不意味着"枫桥经验是个筐，什么都能往里装"，误认为枫桥镇的一切政治、经济、社会、文化活动都可以纳入效仿之列，也不意味着具有鲜明枫桥镇原创性、地域性烙印的经验做法就适用于"枫桥式"特色创建的开展和验收，因此绝不能因为枫桥镇的治理模式具有示范性、引领性和标杆作用，就不假思索简单拿来，以致掉入形式主义的泥淖。

上述问题的解决，直接关系到"枫桥式"创建的健康发展，也关系到全国各地基层社会治理现代化的行稳致远。造成这些挑战的缘由，既与各单位、各部门、各区域自身的主观认识有关，特别是与如何创建成功的心理需求有关，而更多层面，则与现实的合理性有千丝万缕的联系，即基层社会治理现代化的重心在基层，基层社会表现出主体多元、需求各异、生动活泼的特质，本就无法做到千篇一律，唯有科学把握社会发展规律，理性判断社会治理需求，立足实际，扎实开展"枫桥式"特色创建，充分调动广大干部群众的积极性，不断释放基层活力和治理效能，才能使"枫桥式"特色创建真正助推基层社会治理现代化。

（三）以高质量的"枫桥式"特色创建助力基层社会治理效能提升

第一，坚定平安目标，科学界定"枫桥式"特色创建的内涵和外延。

60年的发展历程表明，以平安为目标，以问题为导向，顺应群众需求，夯实基层自治基础，合情、合理、合法保障群众权益，根据时代和社会发展不断提升预防调处化解矛盾纠纷的能力，是"枫桥经验"经久不衰又能推陈出新的关键所在。习近平总书记指出"把'枫桥经验'坚持好、发展好，把党的群众路线坚持好、贯彻好，充分发动群众、组织群众、依靠群众，推进基层社会治理创新，努力建设更高水平的平安中国"[1]，充分说明了"平安"是"枫桥经验"和基层社会治理的目标追求。以"党建统领、人民主体、三治融合、四防并举、共建共享"为主要内容的新时代"枫桥经验"[2]，也体现出以"大平安"统筹基层社会治理的理性思维。因此，界定"枫桥式"特色创建的内涵和外延，也应遵循治理主线和平安目标。在某种意义上，"枫桥式"特色创建本质上是各单位、各部门、各领域在坚持发展新时代"枫桥经验"、推进基层社会治理现代化的过程中，结合自身发展需要，坚守淬炼为民初心，推动更高水平平安中国建设的专项活动。

这一专项活动具有以下特点：第一，"枫桥式"特色创建的主体应为平安建设成员单位。这一"平安"不限于政法领域的"小平安"，而是总体国家安

---

[1]《习近平在全国公安工作会议上强调 坚持政治建警改革强警科技兴警从严治警 履行好党和人民赋予的新时代职责使命》，载《人民日报》2019年5月9日01版。
[2]《坚持和发展新时代"枫桥经验" 打造基层社会治理的样本》，载《学习时报》2020年3月9日04版。

全观下包括传统安全与非传统安全在内的"大平安"。这也符合新时代"枫桥经验"的发展规律，即其归根结底是调用各方力量共促平安的开放式经验。在此前提下，各单位、各部门、各领域可以根据自身的安全定位和需求加入或启动"枫桥式"创建。第二，"枫桥式"特色创建的目的应为解决影响国家安全、社会安定、人民安宁的突出问题，尤其是实现基层社会平安和谐。这一目的决定了"枫桥式"特色创建必须扎根基层、贴近生活，也决定了"枫桥式"创建的主场必须保持"一线"底色，即各个系统的基层站所，正所谓"小时不出村、大事不出镇、矛盾不上交"[①]，围绕镇级以下的站所开展"枫桥式"特色创建，才符合实事求是的要求，具有现实针对性和顽强生命力。第三，"枫桥式"特色创建的初衷应为提升基层社会治理的能力与水平，更好地服务人民群众。这就需要不折不扣地贯彻党的群众路线，通过"枫桥式"特色创建提升群众的获得感、幸福感、安全感。第四，"枫桥式"特色创建的外延应以平安建设领域正在坚持发展新时代"枫桥经验"的单位、部门、领域为限。尽管有些单位也在"大平安"范畴之内，但如果尚未出现与基层群众生活密切的矛盾纠纷或安全风险，则无必要强行启动"枫桥式"特色创建，以致无意中消解了新时代"枫桥经验"的内涵和价值。

值得注意的是，并非所有在当前创新发展新时代"枫桥经验"成绩卓著的单位、部门或领域均需要推进"枫桥式"特色创建，如浙江舟山探索的"海上枫桥经验"、新疆阿勒泰探索的"边疆枫桥经验"、内蒙古鄂尔多斯探索的"草原枫桥经验"、江苏南京探索的"城市枫桥经验"等典型实践均为新时代"枫桥经验"注入了新的内容，但这些实践呈现出的整体性成效，是一个个基层单元治理效能与活力释放的结果，并不意味着所有领域再进行一套

[①]《习近平谈治国理政》第三卷，外文出版社2020年版，第224页。

系统性的"枫桥式"创建才能保持其经验的进步性。对"枫桥式"特色创建，仍应在理解和把握其特征的基础上审慎进行。如此一来，才能使不同版本的"枫桥经验"充分涌现，使新时代"枫桥经验"从一域的"盆景"发展为全域的"风景"。

此外，需要准确理解"枫桥式公安派出所"和"枫桥式人民法院"的创建范围。中央一号文件作为指导乡村振兴战略实施的基础性文件，其重要性自不待言。但由于城乡结构的变化，大量原属乡村区域的派出所、法庭现已随着城镇化水平的提高融入了城市范围，这就要求各地不仅要遵循文件精神，做好乡村区域的"枫桥式"特色创建，也要重视城市新居民的需要，对城区、城乡接合区以及工厂、林场、矿场等功能区的基层相关单位一视同仁。唯其如此，才能使"枫桥式"特色创建造福群众，使群众在共建共治共享的基层社会治理格局中持续获益。

第二，厚植为民初心，准确把握"枫桥式"特色创建的重要关系。

一是统筹示范与推广的关系。从公安部和最高人民法院对"枫桥式"特色创建的部署看，都是按照政策指引、标准先行、地方实践、验收授牌的流程进行，这种顶层设计与基层探索并重、普遍开展与优中选优同步的思路，符合先试点、后总结、再推广的治理规律，在众多"枫桥式"特色创建活动中，十分具有指导价值。各地、各系统、各领域自行探索且已取得成效的"枫桥式"特色创建，大都与上述创建保持着相似历程。然而，需要指出的是，目前百花齐放式的"枫桥式"特色创建，尚有一部分活动仅为某一基层单位或部门自主发动并小有成就，其中的创建思路、内容以及群众基础均具有鲜明的地域性或行业性，这就为经验的提升提出了挑战。如何解决这一难题，需要回归为民初心，即一切创建活动均不应偏离群众路线，在群众认可的基础上总结经验、逐步推广，才能裨益社会治理，产生一批在本行业领域内成为标杆的"枫桥式"品牌。正如毛泽东同志在批示"枫桥经验"后，与相关负责同志的口头谈话中指出，"枫桥经验"回答了两个问题：一是群众为什么懂得要这样做；二是证明依靠群众办事是个好办法。从诸暨的经验看，群众起来之后，做得并不比你们差，并不比你们弱，你们不要忘记动员群众。①

二是协调传承与创新的关系。"枫桥式"特色创建寓于基层社会治理现代化进程中，但其根和魂，是彰显中华民族智慧的社会治理文化。特别是"民惟邦本，本固邦宁"的传统文化，以及坚持"群众路线"的红色文化，都经历了岁月的洗礼和实践的检验，已经流淌于中华民族的血液之中，影响着当代国家和社会治理的方方面面。保持"枫桥式"特色创建的生命力和创新性，不仅要坚持以人民为中心，解决群众急难愁盼的事情，更要做好优秀传统文化的传承与转化，促进古今社会治理资源融会贯通，使"枫桥式"特色创建适应时代需要，契合社会发展，体现中国气派，彰显民族精神。譬如，陕西省西安市蓝田县公安局在"枫桥式公安派出所"创建中，推动新时代"枫桥经验"牵手《吕氏乡约》，创新"枫桥+乡约"基层社会治理模式，大力弘扬"崇约守法"风尚，积极推进自治、法治、德治"三治融合"，以自治凝聚人心共识，以法治承载道德观念，以道德滋养法治精神，达到"法安天下、德润人心"的社会治理目标；延安市法院系统汲取红色法治资源，传承人民司法优良传统，弘扬司法为民利民便民的"马锡五审判方式"，将马锡五司法精神与"枫桥式人民法庭"创建有机结合，让每一个"马锡五式人民法官"成为新时代"枫桥经验"的传承者、宣讲者、创新者。

三是兼顾安全与发展的关系。高水平安全是高质量发展的前提，高质量发展是高水平安全的保障，二者辩证统一，相辅相成。新时代社会治理最核

---

① 转引自《"枫桥经验"：基层社会治理的中国方案》，载《光明日报》2021年3月17日05版。

心的目标是构建和谐社会、建设平安中国，打造共建共治共享的社会治理共同体①。坚持发展新时代"枫桥经验"，不仅是简单满足营造安定有序的社会环境，更要以长期的平安推动经济社会的健康发展。这就说明，"枫桥式"特色创建不能仅就安全而求安全，而应从统筹发展与安全的视角，精准施策，争先创优，切实提升以安全为直接目标、以发展为长远追求的治理能力和水平。例如，西安市未央区人民法院在创建"枫桥式人民法庭"中，面对金融类纠纷收案持续上涨的情势，创新矛盾纠纷预防调处化解方式，推动更多法治力量向引导和疏导端用力，探索出集约高效、多元解纷、便民利民、智慧精准、开放互动、交融共享的现代化金融纠纷多元化解综合治理机制，夯实了金融业繁荣发展的法治保障。陕西省渭南市富平县在创建"枫桥式税务分局"中，以"矛盾不上交、服务不缺位、征纳更和谐"为目标，综合运用政治、法治、德治、自治、智治资源，创建出行业平安、服务高效、群众满意的"富税有为·治享太平"品牌，为经济发展提供了坚实支撑。

第三，服务共治需求，运用"四化"思维推动"枫桥式"特色创建。

"社会化、法治化、智能化、专业化"是基层社会治理实现共建共治共享格局的重要支撑，也是社会治理现代化思维的集中体现。

一是推进"枫桥式"特色创建社会化。社会化重在强调主体的多样性。基层社会治理不仅要发挥好党委领导和政府主导的作用，也要以海纳百川的胸怀平等对待各类社会主体，激发社会力量参与治理的热情，形成开放性治理架构和包容式治理样态。一方面，要加强社会力量对现有创建活动的参与，促进各类主体良性互动，形成破解社会治理难题的合力，尤其要鼓励、支持各类社会组织参与公安、检察院、法院、司法行政以及乡镇、社区的

---

① 张文显：《新时代中国社会治理的理论、制度和实践创新》，载《法商研究》2020年第2期，第3页。

"枫桥式"特色创建；另一方面，要在准确把握"枫桥式"特色创建内涵和外延的基础上，优化提升"枫桥式供电所"等企业"枫桥经验"的示范引领作用，规范、引导条件成熟的企业参与创建活动，让更多社会资源与基层社会治理创新融为一体。

二是推进"枫桥式"特色创建法治化。法治化重在突出运用法治思维和法治方式化解矛盾、提升服务水平。法治是现代化国家的基本治理规则，是国家兴盛、社会繁荣、人民安康的保障。无论是执法部门、司法机关、基层政权或基层群众性自治组织，还是企业或社会组织，在进行"枫桥式"创建时，都应在法治轨道上稳步推进，每一个理念、每一项举措、每一类事项都应遵循法治规律，经得起法治的检验。尤其要在矛盾纠纷和社会风险的预防化解中树立法治的权威，确保人民群众依法维权。可以在调解、仲裁等非诉领域探索开展"枫桥式"特色创建，提高平安建设、法治建设成员单位的参与积极性。最终形成以"枫桥式"特色创建为亮点、以法治建设治未病为特征的预防性法律制度。

三是推进"枫桥式"特色创建智能化。智能化可以打破数据孤岛和时空壁垒，促进物理空间和信息空间深度融合，形成"信息高速公路"，从而激发社会治理的创新创造活力。"枫桥式"特色创建虽然面向基层，服务广大城乡社区，但智能化水平须及时跟进。既要注意以"智慧建设"带动"智慧治理"，做强本部门数据收集和运用，构建线上线下联动治理格局；也要加强各类"枫桥式"特色创建主体尤其是公权力主体之间的联系，摆脱独自发展的思维，通过"互联网+"强化彼此之间的衔接与联动，形成一站式"信息感知、指挥督导、实战应用、智慧决策"机制，借助信息化手段实现功能融合、技术融合、数据融合、管理融合，让每一项"枫桥式"特色创建都成为系统性坚持发展新时代"枫桥经验"不可或缺的一部分，成为助推基层社会治理现代化不容忽视的重要一环。

四是推进"枫桥式"特色创建专业化。专业化是现代社会分工的显著特点，也是提高社会治理精细化服务水平的要求。首先，要确保"枫桥式"特色创建符合专业分工或行业发展实际，根据不同的价值需求、问题导向提出适应不同行业领域的创建标准，保持标准的专业性。其次，要确保"枫桥式"特色创建主体素质不断提升，广大党员干部和社会群体应及时掌握社会治理理念更新、观念创新、体制完善、方法改进等新变化，夯实满足时代需要的高素质社会治理人才基础。再次，要确保"枫桥式"特色创建功能发挥符合专业要求，既能做到各系统、各行业、各领域的特色创建形成一个协同共进的维护社会安全、促进经济发展的整体，也要防止部分"枫桥式"特色创建主体偏离自身职权范畴，使原有的职能无法有效发挥。最后，要确保"枫桥式"特色创建与专业化的社会治理资源有机结合，如与高校、科研院所组建专业的研究平台或团队，专注基层社会治理领域顶层设计、实施方案、实践成果、问题对策等钻研；建立或引入第三方评估机制，依托专业力量对"枫桥式"特色创建的标准、成效进行客观公正的评估，以此作为改进工作的重要参考。

二、"枫桥式"特色创建的标杆：枫桥人民法庭的实践

（一）枫桥人民法庭的基本情况

1. 枫桥文化滋养下的枫桥人民法庭

任何优秀典型经验或者标杆，它首先来源于一种文化或者一种文化现象，这包括饱含风水人情的独特历史积淀，也离不开现代经济发展与相关政策的提炼升华，枫桥人民法庭处在这样一片文化底蕴深厚、经济基础良好、

法治探索先进的土地上，同时也通过司法方式积极服务这里的人民群众。

（1）位于新时代"枫桥经验"的发源地

枫桥人民法庭位于浙江省绍兴市诸暨市，历来是浙江省经济政治重地，仅所在地枫桥镇就有工业企业9556家，主要是纺织、服装、针织、玩具、建材、机械六大行业，现有省级服装特色工业园区和轻纺创业小区两个工业园区。诸暨是"香榧之乡"，枫桥人民法庭辖区赵家镇会稽大山深处有世界上香榧栽培面积最大的综合性香榧森林公园，占地50平方千米，聚集了6000多亩香榧生产地。

枫桥人民法庭所处之地人杰地灵，良好的经济发展状况造就了平安的社会秩序和稳定的自然社会环境，同时也滋养了法治建设的稳步发展。枫桥人民在党的领导下，取得政治斗争和社会改造的优秀经验，后将其发展为社会治安综合治理的经验，经过几十年的发展演变，最终达到政府管理与村民自治良性互动[1]，探索出基层民主法治建设的经验，探索出依靠群众，立足预防，就地化解矛盾，维护社会稳定和发展的新路子。

（2）深受"耕读传家"的儒家伦理影响

枫桥地区耕读传家、重教兴学的传统源远流长，哺育了人文素养较高的枫桥群众，为法治建设和基层治理创造良好的社会人文环境。枫桥作为地名，来源于隋朝设立的枫桥驿，这里自三国起就商业发达，商船来往不绝，自宋朝起重视教育，讲学之风盛行。历史上枫桥地区宗族组织健全，同姓宗族实力强大，秩序尊卑有别，为乡村社会的自我管理与村庄的安定和谐提供了良好的治理经验；同时枫桥是历史上文化交流和文化发展的名镇，崇学之风世代相传，重视文化崇尚教育，哺育了枫桥人相对较高的人文素养，为

---

[1] 卢芳霞：《"枫桥经验"：成效、困惑与转型——基于社会管理现代化的分析视角》，载《浙江社会科学》2013年第11期。

"枫桥经验"的诞生奠定了思想基础，也为日后的基层社会治理现代化、法治化奠定了社会基础。

2. 枫桥人民法庭运行现状

（1）法庭配置规范合理，有效化解辖区矛盾

诸暨市人民法院枫桥人民法庭成立于1951年，是诸暨市人民法院的五个派出法庭之一。现枫桥人民法庭下辖枫桥镇、赵家镇和东和乡，辖区面积300多平方千米，共有4名法官在职，并配有1名法官助理和3名书记员，同时组建有繁案、要案、简案三个审判团队。2017年共受理各类案件1546件，最终结案1539件；2018年共受理各类案件1341件，最终结案1302件；2019年共受理各类案件1150件，结案1123件；2020年共受理各类案件959件，为近十年以来首次降至1000件以内，结案958件；2021年共受理各类案件910件，结案888件。法庭收案实现四年连续下降降幅近50%，诉前纠纷化解率、执前自动履行率逐年提高，截至2022年6月，枫桥人民法庭受理各类案件273件，同比下降59.93%，纠纷诉前化解和民事可调撤率达95.65%。

（2）创新法庭工作机制，助力基层社会治理体系建设

枫桥人民法庭地处"枫桥经验"的发源地，紧扣"枫桥经验"理论方法与新的时代内涵，利用枫桥镇得天独厚的"枫桥优势"[1]，不断发展并延伸其在司法系统的作用，充分结合各类资源，紧紧围绕"预防矛盾纠纷发生、抑制矛盾纠纷转化与激化、化解矛盾纠纷在萌芽"的工作目标，不断完善丰富矛盾纠纷的预防机制。

法庭工作机制与社会治理机制相辅相成、互相贯彻，是法庭司法职能发挥治理作用的基础。枫桥人民法庭利用文明健康的社会历史背景、先进全面

---

[1] 金伯中：《新思想孕育新经验——对新时代"枫桥经验"的一点认识》，载《公安学刊（浙江警察学院学报）》2018年第1期。

的基层社会治理经验以及敢想敢干的改革创新精神，探索建立了一系列符合人民法庭工作规律的考核激励机制、"法官+法官助理+调解员"三层面协同办案机制，并通过"人民法庭+乡镇矛调中心""社会治理中心+天平调解工作室"的形式，推动构建覆盖各领域各行业的大调解网络，形成"监测、预警、处置、反馈"闭环机制，同时继续深化"一镇一法官""三下乡一提升"制度，完善矛盾纠纷多元化解机制，努力构建自治、法治、德治相结合的基层社会治理体系。

枫桥人民法庭通过创新法庭工作内容，形成了一套独具一格的人民法庭建设发展体系，将司法服务与基层社会治理相互融合，推动基层治理从化讼止争向少讼无讼转变，一方面有效缓解了人民法庭等司法机关案多人少的基本矛盾，另一方面以一种更加柔和有效的方式维护了社会的稳定。

（二）枫桥人民法庭参与基层社会治理的实践

浙江省绍兴市中级人民法院在2019年7月出台《关于深入推进枫桥式人民法庭建设打造基层司法绍兴品牌的实施意见》，结合诸暨市人民法庭的实际工作，提出全面深化"四项建设"人民法庭方面的具体举措，并将此作为开展"三个建设年"活动的重要载体，进一步优化法庭布局、规范法庭管理、发扬"枫桥经验"、提升保障水平。浙江省绍兴市中级人民法院2020年印发《关于深入开展"枫桥式人民法庭"争创活动 为创建全国市域社会治理现代化试点合格城市贡献法庭力量的实施意见》，为对标建设"重要窗口"新目标新定位，提出人民法庭建设要坚持"人力与科技、自律与他律、刚性和柔性、治身和治心、党建和队建"五个统一，为全面打造新时代"枫桥经验"全市域升级版贡献法庭力量，为基层社会治理标准化展现法庭担当。①

诸暨市人民法院枫桥人民法庭积极贯彻落实相关政策文件，充分发挥人民法庭服务在基层、服务于群众的先天优势以及"枫桥经验"发源地的地域优势，以数字化改革为牵引，以助力"重要窗口"建设服务大局为契机，在法庭建设与法庭队伍建设、多元主体协同治理、数智赋能全平台互联等方面深耕，以打造"办案最公正、解纷最高效、服务最便捷"的新时代"枫桥经验"标杆法庭为目标，探索出一套独特的"枫桥人民法庭"参与基层社会治理的有效方法。

第一，坚定方向，党建引领确保人民法庭工作正确。

坚持党建引领，确保人民法庭有效参与基层社会治理，助力国家权力向基层社会下沉。枫桥人民法庭党支部坚持以习近平新时代中国特色社会主义思想为指导，以政法队伍教育整顿为主线，以党史学习教育为抓手，把政治建设摆在首位，以学促身，抓优作风；支部工作开展坚持以制度管人、以制度管事。落实"将支部建在庭上、将支部建在社区"，打造形成"法治先枫"党建新品牌，初步形成与杜黄新村开展支部共建方案，并制定出台《法治先枫党支部规章制度》，逐步扩大枫桥人民法庭"法治先枫"党建品牌的影响力，使支部活动常态化、制度化。定时定期开展支部全体党员大会、组织生活会、支部主题党日、支部书记讲党课等党建活动。通过支部共建、出台相关制度、定期举办党建活动，构建人民法庭的党建引领新格局，拓展出"党建带队建，以队建促审判"工作思路，以规促行，抓严制度，不断提高干警的落实度、执行度。在 2021 年新冠疫情期间，法庭支部闻令而动、迅速集结，其中多人参与到疫情防控志愿工作当中，其余干警在特殊情况下坚持执

---

① 诸宸舸：《基层社会治理的标准化研究——以"枫桥经验"为例》，载《法学杂志》2019 年第 1 期。

法办案不松懈,"法治先枫"党建品牌荣获诸暨市人民法院"创品牌、展风采"党建品牌交流评比会十佳党建品牌。

完善与党委政府的双向反馈机制,以基层党建工作推动人民法庭融入党委领导下的共建共治共享社会治理新格局。枫桥人民法庭在上级部门的领导下,融入乡镇(街道)、村(社区)社会矛盾纠纷调处化解中心建设,主动加强与各层级、各部门等党组织的工作联动,完善衔接程序、健全工作机制。大力支持党委政府开展无案件、无诉讼、无信访"三无"村组(社区)创建,鼓励、引导和规范各种社会力量参与纠纷化解,增强行业协会商会自律功能,通过论坛、沙龙、讲座的方式定期为社会调解组织、行业组织提供司法培训等专业服务。同时,人民法庭要积极加大党委政府在人力、物力上的支持力度,根据"最多跑一次"改革要求,积极争取当地党委政府和上级法院支持增设部分综合性法庭。以常态化共同解决社会治理难点为目标,与辖区党委政府、各职能部门建立重要事项、重大纠纷共享机制,每日上报法庭工作概况、每周参加周会会商、每月上报月度工作要情、每季度法庭工作通报,汇总影响辖区平安建设、社会治安、乡村振兴、经济发展等相关的法律法规、重大案件进展情况及处理的工作经验、存在的困难;通报法庭工作重大部署,重点工作和重要事项。

第二,固本强基,加强法庭建设与提升法庭队伍的办案质量。

枫桥人民法庭依托诉讼服务中心的建立与改造,创新工作模式,对标案件整个处理过程,开展人民法庭全流程引导工作。随着经济的飞速发展与人民群众维权意识的加深,基层案件类型逐渐变得复杂,案件繁简程度参差不齐(见图1),诉讼成本也随之变高。枫桥人民法庭将法庭内部设立的"诉前劝导站""诉讼引导站""法律指导站""信访疏导站"有机整合;创立"四环指导法"——在当事人来到法庭开始到案件办理结束的整个流程中,分"诉前环节普遍指导、诉时环节跟踪指导、诉时环节个别指导、诉后环节案例指导"四个步骤，提供诉前调解、诉讼引导、法律问题指导答疑与判后答疑及信访疏导等服务，在诉讼的全流程全方位地"陪伴"当事人，真正做到司法为民。

枫桥人民法庭积极开展多项高效便民的法庭开庭模式，推动"枫桥经验"的本土化和再升级，为乡村振兴提供优质司法保障，擦亮了"小法庭"品牌，真正实现"小法庭 大平安"作用。根据辖区群众民生特点，创新开展了"线上法庭""假日法庭""午间法庭""夜间法庭"工作模式，保证农民不误农时；充分利用早晨、中午、傍晚的休息时间，"上门""错时"送达，有效破解"送达难"问题。在面对辖区就业环境有限的情况下，大量年轻人外出打工，无法到庭参加诉讼，法庭针对这一现状探索和创新出一套既不误生产、生活，又能解决涉案诉讼的方案——"线上法庭"，通过"线上法庭微信调解群"进行调解，只用一部电话即可，通过将涉案所有当事人建立一个微信群进行调解的方式，真正为群众开启"指尖上的法律服务"模式。

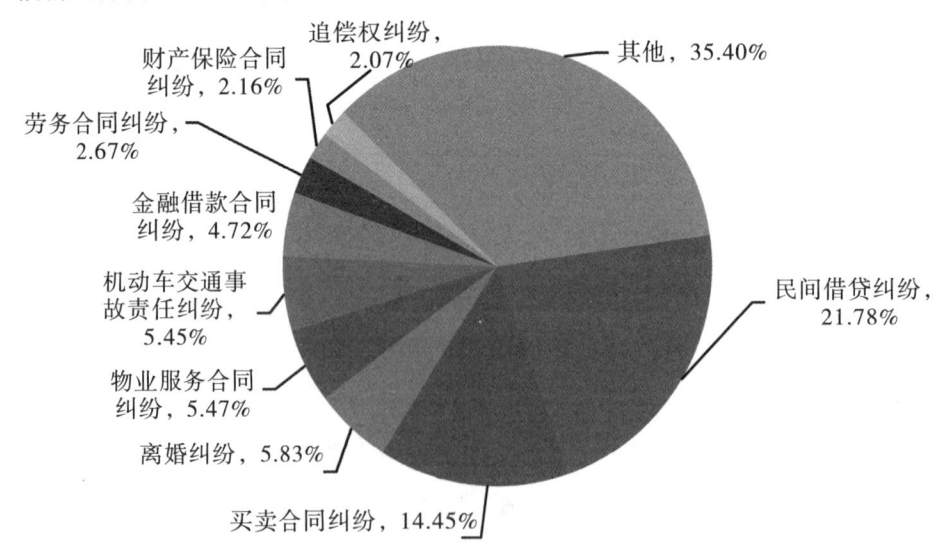

图1 2021年枫桥人民法庭一审民商事收案主要类别

枫桥人民法庭在司法队伍配置上严格以"建设一支政治坚定、业务精通、作风优良、执法公正的法官队伍"为目标，利用廉政风险提示规范法庭内部工作人员行为，探索建立符合人民法庭工作规律的考核激励机制，推动人民法庭队伍建设，进而促进法庭工作高质量发展。

最高人民法院曾提出人民法庭建设，要注重健全人民法庭工作考核机制[1]，建立执法办案与社会治理职责相适应的法庭考评体系，适当增加诉源治理、诉前调解的考核比重。枫桥人民法庭因地制宜，积极回应《意见》优化法庭布局、优化队伍机构、优化专业建设的"三个优化"工作原则，建立了一套完善的考核激励机制，被选入《新时代人民法庭建设案例选编（二）》[2]。一是建立系统考核制度《枫桥人民法庭内部考核机制》分层分类考核；二是细化任务分解，优化考核权重系数，考核内容注重实绩考核；三是强化考核结果运用，激励法庭队伍担当作为，一定程度上根据考核结果确定员额法官职级晋升、干警个人评先评优及年终绩效奖金分配情况，实现结果运用的实质化。人民法庭还根据实际办案情况，建立容错机制，实现结果运用的人性化。

除考核激励机制之外，枫桥人民法庭为强化法庭审判执行法庭队伍廉政风险防控，首创法官（法官助理）办案节点及廉政风险提示机制，系统全面地提示法庭队伍在办案每个阶段预防违规违纪行为，加强对权力运行的制约和监督[3]。枫桥人民法庭为健全廉政风险防控体系，加强法庭审判执行活动风险监控预警，分阶段梳理办案流程、审限管理等每个关键节点可能存在的廉

---

[1] 最高人民法院：《最高人民法院关于推动新时代人民法庭工作高质量发展的意见》，载《人民法院报》2021年9月16日02版。
[2] 《最高人民法院发布〈新时代人民法庭建设案例选编（二）〉》，载中华人民共和国最高人民法院网2022年1月18日，https://www.court.gov.cn/zixun-xiangqing-342451.html。
[3] 习近平：《更加科学有效地有效防止腐败，坚定不移地把反腐倡廉建设引向深入》，载《人民日报》2013年1月23日01版。

政风险，做好风险提示与防控，有效确保司法廉洁。

第三，协同治理，多元主体融合服务大局。

枫桥人民法庭积极融入党委领导的多元共治大格局，"互联互通、信息共享、预防为先、合理处置"的基层治理联动措施效果初显，对人民调解委员会、社会治理中心、诉讼服务中心、社会调解组织等团体进行专业指导或交流，利用法庭的专业化法律优势服务于乡村产业、维护农民合法权益、积极开展法治宣传，推动基层法治建设、完善基层纠纷矛盾预防化解机制，满足人民群众对高品质生活的需要。

拓展司法服务覆盖范围，延伸镇乡服务触角至镇乡、村社一级，建立全平台解纷联动机制[①]。以法庭为辐射圆心，向乡镇、各政府部门辐射解纷网络，与镇（乡）矛盾调解中心基层四个平台、96345信访投诉平台联动，主动融入"一站式"矛调中心建设，并借矛调中心向社会治理中心转变的契机，推动构建纵向贯穿县乡村三级、横向覆盖各领域各行业、线上线下有机交融的大调解体系，与地方党委政府形成合力，打破"信息壁垒"，拓宽信息收集渠道；借助矛调中心对纠纷进行诉前精准分流过滤，对处在萌芽状态的纠纷事先预警、提前介入，协助党委政府从源头预防化解社会风险，减少诉讼增量，为乡村振兴提供稳定向好的社会环境。

拓宽线上线下交流渠道，法治宣传常态化。一是有目标地定期对特定部门、特定人群进行法治宣传培训，主要通过每季度对人民调解委员会、调解员进行业务培训，建立调解微信群，及时通过微信进行业务指导，提升调解技能、调解质量，增强群众信任；扩大宣传范围加大司法宣传力度，开展法治讲堂、送法入村、送法入企，建立形成村企"E"法庭，简化设备操作，为

[①] 高娟：《乡村振兴战略背景下人民法院参与乡村治理的路径完善》，载《河北法学》2022年第11期。

老人等特定人群提供便捷司法服务。近年来，枫桥人民法庭还积极通过社会媒体扩大自身影响力，先后参加浙江法制报"一庭一品"直播活动、中央政法委中国长安网"中国政法七十年"直播活动、最高院组织的一站式多元解纷和诉讼服务体系建设直播活动，并通过邀请专家团体参观考察、新媒体推送等形式提升理论建设。

第四，数智赋能，服务人民群众高品质生活需要。

枫桥人民法庭始终坚持以"办案最公、用时最少、老百姓司法获得感更强"为目标，"不错位、不越位、不缺位"，严格依法办案，将办案流程规范化；法庭坚持把数智新技术与文化软实力融入为民服务全过程，达到治理方式创新目的[1]，创新发展网上"枫桥经验"，主动延伸职能、参与治理，切实找准司法服务助力乡村振兴的结合点和落脚点，服务人民群众高品质生活需要。

改建智慧法庭，提供"掌上办案"便利。绍兴市中级人民法院印发相关指导文件，依托"平台+智能"建设，打造全业务网上办理[2]，充分发挥浙江法院网、移动微法院、智慧法院 App 等信息化平台功能。枫桥人民法庭以"全域数字法院"改革为依托，2021 年 8 月改建完成全省首个符合省高院智慧法庭建设技术规范要求的智慧法庭，实现特殊情况下"审判执行不停摆、公平正义不止步"。法庭通过信息化平台对信息事件进行过滤分析，确定"关注、介入、参与、指导、立案、推送"五个层次的纠纷协同化解方式。

设立共享法庭，探索数字化手段参与基层社会治理。设立 60 家"共享法庭"，将工作"触角"延伸到社会治理的最末端，在线提供司法确认、立案诉

---

[1] 刘祺：《从数智赋能到跨界创新：数字政府的治理逻辑与路径》，载《新视野》2022 年第 3 期。
[2] 谭世贵：《我国智慧法院建设的实践、问题与对策》，载《杭州师范大学学报（社会科学版）》2019 年第 6 期。

讼功能，实现高效纠纷、调处指导、线上诉讼、普法宣传、司法协助、风险预防等功能①。推动"共享法庭"与枫桥社会治理中心平台、基层治理四平台、浙里兴村共富之间的平台融会贯通，构建跨层级、跨部门、跨系统的综合线上治理体系。在辖区乡镇、村社、行业协会"地毯式"建立移动微法院、浙江解纷码、裁判文书公开平台等纠纷化解线上延伸平台，做好"共享法庭"数字化提升工作，加强与各乡镇、村（社）庭务主任的沟通协调，推出具有地域特色和地方特点的枫桥式"共享法庭"方案，争取共享平台建设试点；精准投送专业化法律培训服务，充分发挥"共享法庭"庭务主任熟悉社情民意优势，总结辖区常见多发案件，针对性开展调解方式方法培训，不断增强调解员调解能力。

第五，案结事了，实质性化解矛盾纠纷。

"矛盾就地源头化解"是"枫桥经验"的核心，案结事了是人民法庭开展工作的最终目标②，实质性化解矛盾纠纷既是人民法庭的工作目标，也是基层社会治理的重要任务。枫桥人民法庭努力打造"精于治已病、指导治小病、推动治未病"的源头解纷体系，切实解决群众矛盾纠纷以维护司法公信力；坚持人民法庭与基层法院一体化，发挥合力、化整为零，牢固树立立审执破兼顾理念，对每个流入人民法庭的案件做到案结事了，切实解决人民群众的疑难纠纷，满足人民群众对司法服务日益旺盛的需求。

枫桥人民法庭始终坚持全院一体化，积极争取诸暨人民法院各项资源，完善自身实质性化解时间纠纷难题——执行难。以提升自动履行率为牵引构建全院一体化源头治理新格局，着力健全自动履行为主、强制执行为辅的长

---

① 余建华、周凌云：《浙江"共享法庭"创新司法服务"供给"》，载《人民法院报》2022年1月11日05版。

② 宋豫：《"案结事了"：人民法院司法公信力的验算与实践》，载《河北法学》2013年第2期。

效机制。①一是诉前化解引导自动履行。搭建与三级矛调中心相配套的协同治理平台，建立人民调解促进自动履行额外奖励机制，打造集诉前化解、引导调解、诉前保全、自动履行跟踪考核等一体的诉源治理体系。②二是诉中联动敦促自动履行。聚焦债务自动履行引导、风险告知、诉讼保全、执破衔接等关键环节立审执破一体化协同治理机制。将自动履行率等纳入员额法官考核指标，倒逼审判法官重视纠纷实质化解。三是执行强制倒逼自动履行。运用"天平调解"对申请执行案件进行执前催告和调解，促成执前自动履行。以落实最严执行措施为后盾，以善意文明执行为激励，形成迟履行比早履行后果更多、强制执行比自动履行代价更大的态势。③

（三）枫桥人民法庭参与基层社会治理的标杆作用

"枫桥经验"诞生于1963年的枫桥镇，经过60年的变迁与考验，其中的阶级斗争色彩已经逐渐褪色，但最初的精神内核得到了不断丰富与发展，在新时代成为中国共产党领导人民群众创造的中国基层社会治理的成功经验。枫桥人民法庭地处"枫桥经验"发源地，枫桥地区无论是人民政府、司法部门还是普通民众，都深受"枫桥经验"精神思维的影响，追求实现自律和他律、刚性和柔性、治身和治心、人力和科技相统一，因此法庭参与基层社会治理具有天然优势，在工作开展中生动传承着新时代"枫桥经验"的精神，也为"枫桥经验"的创新再发展提供了实践借鉴。

---

① 唐学兵：《立审执协调：坚持系统思维 合力解决执行难》，载《法律适用》2018年9月5日08版。
② 唐学兵：《以整体智治理念打造"三位一体"现代化执行新模式》，载《人民法院报》2021年7月14日07版。
③ 余建华、杨敏儿：《打造整体智治、协同高效的执行新模式》，载《人民法院报》2021年5月19日05版。

第一,发挥人民司法优良传统,践行能动司法内在要求。

枫桥人民法庭成立于1951年,是"枫桥经验"精神内涵的深刻展示平台。枫桥法庭一直坚持"枫桥经验"核心精神,不断创新群众工作方法,严格公正执法,积极践行能动司法的内在要求,发挥人民司法优良传统。[1]枫桥人民法庭多地处城乡地区,乡土特点突出,因此激发出广大人民群众的创造力与智慧;法庭开展工作时刻密切联系群众,以服务群众为价值追求,发扬立足基层、扎根基层、重视基层、服务基层的优良传统;同时,法庭深入结合传统与科技,线上线下相结合、调解审判相结合,将法治送到群众心中;通过参与基层社会治理,人民司法优良传统得以发扬,并达到"审理一案,教育一片"的社会效果。[2]

1. 深度融合基层党建,发挥党的领导优势

新时代"枫桥经验"的最大优势就是发挥基层党组织的作用,在社会组织发展过程中始终坚持党的领导,以党的领导引领基层群众合理参与到基层社会治理之中,保障满足人民群众的多元需求。"枫桥经验"的前提是建立组织网络,党的领导是核心环节[3],人民法庭在参与基层社会治理过程中,突出党的领导这一原则,积极落实党在不同历史时期对司法工作提出的方针政策与要求指示,并且充分发挥群众力量,尤其是党政领导班子率先垂范,法庭党支部党员做出表率,以此来带动广泛人民群众积极参与到矛盾纠纷化解、源头预防等基层社会治理之中。

成功创建"法治先枫"党建品牌,法庭党支部为工作开展提供榜样力量。基层党组织领导是基层社会治理实践的根本保障,基层社会治理现代化

---

[1] 蔡维力:《走出移植西法困境 回归人民司法传统——对我国司法改革的实证评析》,载《法学评论》2009年第4期。
[2] 解永照、王国龙:《能动司法与规则治理》,载《学术界》2012年第7期。
[3] 汪世荣:《"枫桥经验":基层社会治理的实践》,法律出版社2018年版,第20—21页。

体现着基层党建的治理与效果，基层党建与基层治理都是为了人民群众幸福生活，都需要人民群众参与并从中受到深刻影响，是同向同行、融合共赢的过程。①枫桥人民法庭在党建品牌创建中，在党组织的作风要求、制度管理、实际工作开展等方面严格要求，以坚定的政治意识与过硬的工作本领为基础，做到以司法服务大局，以司法服务人民群众。

构建双向反馈机制，加强与党委政府沟通协作，利用党委总揽全局、协调各方的核心优势，嵌入当地的社会治理之中。强化基层党组织建设、发挥基层政权组织作用与"党建引领"是新时代党建工作与基层社会治理的共同点与核心点。枫桥人民法庭主动融入党委工作大局并积极争取辖区乡镇街道的支持，将人民司法与基层组织的社会矛盾纠纷调处化解行动相融合，将案件审理与人民调解相衔接；主动接受人大监督，及时向辖区乡镇街道党委政府沟通办案工作过程中发现的问题，提出建议，并接受党委政府给出的反馈。围绕基层经济社会发展中的新情况新问题，加强风险评估与研判，及时向党委政府和有关单位提出防范化解的意见建议。同时，辖区党委政府对辖区各联动部门报送的信息梳理后向法庭反馈每日要情、每周小结、每月小结，形成双向信息反馈机制，确保辖区信息事件处理的及时性、准确性、全面性，提高法庭治理和应急处置能力及协同各联动部门做好维稳工作，预防群体性事件的能力。

2. 积极动员人民群众，促进矛盾纠纷解决

枫桥人民法庭工作中新时代"枫桥经验"的体现，随着社会的变迁与国家政策的变化而有所变化，新时代社会治理要求下，"枫桥经验"内涵由群防群治向共建共治共享转变，在传统方法基础上发展现代性，在传统组织基础

---

① 张戈：《党建引领基层社会治理逻辑机理、价值表征和实践进路》，载《云南社会科学》2020年第2期。

上加入多元主体，建立协调联动的矛盾纠纷多元化解机制。枫桥人民法庭在工作开展中，也注重有创新地传承和发展新时代"枫桥经验"，并通过参与基层社会治理的方式表达出来。

坚持司法为民，动员基层群众参与纠纷调解。"枫桥经验"的重要内涵就在于"及时、就地解决矛盾纠纷"，将矛盾纠纷化解在基层。枫桥人民法庭创新工作模式，扩展了法庭工作的时间长度、空间广度，丰富司法服务内容，尽可能引导当事人通过非诉讼的方式化解纠纷，有效保障了纠纷调处质量。根据最高院"一站式"多元解纷机制目标①，通过搭建多元调解网络，组建由员额法官、专职调解员、律师调解员等组建的诉调团队，分专业、分类型、分情况地进行各种调解流程。同时，发挥人民法庭的乡土优势，建立各类由基层人民群众主要负责的"特色调解室"，通过定期排班、特邀调解等方式，由人大代表、政协委员、乡贤等定期到法庭当值，以"进法庭、解纠纷""值法庭、听民意"为载体，提升纠纷调解成功率；聚焦信访化解，参与到基层乡镇无讼村无访村的创建中，更进一步贴近群众，发挥群众参与治理的积极性与有益作用；探索出员额法官与辖区村社乡镇的对接工作模式，制定"一镇一法官""三下乡一提升"等多项制度。

3. 不断创新，基层治理领域数智赋能

新时代"枫桥经验"之所以能够历久弥新，其中关键就在于能够随着时代的变化、社会环境的变化、国家发展政策的需求的变化，在各个历史时期焕发生机，并且不断创新和发展。当前，我国正处在经济转轨、科技大踏步发展、社会转型的关键节点，如何运用智慧手段将互联网科技带来的红利惠及法治建设，是当代枫桥经验与司法系统法治建设过程中要深刻思考的问

---

① 最高人民法院：《最高人民法院关于建设一站式多元解纷机制 一站式诉讼服务中心的意见》，载《人民法院报》2019年8月2日03版。

题。枫桥人民法庭背靠浙江省国家高质量发展建设大潮和浙江省共同富裕示范区建设背景，依托浙江省打造"全域数字法院"数字化改革的契机，强调人民法庭的智能化是智慧法院的重中之重，成功推出"智慧法院""共享法庭"等众多法庭新形式，为辖区党委政府、基层组织、辖区群众提供个性化、便捷化的司法服务。

结合传统司法理念与人工智能时代的技术，创建智慧法庭，有效缓解法庭审判工作压力，也能更好地满足人民群众的需求。法庭通过信息化平台对信息事件进行过滤分析，确定"关注、介入、参与、指导、立案、推送"五个层次的纠纷协同化解方式，依托"平台+智能"建设，打造全业务网上办理，充分发挥浙江法院网、移动微法院、智慧法院App等信息化平台功能[1]，为当事人提供"指尖诉讼、掌上办案"的便利，努力实现老百姓打官司"最多跑一次"，甚至"一次不用跑"。目前已通过该智慧法庭线上审结多起因疫情、自然灾害导致当事人无法到庭的案件。

以数字化改革推动制度重塑，做好"共享法庭"数字化提升工作。为弥补人民法庭触角不足问题，枫桥人民法庭积极探索运用数字化手段参与和融入基层治理，通过"互联网+法治"的形式[2]，最大程度地解除时间、空间限制，并通过建立线上延伸平台，将人民法庭与村镇、行业协会相联系，将工作开展到社会治理的各个领域；同时，通过"共享法庭"的建立，加强与基层群众的联系，通过工作交接更加熟悉民情，对"共享法庭"群众反馈的普遍性涉法问题，及时向党委政府发送司法建议、白皮书，服务科学决策，并进一步推出地域特色和地方特点的枫桥式"共享法庭"方案。

第二，完善法庭自身工作机制，丰富新时代"枫桥经验"时代内涵。

---

[1] 浙江省高级人民法院：《法院工作"浙"五年》，载《浙江人大》2013年第1期。
[2] 周汉华：《习近平互联网法治思想研究》，载《中国法学》2017年第3期。

枫桥人民法庭的实践与成效是新时代"枫桥经验"自身的一部分，具有示范与标杆作用。随着"枫桥经验"连续写入党和政府的各类重大决定与政策文件①，继续传承和发扬新时代"枫桥经验"，提高平安法治乡村的高水平建设创建，枫桥式人民法庭的创建与探索成效逐渐成为丰富新时代"枫桥经验"时代内涵的关键来源。新时代人民法庭的高质量发展方向与新时代"枫桥经验"发展相辅相成，相互促进。枫桥人民法庭的建设精神来源于"枫桥经验"，同时，其参与基层社会治理、服务人民群众的本质探索又反过来为"枫桥经验"的创新发展提供素材，在司法领域，创建枫桥式人民法庭被赋予了人民法庭深度参与社会治理、完善社会矛盾纠纷预防多元调处化解机制、加强现代化诉讼服务体系建设的重要使命②，枫桥人民法庭的相关探索自然成为"枫桥经验"自身发展的生动实践。

1. 根据二元治理社会特点，构建治理"弥散性"机制

枫桥人民法庭创造性地发展了"枫桥经验"，将正式与非正式规范在矛盾纠纷化解中的功能相互融合，将基层社会治理的"乡土性"与"法治性"弥合③，即正式法律法规与民间法进行二元互动，共同维护基层社会秩序。枫桥人民法庭集中体现"枫桥经验"发动群众、依靠群众，倡导就地解决、多元化解精神，将正式法律法规与非正式的民间制度均作为其化解基层人民群众矛盾纠纷的依靠原则，参加到无访村、无讼村的建设之中，通过唤起人民群

---

① 党的十九届四中全会通过的《中共中央关于坚持和完善中国特色社会主义制度、推进国家治理体系和治理能力现代化若干重大问题的决定》，十九届五中全会通过的《中共中央关于制定国民经济和社会发展第十四个五年规划和二〇三五年远景目标的建议》，十九届六中全会通过的《中共中央关于党的百年奋斗重大成就和历史经验的决议》、《关于做好2022年全面推进乡村振兴重点工作的意见》（中央一号文件）。
② 陈志君：《通过法律的治理：新时代"枫桥式"人民法庭参与基层社会治理的基本模式》，载《中国应用法学》2022年第5期。
③ 马成、李军、赵俊鹏：《新时代"枫桥式"人民法庭的治理功能及完善——兼论子洲县人民法院的创新实践》，载《民间法》2022年第29期。

众对集体的荣誉感与维护，激发人民群众的包容心与理解，实现诉源治理与矛盾纠纷的预防。当矛盾纠纷诉诸法庭，又通过"特色调解室"，发动群众，利用村规民约与人情世故对当事人进行劝解劝导，并进行精细化分类，根据矛盾类型不同提供多元化解调解服务；并通过开展"法官说法，群众说事"的"一镇一法官"的工作机制，将法官的权威性与群众之间的人情相结合，立足基层社会治理实际，有效避免因法律的生硬对群众的伤害，达到法律效果和社会效果的完美统一。

2.完善多元矛调综合机制，实现"三源"协同治理

枫桥人民法庭在处理人民群众内部矛盾纠纷时，注重源头预防，将"矛盾不上交"理念贯彻完全，并在原有内涵基础上，创新完善社会矛盾纠纷多元预防调处化解综合机制，切实加强访源、诉源、执源"三源"协同治理[①]。一是重视前端解纷工作，注重访源治理，创新"访源治理"的工作方法，坚持运用"12345"工作法中的基本举措（如表2）；基于此，枫桥人民法庭所属的诸暨市人民法院还开展了信访积案大起底大化解行动，信访量较往年减少近一半，助力诸暨市成为创成省级无信访积案县（市、区）、国家级"三无"

表2 "12345"工作法

工作方法	具体举措
一镇一"驿站"	每个乡镇设立"枫桥调解驿站"
一庭一"中心"	法庭设立枫桥调解中心
一月一"指导"	择乡镇每月指导调解一次
一村一"法官"	构建起定点联村的业务指导员机制及法庭与乡镇、村（社区）的联系网
"三下乡"制度	集中下乡开庭，下乡普法，下乡指导调解

[①]《浙江诸暨：开创诉源治理新"枫"景》，载澎湃新闻网2021年6月8日，https://www.thepaper.cn/newsDetail_forward_13055006。

县市。切实发挥"共享法庭"接待化解信访功能，通过"共享法庭"收集信访投诉并分类转送，促进信访问题就地化解。

二是重视源头规范，大力发展诉源治理。首创人民调解劝导制度，建立"三调合一"的全面调解体系，安排专员引导群众进行调解、聘任邀请专业领域人士参与调解与专职法官助理调解齐头并进，充分利用各界资源助推矛盾的诉前化解，构建起以乡镇村为"面"、行业部门为"线"、疑难案件为"点"，覆盖全镇乡的调解网络。市政府重视落实调解员"以奖代补"政策[1]，设立"枫调俞顺"工作室，缓解法官办案压力；发挥8个特色调解工作室功能，通过定期排班、特邀调解等方式，由人大代表、政协委员、乡贤等定期到法庭当值，以"进法庭、解纠纷""值法庭、听民意"为载体，提升纠纷调解成功率。2021年，辖区各特邀调解员参与法庭案件调解50余次，调解成功率达97%左右，其中有80%以上案件已当场或按期履行完毕。

三是审执兼顾，彻底解决纠纷。以枫桥人民法庭为代表的诸暨法院下辖基层人民法庭在源头治理大格局下注重提升自动履行率的目标，着力健全自动履行为主、强制执行为辅的长效机制[2]。诉前化解引导自动履行、诉中联动敦促自动履行、执行强制倒逼自动履行，运用"天平调解"对申请执行案件进行执前催告和调解，促成执前自动履行。以落实最严执行措施为后盾，以善意文明执行为激励，形成迟履行比早履行后果更多、强制执行比自动履行代价更大的态势。

第三，实现纠纷总体化解，案件处理提速。

近年来，枫桥人民法庭认真落实中央文件积极参与基层社会治理，坚持

---

[1] 张璐妮：《诸暨天平调解工作室请来"老娘舅"化解千千结》，载《浙江日报》2020年11月16日05版。
[2] 杨柳：《社会管理创新背景下的被执行人信息公开——以浙江法院执行征信系统建设为研究对象》，载《人民司法》2012年第17期。

与时俱进、改革创新，重点抓好审判质效，推动完善多元解纷，积极参与基层治理，打造出具有枫桥特色的一站式多元解纷新模式，初步形成"调解为主，诉讼断后"的矛盾纠纷化解新模式。坚持党建引领，坚持服务大局，以数字化改革推进新时代现代化法庭建设，为进一步擦亮"枫桥经验"金名片贡献更多法庭力量，推动实现矛盾就地源头化解，参与基层社会治理效果显著。

社会管理到社会治理的转变过程中，司法系统尤其是人民法庭在推动纠纷源头化解方面承担着重要职责，同时在疏导群众信访、变被动接访为主动下访与审执一体化衔接方面也发挥着不可替代的作用。枫桥人民法庭积极融入党委领导的多元共治大格局，开展类案诉源治理，诉源治理工作获省高院和绍兴市委主要领导批示肯定。与此同时，枫桥人民法庭审判质效得到了有效的提高，服判息诉率和司法公信力也稳步提升。

通过多元化解矛盾纠纷机制、诉源治理等活动的开展，真正流入枫桥人民法庭的案件数量逐渐减少，在根源上有利于法庭案件处理的效率；另一方面，由于办案法官在参与基层社会治理过程中，能够更多地接触人民群众，更多地了解到基层社会之中的人情世故与民众需求，因此在办案过程中，也能够迅速地了解当事人的真正需求与诉求，能够从群众的角度最大限度地找到令案件双方当事人接受的矛盾解决方式方法，因此，也促进了案件的快速解决，提升了案件处理的效率与效果。2017年以来至2021年，法庭收案数连续四年下降，以2021年为例，全年收案数量下降5.11%，服判息诉率93.28%，自动履行率51.23%。近三年来，无一起涉诉信访（见图2）。

第四，实现矛盾纠纷及早预防，有效化解重大风险。

枫桥人民法庭参与基层社会治理，不仅仅停留在解决处理业已出现的矛盾纠纷，而是深入贯彻落实习近平总书记所强调的"既要治已病，又要治未

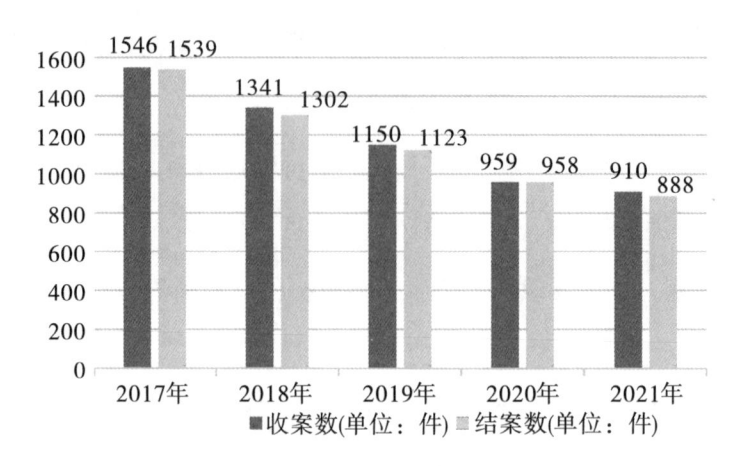

图2 2017—2021年法庭收结案数据

病",坚持有效预防矛盾纠纷,及时化解重大风险的原则,这也深刻体现了新时代"枫桥经验"中"四前工作法"的要求。

枫桥人民法庭始终坚持有效预防矛盾纠纷的发生与扩大,主要通过人民法庭参与到基层社会治理之中,及早介入人民群众弘扬法治精神,与乡镇、村社、行业协会等社会组织保持密切联系,在党委政府的领导与沟通下,形成舆情双向反馈机制,并定期开展法庭党委政府及各个社会组织的信息交流或者碰头会,撰写《法庭工作通报》,将存在可能的矛盾化解在"苗头"阶段;同时,在法庭收到多项类案,或者涉及辖区内大型企业的案件时,会及时研判,对有可能存在舆情的群体性纠纷进行重点关注,并联系涉案企业,通报党委政府,在重大风险发生之前给出相应的对策建议。

诸暨人民法院枫桥人民法庭探索建立符合人民法庭工作规律的考核激励机制,以考核机制改革推动法庭工作高质量发展,努力打造办案最公正、解纷最高效、服务最便捷的新时代"枫桥经验"标杆法庭。近年来,枫桥人民法庭案件质效持续向好,诉源治理工作成效显著,得到最高人民法院党组书记、院长周强等领导肯定,荣立集体一等功一次、二等功两次,荣获"中国十佳人民法庭"等称号①,"法治先枫"党建品牌荣获我院"创品牌、展风采"党建品牌交流评比会十佳党建品牌;法庭党支部荣获"绍兴市先进基层党组织""绍兴市模范政法基层集体""诸暨市十佳政法基层单位",庭长郭志军被评为"全省最美法官",法庭入选《新时代人民法庭建设案例选编(二)》中第28号案例——"浙江省诸暨市人民法院枫桥人民法庭:探索专门考核机制 把好'方向标'用好'指挥棒'"。

第五,为"枫桥式人民法庭"建设提供示范样板。

在当前新发展阶段下,"枫桥式人民法庭"在创建过程中不仅要继承和发展新时代"枫桥经验",而且要贯彻新发展理念、构建新发展格局,各地人民法庭都需要不断的革新和改进,以适应社会各方面发展的新要求。枫桥人民法庭完善和提升自身工作,在发挥审判这一基础职能的同时,延伸发展出推进乡村振兴、促进基层社会治理、满足人民群众高品质生活需要等多项其他职能②,也使人民法庭在发挥多项职能时探索出多个方面的工作机制,推出了相对较创新与成熟建设标准,可以为其他地方人民法庭创建"枫桥式人民法庭"提供启示与经验。

1. 坚持政治引领,注重思想建设

开展创建"枫桥式人民法庭",枫桥人民法庭在不断尝试与探索当中,淬炼出坚定的工作思路,坚定维护党的领导,坚决以政治建设为统领,重视人民法庭法官干警的思想建设,完善法庭党组织建设,突出打造特色党建品牌。在政策引领、党建与审判结合、党性教育多方面创设标准,为"枫桥式人民法庭"创建工作提供正确思路。

---

① 荣誉称号:"全国优秀人民法庭""全国法院人民法庭工作先进集体""全国法院系统指导人民调解工作先进集体"。
② 王斌通:《马锡五式人民法庭:人民法庭参与社会治理实证研究》,载《山东法官培训学院学报》2021年第6期。

"枫桥式人民法庭"的创建必须符合习近平法治思想对司法系统工作的要求，贯彻落实习近平总书记的系列重要指示精神①。坚持以党建带队建促审判，落实"支部建在庭上"，完善党建阵地建设，扎实开展"三会一课"，实现党的组织和党的工作全覆盖，因地制宜创设特色化党建品牌，以严要求、高标准进行人民法庭党支部建设，达到法庭建设的规范化。日常工作开展要同时兼顾党建与审判工作，发挥党员法官在案件审理、法制宣传、便民服务方面的先锋模范作用，激发干警争先创优有激情，爱岗敬业有热情，服务群众有感情；强化党性教育，促进人民法庭内部管理与日常监督，培养法庭干警公正司法的优良品质。

2. 坚持公正审判，提高司法公信力

开展创建"枫桥式人民法庭"，要坚持把执法办案当作人民法庭开展工作的第一要务，完善工作机制，提高审判质效。枫桥人民法庭坚持将当事人对公平正义的感受作为关注点，并且全庭梳理"立审执"一体化理念与穿透式审判思维，规范法庭基础设施建设、锻造过硬专业化法庭队伍、科学考核法庭干警工作，多面参考自动履行率、服判息诉率、调解率、撤诉率等多项指标，实现公正审判与司法为民。

"枫桥式人民法庭"的创建，要落实"强基导向"要求，切实做到"矛盾不上交"，传承发展"马锡五审判方式"，在审判中做到让当事人便利诉讼，使当事人满意结果。首先，要确保积极应对案件数量持续增长态势，构建"法官、书记员+调解员"的新型办案团队，突出诉调对接、速裁快审、繁案精审的工作理念；以巡回审判为载体深入群众为民解纷，落实典型案例精准推送，以公开宣判、以案说法、送法进社区（入乡）等形式让群众零距离感

---

① 张文显、朱孝清、贾宇等：《新时代"枫桥经验"大家谈》，载《国家检察官学院学报》2019年第3期。

受公平正义；在法庭硬件与软件两方面齐下功夫，合理配置人力资源、财务资源向人民法庭倾斜，确保线上线下设施完善，为公正审判提供基础保障；同时，还要重视法庭队伍司法为民理念的培养，以一站式诉讼服务平台建设为契机，构建导诉团队，以庭长带头到一线接待到庭群众，真正实现人民至上，有效提高司法公信力在基层群众心中的重量。

3.坚持参与治理，源头化解矛盾

开展创建"枫桥式人民法庭"，要全庭上下做到先转变思想，重新审视新发展格局背景下人民法庭的基本职能与个人的工作性质，主动融入党委领导的基层社会治理体系，深度融合基层社会治理工作，及时回应社会治理中执法司法权下沉的要求。找准与党委政府工作结合点，进一步完善诉源治理与多元解纷，以主动提供业务指导推动多元主体形成合力，将非诉讼纠纷解决机制挺在前面，做到基层矛盾纠纷的源头有效化解。

"枫桥式人民法庭"的创建，要健全具有辖区文化、符合经济发展、针对矛盾纠纷特点的矛盾预防机制，在诉讼服务、法治宣传等传统活动中安排非诉讼纠纷解决方式，并提供多元解纷综合治理途径，争取在源头解决矛盾纠纷，将矛盾纠纷化解在基层。首先，持续推进诉源治理，规范重大、重点敏感案件的请示汇报工作，及时运用调解平台数据分析预判可能存在重大影响的纠纷，定期通过白皮书、调研报告、司法建议等形式向辖区党委、政府提出建议[1]；构建"法庭+法官联络站+巡回审判点"的诉讼服务网格，以"个案裁判+法治宣传"的方式提高人民群众法治素养，弘扬"和为贵""非诉讼方式解决纠纷"的传统文化思想，提供非诉解纷的前置指引，开展人民调解员的业务指导和培训，通过诉讼费用减免等方式激励当事人优先选择非诉解

---

[1] 袁岸乔：《人民法院实质性化解行政争议的因与纾》，载《法治研究》2023年第1期。

纷方式，助推"无讼村（社区）、无访村"的创建，提高调解纠纷、司法确认案件的数量提升；加强相关职能部门的联动，落实以人民法庭调解平台为主的多元解纷平台规划，联合综合治理中心、矛盾调解中心信息整合与人员联动，搭建一站式多元解纷平台。

4. 明确工作要求，严格创建标准

枫桥人民法庭所探索与实践的人民法庭创建模式，无论是在精神引领还是工作机制上，都成为"枫桥式人民法庭"全国创建中不可忽视的榜样。尤其枫桥人民法庭在审理包括交通、环保、教育和人身保护在内的一系列民间案件中，形成了一种从社会化的角度审判此类案件的经验，这提供了一种新视角。因此，各地人民法庭在学习枫桥人民法庭时，要尤其注重学习其开展工作时设立的标准标杆与具体工作要求，并结合各法庭特点，进一步优化推广。

在"枫桥式人民法庭"创建中，各牵头部门、责任部门分工明确，且要牢固树立"一盘棋"思想，提高政治站位；要坚持参与基层社会治理与日常工作相结合，坚持问题导向、优化工作思路，确保各项工作高质量完成；其次，要注重工作实效，确保落实，各牵头部门与责任部门要建立详细任务清单、工作台账，并及时将任务进度、问题经验上报综合管理处；最后，要加强工作保障，深入融合到基层社会治理格局，在各层面争取党委政府支持，将解决人民法庭基础建设与智慧法庭建设放在重要位置，加强队伍建设，强化履职保障。

（四）提升人民法庭参与基层社会治理效能提升的思考

加强人民法庭建设，锻造更专业的法庭队伍，促进人民法庭参与基层社会治理能够在根本上提升基层司法能力水平，是服务乡村振兴、服务基层社会治理、服务人民群众高品质生活需要的关键抓手。人民法庭参与基层社会治理效能，要围绕"努力让人民群众在每一个司法案件中感受到公平正义"的目标①，明晰法庭工作定位、拓宽参与途径、健全运行机制、加强队伍建设，并且要不断创新新时代人民法庭工作理念，认真服务推动高质量发展。在法庭内部建设与外部工作职能延伸两个方面下功夫，不断规范法庭标准化建设，从而全面推动向基层社会治理领域纵深。立足于浙江省示范区高要求，司法领域同样需要提供不同于传统的司法供给，探索符合新时代司法供给的新课题、新要求与新方式，探索新时代人民法庭如何发挥作用参与到基层社会治理之中，并提高效能成为人民法庭创新司法供给的重要工作。

1.组建非诉解纷专业指导队伍，助力多元化纠纷解决

诉源治理，要抓前端、治未病，更要抓末端、推动治已病。为最大限度地发挥法庭对人民调解的指导作用、完善扩大指导范围，需要组建专业的高质量调解指导员队伍，加深与乡镇司法所的联系，完善司法建议运用机制，在诉源治理全方位发挥人民法庭优势。

第一，加强调解队伍考核引导，畅通法庭与调解关系。组建高水平、高质量的调解指导员队伍，建立法庭与调解的程序性衔接机制。要加强对人民调解指导队伍的监督、督促，将指导调解工作成果加入工作考核机制之中，以考核机制促进法庭干警积极地提高认识，主动积极地进行调解指导，将司法与人情有机结合起来，将人民调解工作质量与效果重视起来，对调解矛盾纠纷数量质量的有效记录进行监督与评比；同时，也要加强对人民调解组织的考核，及时向有关部门汇报人民调解组织情况，对调解质量薄弱的组织进行专门的业务指导。另外，要畅通法庭与调解之间的联系，一方面通过定期

---

① 李华斌：《大力推进法治国家法治政府法治社会建设 周强院长向全国人大常委会报告五年行政审判工作》，载《中国审判》2015年第21期。

或不定期的业务指导，召开碰头会进行培训、以案说法等方式，实现业务沟通与调解工作的配合，增强人民调解工作的规范性；另一方面通过具体案件沟通与衔接，以"润物细无声"的方式加强对调解队伍调解业务培训，同时提高其对调解工作意义的深层次认知。

第二，完善司法确认机制，多元解纷制度化。将调解指导的范围扩大至非诉案件，将指导范围细化到不同行业、领域，完善司法确认运用机制，加强对社会重点问题分析研判，通过矛盾纠纷排查梳理和风险评估从源头解决相关社会问题。通过对人民调解的业务指导切实将非诉解纷机制挺在诉讼前，把纠纷化解在基层，把矛盾消除在萌芽。打通诉讼与非诉讼之间的壁垒，完善两者之间实质性衔接，以人民法院调解平台为基础，保证平台、人员、制度对接，加强对非诉解纷力量的法律指引，并且对调解与诉讼材料的衔接进行规范认定，实现两个平台的无障碍衔接；同时，对诉前调解案件及时进行后续认定，以"诉前调确""诉前调书"号出具法律文书。

2. 增强法庭干警参与意识，明确参与治理的方式

"枫桥式人民法庭"的特殊性就在于强调人民法庭的社会保障职能，人民法庭参与基层社会治理是实现新时代人民法庭工作高质量发展的行动自觉。只有理念上的认同，才能保持政治上的坚定，法庭工作人员尤其是法庭干警必须增强参与治理的意识，时刻拥有司法为民的意识，自觉提升法律素养。

第一，加强政治学习，培养干警主动作为意识。加强政治学习，深刻领悟最高院对人民法庭的职能定位，培养法庭干警主动融入基层社会治理的意识。2021年最高人民法院发布《关于完善四级法院审级职能定位改革试点的实施办法》等重要文件，绝大多数的一审民事案件审判权开始由中级法院向基层法院转移，这意味着中级法院和高级法院的职能更侧重解决纠纷，强调

审判职能。但人民法庭作为面向基层的派出机构，不应过多地侧重审判职能，而需充分发挥其社会职能。人民法庭不仅不能缺位，更要主动参与和促进社会治理，法庭干警工作根植在一线，应当以诉源治理作为最有效的抓手，解决矛盾纠纷的同时强调预防和减少纠纷，防止纠纷扩大化和民事纠纷的刑事化。

第二，明确具体路径，确定法庭干警参与治理方式。完善矛盾纠纷排查梳理和风险评估机制，明确人民法庭参与基层社会治理的具体途径。人民法庭内主要负责基层社会治理工作的干警要定期主动与下辖乡镇专属网格员、特色人民调解室人员沟通联系，了解辖区内纠纷矛盾存在现况，有针对性地采取排查梳理、风险评估等措施，降低一般矛盾纠纷转化为诉讼案件的可能性；在重大司法政策出台、涉众要案办理时，前置风险预警环节，有效预防化解纠纷，控制事态；另外，人民法庭要积极探索司法机关与党委政府的工作衔接机制，充分运用司法建议，对涉诉案件高发领域、涉诉信访等领域的社会动态与热点问题进行风险研判，对接各行各业大数据信息并促成有关部门与企业落实合规审查、规则政策出台等责任，及时对党委政府发送趋势性、倾向性社会问题的司法建议；同时做好发送司法建议的后续跟踪评估，及时总结典型预警案例，提高各组织、人民群众对矛盾纠纷化解的预判能力。

3. 聚力整体智治，推动司法与科技深度融合

全国范围来看，浙江省各级法院在诉源治理的理解与探索方面一直较为先进和超前，将"诉源"扩大到纠纷意义上的源头，包括各个矛盾纠纷入口的情况监控、批量纠纷预警和提前干预，尤其是类案处理，这对智慧法院、数字化人民法庭建设提出了更高的要求，聚力整体智治，在现有数字化建设基础上，进一步促进各个平台之间的信息互通、工作衔接，便于数字化法治

平台运用，以司法与科技的深度融合更大发挥人民法庭在基层社会治理中的作用。

第一，加强培训，规范数字平台运用。坚持数智赋能，成立院数字化改革工作专班，培训法庭干警规范化运用移动微法院平台。增加智慧庭审、电子质证等功能，全面夯实无纸化办案办公改革基础，打造全方位智能化、全系统一体化、全业务协同化、全时空泛在化、全体系自主化的智能化建设新格局。对枫桥人民法庭进行数字化改造提升，全面融合警务指挥中心和执行指挥中心，不断提升数字化软硬件配套水准。积极探索并搭建行政争议云平台、矛调中心解纷平台，促使府院联动良性循环、矛盾纠纷数据共享，实现矛调中心解纷平台与法院办案办公平台无缝对接，打造具有诸暨特色的"枫桥经验+数字化"一站式解纷新模式。

第二，加强沟通，促进平台信息互联。要注重软件建设、平台互联。目前法院的办案办公平台底层逻辑在短期内不会改变，可以运用"区块链技术"为行为数据建立集体核查的完整数据库，各协同单位的业务系统与法院办公平台实现对接，解决各个部门统计数据不完整或重复收集的问题。目前纠纷入口有法院、矛调中心、公安、行业协会、信访、社区村委会、仲裁等，但理论上及理想情况中，矛调中心应该是唯一入口，可以通过建设"信息互通平台"链接调解、仲裁、公正、诉讼与政务系统，不需重复建设，为不同入口的数源主体之间提供统一的技术验证规则，形成"化解、上链、检测、预警、反馈"的闭环管控机制，建设"共治共享、循环利用"的一体化数据支撑体系。

4.优化提升建设标准理论体系，发挥标杆示范作用

制度为根本，枫桥人民法庭在发展新时代"枫桥经验"与"枫桥式人民法庭"创建过程中，在党建引领人民法庭开展工作、执法办案提升审判质效、践行司法为民、推进诉源治理源头解纷、矛盾纠纷多元化解、社会风险舆情预警以及人民法庭队伍建设等多个方面都进行了有益探索，且均取得了很大的成效。枫桥人民法庭应该继续坚持党的领导，严格形成一套行之有效的关于开展"枫桥式"人民法庭创建工作的实施标准与方案。

第一，注重总结工作机制，发挥制度优越性。枫桥人民法庭应立足浙江省司法系统数字化改革平台，认真分析总结科技赋能多元化纠纷解决机制改革、拓展人民法庭职能参与基层社会治理的成效，尤其是认真总结党建引领下的人民法庭工作人员考核机制、协同审判机制、多元协同诉调对接机制等优秀做法。枫桥人民法庭应该多根据自身探索实践成果，对标政府各类相关政策与最高人民法院创建人民法庭的各项文件，以司法服务大局、服务人民为目的，打造具有枫桥人民法庭辨识度和影响力的工作品牌和先进典型。促进新时代"枫桥经验"及诉源治理改革在社会主义法治轨道上健康发展，为全省、全国乃至世界范围，提供新时代"枫桥经验"人民法庭建设的先进理念，为全市、全省乃至全国提供更多的法庭参与基层社会治理的枫桥范式。

第二，全面动员专家人才，固化提升优秀经验。枫桥人民法庭在积极探索人民法庭高质量开展工作的同时，也要注重全方面发挥人才的智慧，对优秀经验进行系统化总结。抽调基层法庭干警，并通过与高校或研究所合作的方式联合专家智库，组建专门理论提升团队形成强大合力，在提升实践基础上进行经验总结、理论研究与指导，形成可复制、可推广的"枫桥式人民法庭"创建标准。以诸暨市人民法院为主要推动者，凝聚最广泛智慧，从重点业务行业、法治思想、公共管理、金融管理、社会治理、数智化建设等领域聘请专家，组织专门力量成立"枫桥式人民法庭"建设理论提升专家组，为人民法庭建设的诸暨经验改革方案提供智力支持；聚焦诉调对接、诉源治理、在线办案规则、区块链及智能合约司法应用、智慧司法边界、数智政府建设等纠纷解决智能化研究细分课题，推动相关法规规章立改废释，针对具体的应用场景，积极推动在实践中行之有效、具有普遍推广意义的体制机制创新。从制度重塑、系统重构、流程再造的高度，总结出新时代"枫桥式人民法庭建设标准"的实践经验及理论创新，以提案、建议、内参等形式呈报有关部门，从立法层面予以固化提升。

三、"枫桥+乡约"：中华优秀传统文化融入基层善治

（一）"千年乡约"携手"枫桥经验"："枫桥+乡约"模式的提出

近年来，陕西省西安市蓝田县秉承以人民为中心的发展理念，立足县域实际，传承创新中华优秀传统文化，坚持发展新时代"枫桥经验"，整合各类社会优质资源，探索出"枫桥+乡约"有机结合的社会治理新路径。

蓝田是《吕氏乡约》的发源地，《吕氏乡约》也称《蓝田乡约》。北宋熙宁九年（1076），关学创始人张载的弟子吕大钧制定了中国历史上第一部成文乡约，史称《吕氏乡约》。该《乡约》在蓝田等地推行后，关中风俗为之一变，故张载说"秦俗之化，和叔有力"。"乡约"与一般所说"乡规民约"有所区别，它是在一定的地缘关系中通过相应的社会组织实施的，故其不仅仅是一种规约，还是一种乡村自治组织。具体地说，就是"来者亦不拒，去者亦不追"，是村民在乡贤主导下自愿入约、自觉接受《乡约》约束、自觉履行劝勉义务和接受惩戒的一种社会基层组织形式。

《吕氏乡约》以"德业相劝，过失相规，礼俗相交，患难相恤"为其纲要，并通过相关细目加以具体化，其内容涵盖乡村日常生活的方方面面，如"德业相劝"，涉及村民德行、事业、交游、教育等方面的内容；"过失相

规"，涉及对"犯义"（违犯道义）、"犯约"（违犯乡约）、"不修"（不加约束）等"过失"相互劝勉及必要的惩戒；"礼俗相交"，则是把传统礼仪与乡邻日常生活紧密结合，对乡间诸如婚丧嫁娶、迎来送往等日常生活礼仪加以规范；"患难相恤"，则是强调在灾难、疾病、盗窃、诬枉等事件发生时，邻里之间要尽其所能相互帮助，共渡难关。道德教化、乡民自治是《吕氏乡约》的核心精神，而扬善抑恶、扶正祛邪、和谐邻里、淳化风俗则是《吕氏乡约》的目标所在。

近年来，蓝田县积极弘扬社会主义核心价值观，通过发掘、整理、传承，结合《吕氏乡约》制定出了《蓝田新乡约》，并通过"立约、传约、践约"，把《新乡约》的"一约五会"延伸到乡村管理中。《新乡约》仍以《吕氏乡约》"德业相劝，过失相规，礼俗相交，患难相恤"为基本架构，在继承优秀传统伦理道德观念的同时，赋予其现代性内容和时代精神，包含权利意识、平等意识、民主意识、人本意识、法治意识、公德意识、环保意识、新的教育理念等，这些正是新、旧乡约的最大区别。《蓝田新乡约》实行以来，崇德进取、向上向善的良好风尚已在全县乡村蔚然成风。

乡村和社区是社会治理的重要单元，也是勾连家庭与社会的重要纽带。广大乡村、社区的有效治理，直接关系到平安建设、法治建设基础的坚实可靠。一方面，基层矛盾纠纷虽然纷繁复杂，但极少有纠纷可以脱离乡村、社区环境而发生，尤其是常见的宅基地争议、赡养抚养争议、劳动争议、拆迁纠纷、电信诈骗等最受群众关心，同时也最易激化为社会问题，甚至演变为上访案件。另一方面，乡村和社区是最基层、最前沿、最深入群众和群众的血肉联系最密切的组织单元，矛盾纠纷在乡村、社区化解，有助于修复人际关系，增进群众互信，提升社会凝聚力，促进广大群众和睦相处，努力满足群众对安居乐业的渴望、对良好秩序的期待和公平正义的追求。新时代"枫桥经验"最显著的优势就在于源于乡村、社区，扎根基层，通过对问题的稳妥解决，将困扰群众生产生活的消极因素转化为乡村、社区有序发展的积极因素，促进了人、社会和经济的全面发展。源头治理的主要场域依然是乡村、社区，只有矛盾纠纷不蔓延，不激增，社会治理的风险和隐患才能最大程度地消除。因此，广大乡村和社区既构成了社会治理的基础，也成为实现社会善治的最佳平台。新时代"枫桥经验"强调重视乡村、社区矛盾化解，以基层"小平安"促进社会"大平安"，正是其源头治理功能的彰显。

根据治理需求的变化，以务实理性的态度充分挖掘并综合运用法律、文化和科技等各种资源，确保社会秩序良性发展、公平正义及时实现，是新时代"枫桥经验"经久不衰的一大动力。特别是新时代"枫桥经验"在创新发展过程中，完成了由点及面，由个例到范例，由统筹各类治理资源到形成自治、法治、德治"三治融合"的制度性转变。"三治融合"也成为"枫桥经验"的"标识性创新成果"。在自治层面，注重完善基层民主自治，发挥村规民约、社区公约的规范作用；在法治层面，注重运用法治思维和法治方式回应群众诉求、化解矛盾纠纷，构建各部门、各单位共同参与的"大调解"体系，法治宣传教育覆盖城乡；在德治层面，注重发掘、弘扬中华优秀传统文化，传承红色文化，推动社会主义核心价值观融入群众生活，通过新乡贤文化、家风家训、良善礼俗等教化作用，增强基层自治与法治的道德底蕴，实现继承性与创新性的统一。

这就说明，无论是《吕氏乡约》，还是"枫桥经验"，中华优秀传统文化中以民为本、重视基层、注重社会规范建设推动基层德治与法治相结合等要素一脉相承，既具有文化的传承性，也反映出中华优秀传统文化的时代适应性和生命力。

2019年，蓝田县公安局坚持以习近平新时代中国特色社会主义思想为指导,认真贯彻落实新时代"枫桥经验"内涵,结合部、省、市相关部署要求,在创建"枫桥式派出所"工作中,充分依托蓝田本地文化资源,结合工作实际,将"枫桥经验"与《吕氏乡约》结合,深入探索基层警务新路径,创新基层社会治理新模式。为促进全县公安基层社会治理工作的深入发展,蓝田县公安局党委着眼全局工作实际,深入基层全面开展专项调研,逐步形成理论体系完备、制度机制完善、创建品牌特色的"枫桥+乡约"基层警务治理模式。2020年12月,"枫桥+乡约"基层警务治理模式被陕西省委依法治省委员会授予"全省法治政府建设示范项目"。2021年至今,"枫桥+乡约"模式不断巩固提升,被《半月谈》《陕西日报》等媒体高度关注和肯定。

(二)"枫桥+乡约"的实践探索及成效

近年来,经过深度调研、高位谋划,蓝田县公安局精准布局、充分依托本地文化资源,汲取《吕氏乡约》乡村治理智慧,传承经典。通过"枫桥+乡约"的共同发力破解基层警务治理难题,不断学习研究"枫桥经验"的时代内涵。以公安部"多元化化解矛盾、全时空守护平安、零距离服务群众"的工作总要求为目标,以"枫桥式公安派出所"创建为契机,充分发挥主观能动性与创造性,将以《吕氏乡约》为代表的中华优秀传统文化与"枫桥经验"充分结合,制定创建方案,深化创建举措,不断取得阶段性成效。

1.坚持党建统领,凝聚"枫桥+乡约"的创建合力

蓝田县公安局坚持"党建统领创建",对《吕氏乡约》精神要义深度挖掘、扬弃继承,确保创建工作始终保持正确导向。

第一,由党委进行顶层设计,把握创建活动的正确方向。蓝田县公安局专门成立了"枫桥式公安派出所"创建工作领导小组,确定了"党委书记亲自抓,主管副局长具体抓"的工作布局,抽调民警组建工作专班,学习借鉴

全国各地先进经验，对标蓝田实际，制定以"五大制度"（大走访、大练兵、大宣讲、大汇报、大研判）和"十项活动"（百万警进千万家、交流学习、专项培训、传授经验、亮赛家风、擂台比拼、现场会、汇报会、座谈会、研判交流会）为主要内容的创建工作实施方案，规范了创建工作台账格式，明确了创建目标、路径、方法和要求。

第二，建强基层党支部，夯实创建工作的基础平台。蓝田县公安局借鉴公安部关于"枫桥经验"中社区民警兼任社区（村）党支部副书记的思路，协调县委组织部门，任命优秀民警兼任村组（社区）党支部副书记，做到全域镇村基本覆盖，这些优秀干警直接参与基层党建、平安建设、社情民意收集等工作，形成基层社会治理合力，为实现基层安全稳定做出了积极贡献。同时，组织各个派出所党支部换届选举，开展以"支部设置标准化、组织生活正常化、管理服务精细化、工作制度体系化、阵地建设规范化"为主要内容的支部"五化"建设，严格落实"三会一课"制度，切实发挥了派出所党支部在创建工作中的战斗堡垒作用，为创建工作蓄积强大力量。

2. 坚持人民中心，夯实"枫桥+乡约"的群众基础

蓝田县公安局较好地传承了《吕氏乡约》重视群众力量和"枫桥经验"坚持群众路线的做法，提出了"三个融入"，即融入基层社会治理体系、融入基层村组社区、融入广大人民群众，实现了用脚步丈量民情、用心灵倾听民声、用真情化解民忧的良好"警民关系"，让警务接地气、民警得民心，实现了"枫桥+乡约"模式中"以乡约助力警务、以警务传承乡约"的良性循环。

第一，融入基层社会治理体系。蓝田县公安局主动融入乡镇（街道）基层社会治理体系，依托县、镇、村综治信访维稳中心，整合网格平台资源，强化情报信息收集，明确基础管控职责，把治安防控建设触角延伸至细枝末节。

第二，融入基层村组社区。深入实施社区警务战略，把治安复杂区域、人流密集场所作为警务前移的主战场，坚持"到基层一线去、去群众需要的地方"的思维导向，做到"警务围绕民意转、民警围绕百姓转、机关围绕基层转"，并通过悬挂灯牌、改造完善警务室和工作站建设等方式，细化基层治理单元的工作方法，使基层治理单元成为社情民意采集站、治安防控工作站、综合信息收纳站、矛盾纠纷化解站、普法宣传活动站，被人民群众誉为"家门口的派出所"。

第三，广泛融入人民群众。深入开展"百万警进千万家"活动，鼓励民警走出去，鼓励退休职工参与基层社会治理活动，熟悉民风民俗、在答疑解惑中排摸线索，从村干部家庭开始，逐渐辐射到一般群众，重点关注困难群众。逢年过节之际，民警主动拉家常、送温暖，密切警民关系。在活动开展过程中，人民群众积极提供各种信息，既帮助公安系统改善了工作作风，也帮助基层派出所梳理出许多有利于案件侦破的线索和依法化解矛盾纠纷的方法，使群众安居乐业的生活环境和稳定和谐的治安环境持续得到巩固。

3. 坚持依法治理，创新"枫桥+乡约"的方式方法

蓝田县公安局结合全县开展的"立乡约塑民风"活动，借鉴发挥《吕氏乡约》在乡村治理中"息讼止纷"的作用，努力将矛盾纠纷排查在基层、化解在当地、解决在初始阶段。

第一，以"立约行事"强化源头治理。蓝田县公安局将警务活动与全县各村建立的"一约四会"制度结合，积极推动社区民警参与"立约、传约、行约"活动，利用出席村民议事会、禁毒禁赌会、红白理事会、道德评议会之机，讲法、讲情、讲理，提高了基层见警率、解决了一批实际问题，取得了一定成效。同时，注重在日常工作中发现亮点、打造亮点，逐步试点推广"全国文明村"小寨镇董岭村"板凳会议"经验，结合"百万警进千万家"活动，

初步探索出了社区民警定期到村组参加"板凳会议"的工作方法,实现了社情民意"由无到知",一定程度上做到了矛盾纠纷提前介入、提前工作、将矛盾化解在源头。

第二,以"多元机制"化解矛盾纠纷。蓝田县公安局坚持预警为先、全程化解、多元联调,初步形成了预判预警结合、全程化解整合、法理情融合的多元矛盾化解机制,确保矛盾就地化解不上交。首先,建立"四预"机制,即汲取浙江诸暨"四前工作法"精髓,探索建立"预知、预判、预警、预应"为一体的矛盾纠纷感知机制,依靠智能感知、信息采集、滚动排查、数据研判等手段,切实把各类矛盾风险化解在基层、化解在当地、解决在萌芽状态和初始阶段。其次,积极摸索出评理说事、定纷止争、依法调解、跟踪化解"四步矛盾化解法",根据矛盾纠纷发展不同阶段,对民间矛盾纠纷援引《吕氏乡约》"德业相劝"精神,利用"一约四会"形式进行评理说事;对疑难复杂矛盾援引《吕氏乡约》"过失相规"精神,利用乡贤调解形式进行定纷止争;对涉法涉诉层面问题,利用警调联动的形式进行依法调解;对案后衍生矛盾,利用多方联调形式进行跟踪化解,从而确保法律效果和社会效果有机统一。最后,探索"多方联调"化解矛盾纠纷工作机制,在中心村成立矛盾纠纷多方联调工作室,初步搭建以公安派出所为主,司法所、镇村干部、乡贤、律师参与的联调机制,成功化解了多起困扰基层政府多年的恩怨纠纷,大幅降低了越级上访率。

4.坚持防控为主,优化"枫桥+乡约"的科技支撑

蓝田县公安局将《吕氏乡约》中的"患难相恤"与"守望相助"文化相结合,在公安信息网页和警务通手机上搭建"平安地图"引擎板块、打造流动警务,建设雪亮工程,构建了"点线面"结合、"区镇村"联动、"人技物"配套的立体化防控网络。

第一,建立"平安地图",整理碎片化信息。充分依靠民情地图,培训民警"亲绘平安地图",与"一标三实"(即标准地址、实有人口、实有房屋、实有单位)工作同步展开,将房屋道路、关注对象、行业场所等基础数据分类标注于平安地图中,力争信息掌控"零漏洞"、治安管控"零盲区"、服务群众"零距离",其采集数据充实了警务综合平台,设置引擎便于搜索查询。

第二,提倡"汗水警务",守护乡村平安。广大干警队伍在工作中注重以《吕氏乡约》的"邻里守望"文化唤起乡村情,以创建"无案村居"为目标,积极组织村组(社区)"两委会"干部组建巡逻队伍,倡导各村组(社区)组建志愿巡逻队,开展不定期巡逻工作,逐步形成全民动员、积极参与、相互提醒、相互照应、相互支持、共同管理、群防群治的良好局面。在此基础上,明确义务治安巡逻队的负责机制,社区由兼任党支部副书记的民警负责,乡村由辅警负责,在村民小组中聘请信息员,初步建立了"一镇一队(巡逻队),一区(社区)一警,一村(中心村)一辅(辅警),一组一员(信息员)"队伍。这些队伍常态化深入田间地头,不断延伸触角获知基层动态,敏锐掌握相邻之间的是非恩怨,产生了矛盾纠纷排查预测和多元化解的积极效果。

第三,打造"智慧村居",延伸防控网络。立足蓝田地理特点,在城区监控网络布点的基础上环形辐射,实施智慧安防村居建设,构建人防、物防、技防"三位一体"的社会治安体系。同时,在《吕氏乡约》发源地三里镇乔村试点打造"智慧乡村",以高清人脸识别系统监控交通要道,推动了信息化防控体系向农村拓展、向基层下移、向源头前移,撑起了城乡安居的"保护伞"。其他偏远派出所辖区实现村组"无线广播""探照灯"智能系统全覆盖。在信息系统的支撑下,逐步探索城乡治安防控三级反应机制,智慧城乡系统检测到违法犯罪分子并预警后,第一级由网格员、调委会和群防力量查看，第二级由警务端民警或中心村辅警盘查，第三级由指挥中心利用雪亮工程以脸搜人，视频追踪，确保这些侵犯群众利益的违法犯罪人员无处藏身。

5. 坚持改革创新，提升"枫桥+乡约"的实践效能

蓝田县公安局在"枫桥+乡约"模式的形成与推广过程中，始终秉持着改革创新、与时俱进的开放性思维。既重视各方面巩固提升，也重视完善基层平台建设和优秀典型的提炼，充分发挥先进基层单位的引领示范作用，从整体上提升社会治理效能。

一方面，积极转变思维模式，提升为民服务理念。针对村组在外务工人员、出嫁女子、外出学生等特定人群，依托 App 平台开创远程警务模块，简化程序，分类解决。譬如，设立"听一听"咨询服务板块，依托"互联网+服务"，在移动警务通手机上搭建远程"法务咨询"模块，及时更新公安新政，提供公安业务、涉法问题咨询服务；设立"议一议"社情民情板块，搭建远程不记名"畅所欲言"模块，诉说家长里短，讨论治安状况，检举坏人坏事，让群众发泄不良情绪，搜集情报信息；设立"聊一聊"好人好事板块，搭建弘扬正能量的平台，方便倾诉人间真情，特别是讲述尊老爱幼、邻里和睦、见义勇为的感人故事，达到教育、感染其他群众的效果。

另一方面，坚持从严治警，确保队伍素质稳步提高。紧紧围绕对党忠诚、服务人民、执法公正、纪律严明的总要求，牢牢把握"四个铁一般"的标准，全力锻造蓝田公安铁军。譬如：坚持群众评警，主动问计于民，自觉接受社会各界监督，适时举办"向人民汇报"座谈会，虚心纳谏，争取理解和支持；坚持实训强警，扎实开展"全警实战大练兵"活动，立足抓重点、补短板、强弱项，聚焦实战，练就扎实警务技能，提高解决实际问题的能力水平；坚持真情暖警，自上而下牢固树立"以警为本"理念，落实民警体检、值班轮休、应急抚恤等制度；坚持正确选人用人导向，依法为警维权，调动民

警工作积极性。

与此同时，蓝田县公安局尤其重视发挥文姬路派出所的典型示范作用。文姬路派出所辖三里镇全镇，地处蓝田县城北城乡接合部，县工业园区坐落镇内，治安形势相对复杂。三里镇历史文化悠远、人文资源丰富，东汉才女蔡文姬墓坐落于此，中国第一部成文"乡约"——《吕氏乡约》诞生于辖区内的乔村，以"德业相劝、过失相规、礼俗相交、患难相恤"为纲要，秉持惩恶扬善、彰显正义的价值取向，借以感化乡里，以期移风易俗，经千年传衍，影响深远绵长。2020年以来，文姬路派出所在县公安局党委的坚强领导下，在驻地党委政府的全力支持下，积极探索《吕氏乡约》与新时代"枫桥经验"在基层社会治理中的融合路径，坚持党建统领，走群众路线，实施源头治理，切实做到"矛盾不上交"；坚持以防为主，切实做到"平安不出事"；不断深化改革创新，切实做到"服务不缺位"。特别是文姬路派出所发掘并聘请当地"乡贤"、优秀村组干部等人担任"警务调解员"并发放补助，在公安机关的引导下专职从事矛盾纠纷化解工作，并在派出所内新建并设立"矛盾纠纷调解单元"，规划设置隔离冷静室、谈心服务室、法律咨询室、纠纷化解室，推进矛盾纠纷化解工作规范化、制度化、法治化、精准化。

（三）"枫桥+乡约"模式对基层社会治理现代化的启示

"枫桥+乡约"模式聚焦基层社会治理现代化，较好地实现了中华优秀传统文化和"枫桥经验"两大资源的匹配与重塑，保留了《吕氏乡约》中注重德育引导、规范自治行为、注重社会关怀、尊重民众利益、维护社会和谐、推动生产发展等积极因素，剔除了不合时宜的消极内容，使古老而博大精深的社会治理传统文化在创新发展新时代"枫桥经验"的进程中与基层社会治理有机结合，让中华优秀传统文化焕发出新的生机。尤为可贵的是，以《吕氏乡约》为代表的传统社会治理资源,集中反映了古圣先贤关于修身齐家治国平天下的理想抱负,生动再现了先贤们对家乡的关心、对基层的重视和对稳定有序的社会生活环境的追求,也较好体现了传统知识分子对核心价值、社会公德、家庭伦理的守护,为今天不同领域、不同行业的社会治理主体提供了如何在基层社会治理中实现人生价值的经验参考和智慧启迪。因此,作为一种得到实践检验和群众认可的社会治理模式,"枫桥+乡约"是成功的,其制度建设的勇气、动力和背后所承载的文化生命力、影响力是如影随形的。这就为其他地方如何传承中华优秀传统文化、推动本地优势治理资源的创造性转化与创新性发展、以优秀传统文化助力基层社会治理现代化提供了可供参考的样本。

整体而言,"枫桥+乡约"模式对基层社会治理现代化具有以下启示:

第一,体现了传统社会治理资源与基层社会治理实践的有机融合。

"枫桥+乡约"模式之所以能够取得实效并为基层干部群众所认可,离不开蓝田县公安局在坚持发展新时代"枫桥经验"、创建"枫桥式公安派出所"并参与基层社会治理现代化进程中,对本地优势传统社会治理资源的充分挖掘,这也与中华优秀传统文化所并迸发出的传承历史智慧、契合时代发展的时空穿透力密切相关。《吕氏乡约》不仅是一个文化符号,其本身就有许多古今一脉的治理资源。作为儒学大家倾注心血缔造的治理规范,《吕氏乡约》中处处反映着儒家以及中国传统社会对基层民众生活理想模式的愿景。"德业相劝"确保了基层以崇德向善为价值追求,以内外兼修、重视百业为谋生之道。"过失相规"体现了德法共治的治国方略在基层社会的深刻影响,尤其是通过基层自治的惩戒方式,与依靠官府打击犯罪、弘扬正义的惩恶扬善职能形成了互补的关系,也为基层良好、稳定社会秩序的建立提供了保障;特别是,"过失相规"并非单纯地注重惩罚,而是首重教育、规劝,这就使《吕氏乡约》的治理内容带有惩戒与教育相结合的特色，也反映了基层社会对恢复性治理的探索。至于"礼俗相交""患难相恤"，进一步体现了基层社会综合治理、源头治理、以民为本、矜恤老弱的特点。为了保障乡约的执行，《吕氏乡约》在基本内容之外，又辅之以"罚式""聚会""主事"，使乡约的操作性大为增强，也使得《吕氏乡约》在一定程度上实现了"实体"与"程序"的有机统一。

进入现代社会，我国社会治理的根基依然是广大城乡基层。在我国制度设计和实践中，基层群众自治制度不断发展完善，不仅成为具有广泛影响力和生命力的国家基本政治制度之一，也成为人民当家作主在基层繁荣发展的重要制度保障。基层群众自治制度的主要特色即在于"自治"。这一点与传统一脉相承，二者均需要以维护国家统一、维护法律秩序、裨益国家治理体系、尊重基层群众的主动性为基本前提。在基层社会治理现代化进程中，基层群众自治制度既有效发挥了制度支撑的作用，也使得人民群众能够通过自我管理、自我教育、自我服务、自我监督的方式积极参与社会治理，融入由各地党委政府主导的社会治理创新实践。在"枫桥+乡约"模式中，蓝田县公安局持续推进公安工作与基层治理相衔接，不断为基层社会治理现代化注入公安力量。"百万警进千万家"等活动的开展，将《吕氏乡约》以民为本的思想和"枫桥经验"所强调的群众路线有效结合，使基层生活困难群众和家庭得到照顾，实现了温暖到家、帮扶到人、服务到位，做到了访民情、解民忧与化矛盾、查风险的高度统一。这些举措为基层群众的"自治"提供了必要的外力帮助，使干部与群众的关系进一步密切，是警民一心、共谋质量、传承文明、提升工作的生动诠释。因此，"枫桥+乡约"模式不啻为中华优秀传统文化尤其是基层社会治理资源与基层社会治理实践有机融合的有益探索。

第二，体现了"枫桥式"特色创建与优秀传统文化传承的有机融合。

新时代"枫桥经验"是中国基层社会治理现代化的杰出成果，蕴含的基层社会治理思想观念、工作机制、方式方法，具有本土性、人民性、科学性和示范性，对基层社会治理改革具有重要的启迪作用。60年浩浩荡荡的发展历程充分表明，"枫桥经验"具有与时代同步、与群众同行、与社会共进的鲜明特征和强大生命力。新时代"枫桥经验"实现了自律和他律、刚性和柔性、治身和治心、人力和科技相统一。这些成绩的取得，不仅在于新时代"枫桥经验"所体现的创新性，也在于其弥足珍贵的文化传承性。"在五千多年中华文明深厚基础上开辟和发展中国特色社会主义，把马克思主义基本原理同中国具体实际、同中华优秀传统文化相结合是必由之路。这是我们在探索中国特色社会主义道路中得出的规律性的认识，是我们取得成功的最大法宝。"①事实上，新时代"枫桥经验"既延续了以人为本、贵和尚中、追求和谐、德法共治的中华优秀传统文化中的治理智慧，也满足了人民群众对维护合法利益及稳定生活秩序的需要，还探索出党组织领导下自治、法治、德治相结合的社会治理新路径。新时代"枫桥经验"以加强党的领导为根本、以群众需求为导向、以"矛盾不上交、平安不出事、服务不缺位"为特色，融合了马克思主义先进理论、中华民族治理智慧、中国基层社会治理实践经验，是"坚持把马克思主义基本原理同中国具体实际相结合、同中华优秀传统文化相结合"的生动写照，也是平安中国建设、法治中国建设和社会治理现代化的杰出成果②。

"枫桥+乡约"模式较好地体现了"枫桥式"特色创建与中华优秀传统文

---

① 《习近平在文化传承发展座谈会上强调 担负起新的文化使命 努力建设中华民族现代文明》，载《人民日报》2023年6月3日01版。
② 王斌通：《坚持和发展新时代"枫桥经验"，推进基层社会治理现代化》，载光明网2023年9月29日，https://theory.gmw.cn/2023-09/29/content_36865917.htm。

化传承的有机融合。"乡约"是这一模式的珍贵历史底蕴,而《吕氏乡约》传递着中国古代先贤们以儒家理念重建基层社会秩序的理想,接续了我国古代社会崇德尚贤、扶危济困、和里安民、息讼罢争等乡治传统,开创了中国古代乡民以成文乡约自治的历史先河。特别是《吕氏乡约》的实践过程,也是以仁义礼智信为代表的中国古代价值观的普及和推广过程。习近平总书记指出:"历史和现实都表明,构建具有强大感召力的核心价值观,关系社会和谐稳定,关系国家长治久安。""要切实把社会主义核心价值观贯穿于社会生活方方面面。要通过教育引导、舆论宣传、文化熏陶、实践养成、制度保障等,使社会主义核心价值观内化为人们的精神追求,外化为人们的自觉行动。"①"枫桥+乡约"模式传承了中华民族传统美德,贯彻了社会主义核心价值观,运用了共建共治共享的理念,以发动群众为基础,以预知、预判、预警、预应来感知和发现矛盾纠纷,用群众喜闻乐见的工作方式推进调解活动,通过评理说事、定分止争、依法调解、跟进化解彻底解决矛盾纠纷,体现了古今一脉的德法共治传统,实现了优秀历史文化资源与当代社会治理经验的携手。

第三,体现了共建共治共享理念与自治法治德治路径的有机融合。

党的二十大报告提出,健全共建共治共享的社会治理制度,提升社会治理效能。一个现代化的社会,应该既充满活力又拥有良好秩序,呈现出活力和秩序的有机统一;一个健康发展的社会治理共同体,也应该既心情舒畅又关系和谐,呈现出个人与集体的互利共赢。构建共建共治共享的社会治理机制,本质上包含了对全体人民共同意志的遵从,对全体人民合法权利的肯定,对全体人民根本利益的维护。社会治理现代化体现在基层,首先要体现

---

① 习近平:《把培育和弘扬社会主义核心价值观作为凝魂聚气强基固本的基础工程》,载《人民日报》2014年2月26日01版。

人民为中心的理念，并构建相应的制度机制。共建是社会治理的基础，强调各类主体共同参与社会建设，既要本着政府、社会合作的原则，通过一系列的政策安排，为市场主体和各种社会力量提供更多的发挥优势的机会；也要增进党委、政府与市场主体和社会各方的互信及沟通，打破简单的管理与被管理的关系，促进各类主体平等协商、合作互动。共治是社会治理的关键，强调各类主体共同参与治理，在充分发挥各级党委领导核心作用的基础上，强化各级政府的主体责任，增强社会各方参与社会治理的能力和活力。共享是社会治理的目标，强调各类主体共同享有社会治理成果，社会治理归根结底是增进人民福祉，实现公平正义，保障人民群众的合法权益，让全体人民共同享受发展和治理成果。只有使"枫桥经验"的创新实践深深嵌入基层社会治理现代化进程，才能裨益社会发展，推动基层社会治理体系与治理能力现代化建设。

　　自治、法治、德治，既是社会治理现代化的重要路径，也有着深厚的历史文化积淀和传统。《吕氏乡约》本身就是一个探索基层自治的自觉举措，而其同时具备弘扬道德、规范行为、彰善瘅恶、致力和谐、化民成俗的综合性功能，是中国古代以民为本的治理观念和德法共治的治理方略在基层的直观反映，因而，《吕氏乡约》的实施，是一个厉行传统意义上的自治、法治、德治的过程。"枫桥经验"同样与自治、法治、德治密不可分，"枫桥经验"源于基层、扎根基层，基层干部群众为"枫桥经验"的萌芽、产生、发展、进步注入了源源不断的动力。"枫桥经验"中，凝聚了广大干部群众关于自治、法治、德治的智慧结晶，而其能够与社会治理现代化相契合，并不断取得闻名海内外的成绩，正在于以自治、法治、德治的基本路径坚定践行了共建、共治、共享的理念，提升了人民群众的获得感、幸福感、安全感。"枫桥+乡约"模式传承并借鉴了传统的自治、法治、德治经验，结合推广新时代"枫桥经验"以及"枫桥式公安派出所"创建的背景,对自治、法治、德治进行了重新实践探索,赋予其鲜明的时代内涵,而其成效表明,"枫桥+乡约"模式增进了广大干警与人民群众、基层公安派出所与基层乡村社区、企事业单位在社会治理层面的互动和协同,做到了共建、共治、共享,实现了各方共同利益的最大化,体现了社会治理现代化的初衷。

第四,为中华优秀传统文化融入基层社会治理提供了一个成功样本。

在长期的岁月磨砺和丰富的治国理政实践中,中华民族还形成了"周虽旧邦、其命维新"的改革精神,勤劳勇敢、自强不息的奋斗观念,吃苦耐劳、勤俭朴素的生活品质,礼义廉耻、孝悌忠信的道德操守,精忠报国、移孝作忠的爱国意识,同仇敌忾、共赴国难的家国情怀,修齐治平、兼善天下的人才素养,礼乐政刑、综合为治的政治传统,等等,这些思想既是中华优秀传统文化的精华内容,也是中华民族精神的重要支撑。正如习近平总书记所说:"中国人看待世界、看待社会、看待人生,有自己独特的价值体系。"[①]"马克思主义传入中国后,科学社会主义的主张受到中国人民热烈欢迎,并最终扎根中国大地、开花结果,绝不是偶然的,而是同我国传承了几千年的优秀历史文化和广大人民日用而不觉的价值观念融通的。"[②]因此,一个国家的治理必然反映整个民族的精神风貌和文化特质,反映整个民族的历史积淀和文明创造。在现代化进程中不断进步的中国之治,正是中华民族精神和中华优秀传统文化影响力的集中体现。因而,中华优秀传统文化与中华民族精神一道持久流淌于每一位中华儿女的血液里,深深植根于古老而博大的华夏大地之中,不断丰富于国家治理和社会治理的方方面面,具有超越区域、超

[①]《习近平在比利时欧洲学院谈中华文明》,载《北京周报》2014年4月1日,http://www.beijingreview.com.cn/zt/txt/2014-04/02/content_611228.htm。
[②] 习近平:《坚持和完善中国特色社会主义制度 推进国家治理体系和治理能力现代化》,载《求是》2020年第1期。

越阶层、超越习俗的多样性的统一，也具有勾连古今、照应中西、契合时代的先进性的结合。

"枫桥+乡约"模式聚焦基层社会治理现代化，较好地实现了中华优秀传统文化和"枫桥经验"两大资源的匹配与重塑，保留了《吕氏乡约》中注重德育引导、规范自治行为、注重社会关怀、尊重民众利益、维护社会和谐、推动生产发展等积极因素，剔除了不合时宜的消极内容，使古老而博大精深的社会治理传统文化在创新发展新时代"枫桥经验"的进程中与基层社会治理有机结合，让中华优秀传统文化焕发出新的生机。尤为可贵的是，以《吕氏乡约》为代表的传统社会治理资源，集中反映了古圣先贤关于修身齐家治国平天下的理想抱负，生动再现了先贤们对家乡的关心、对基层的重视和对稳定有序的社会生活环境的追求，也较好地体现了传统知识分子对核心价值、社会公德、家庭伦理的守护，为今天不同领域、不同行业的社会治理主体提供了如何在基层社会治理中实现人生价值的经验参考和智慧启迪。因此，作为一种得到实践检验和群众认可的社会治理模式，"枫桥+乡约"是成功的，其制度建设的勇气、动力和背后所承载的文化生命力、影响力是如影随形的。这就为其他地方如何传承中华优秀传统文化、推动本地优势治理资源的创造性转化与创新性发展、以优秀传统文化助力基层社会治理现代化提供了可供参考的样本。

（四）完善"枫桥+乡约"模式，推动中华优秀传统文化更好融入基层社会治理

实践表明，中华优秀传统文化经过有效的继承、转化和创新，可以与基层社会治理现代化有机结合。而如何保持中华优秀传统文化在基层社会治理创新中的持久影响力，并通过一系列卓有成效的治理实践续写中华优秀传统

文化的时代篇章，需要切实提高文化支撑下基层社会治理现代化的各项能力和水平。因而，探讨"枫桥+乡约"模式的完善之道，可以为推动中华优秀传统文化更好融入基层社会治理提供有益参考。

第一，坚持古今结合、推陈出新，提升传统社会治理资源的转化力度。

"博大精深的中华优秀传统文化是我们在世界文化激荡中站稳脚跟的根基。中华文化源远流长，积淀着中华民族最深层的精神追求，代表着中华民族独特的精神标识，为中华民族生生不息、发展壮大提供了丰厚滋养。"[1]西安是世界著名古都，以周秦汉唐等文明为基础发展成熟的中华文明绵延演进，生生不息。在这片广阔而厚重的大地上，形成了以讲仁爱、重民本、守诚信、崇正义、尚和合、求大同为精粹的优秀传统治理文化，这些文化要素与以爱国主义为核心的民族精神和以改革创新为核心的时代精神一脉相承，体现出中华民族源源不断的国家治理与社会治理智慧。中国治理模式根植于中华文化土壤之上，反映着中华民族在国家治理领域的鲜明立场、集体智慧和独特贡献。五千年的历史文化孕育出丰富的治国理政经验，这些经验不仅始终适应着华夏大地上民族发展、国家富强、人民安居乐业的发展需要，也通过陆上丝绸之路和海上丝绸之路的开通，将中华民族推出的最精华的治理理念、举措推向世界，促进着周边国家及更大范围的国家和地区的文明演进。因而，古往今来，中国治理的经验既是本土的，也是世界的，它既属于中华民族自身，也属于同舟共济的全体人类。这就说明，《吕氏乡约》的诞生地西安，作为中华文明的宝贵智库，其自身资源是社会治理现代化最直接、最厚重、最强大的优势资源。因此，在基层社会治理中，要不断发掘、转化与《吕氏乡约》相关的传统治理智慧和经验，不断丰富"枫桥+乡约"模式的

---

[1] 习近平：《把培育和弘扬社会主义核心价值观作为凝魂聚气强基固本的基础工程》，载《人民日报》2014年2月26日01版。

内涵，拓展"枫桥+乡约"模式的文化根脉，将更多优秀的传统社会治理资源因地制宜、与时俱进地进行创造性转化与创新性发展，使基层社会治理的"枫桥+乡约"模式更具历史穿透力和社会影响力。

第二，拓宽应用空间，探索城乡一体开展"枫桥+乡约"实践。

当前，尽管社区与乡村有形态之别，但二者都是基层社会治理的重要单元，都是中华优秀传统文化的重要传承场域。"枫桥+乡约"不仅强调文化对社会治理的深刻影响，更突出了群众自主参与社会治理的积极性，而"枫桥经验"的本质就是在广大基层组织群众、发动群众、依靠群众、服务群众的工作经验。因此，应积极拓宽"枫桥+乡约"的应用空间，对社区、乡村一视同仁。当然，应根据社区、乡村的特点，进行因地制宜、与时俱进的探索，切忌"一刀切"。使"枫桥+乡约"在基层社会真正发挥传承中华优秀传统文化、传播社会主义核心价值观、弘扬现代法治精神、创新基层社会治理实践、增强基层社会治理活力、促进邻里关系和谐、维护基层社会稳定繁荣、助力城乡一体发展等作用。例如，在城市社区推广中，应注意尊重单位型社区、街坊型社区、新建小区型社区、城乡接合部社区等各类型各区的发展差异，针对不同居民群体的文化需求、治理需要等进行有差别的"枫桥+乡约"创建活动。在广大乡村的推广、提升中，应继续强调和尊重各个乡村的自主性、创造性和积极性，保持"枫桥+乡约"对乡村振兴、共同富裕事业的支撑保障，增进"枫桥+乡约"与人民群众多样化社会需求的互动性，进一步提升"枫桥+乡约"在乡村地区的适应性和亲和力。

第三，坚持共建共治共享，提升社会治理共同体的凝聚力。

新时代"枫桥经验"赋能下的社会治理体系以共建共治共享为鲜明特色，而完善"枫桥+乡约"社会治理共同体，也需要将共建共治共享的精髓贯穿其中。共建突出各类主体参与治理的基础作用，强调党委、政府与社会力量互联互通、优势互补,释放政府、市场、社会之间所形成的综合性、系统性治理效能,为解决跨界性、关联性、复杂性的社会矛盾纠纷提供条件。共治突出各类主体"共同治理"这一关键环节,强调在大社会观、大治理观的基础上塑造开放融合的集体,打破既往社会治理碎片化的窠臼,营造集体事务群策群力共同治理的良好氛围。共享突出社会治理的价值追求,无论是将矛盾预防化解在基层,还是控制消解在市域,均为了使人民群众充分享受到治理红利,既心情舒畅又关系和谐。在"枫桥+乡约"模式中坚持共建共治共享,首先,要加强党委、政府内部的联动融合,通过各级平台的健全及社会治理制度的改进,优化党委领导下的多方参与社会治理体制机制,理顺各行业、各领域、各部门之间的合作关系和沟通机制,实现信息互通、资源共享、力量融合、功能聚合,强化市域内重大风险、矛盾的防范和应对能力;其次,要调动社会参与积极性,重视城市社会组织的培育,同时支持和引导农村社会组织建设,使社会组织在各项社会事务的参与中积极发挥作用,确保社会治理变得更具科学性、民主性和凝聚力;最后,不断促进党组织领导下的政府、社会、群众力量合作共治,形成社会治理的最大合力,实现党委、政府、社会、群众对社会公平正义的追求和安全稳定秩序的需求相耦合,让具有"枫桥+乡约"社会治理共同体更具生命力和影响力。

第四,加强供给能力建设,优化"枫桥+乡约"的制度保障。

制度供给是基层社会治理现代化的重要保障。"枫桥经验"历时60年而生生不息、成效卓著,离不开对大政方针的深刻领会和对成功做法的总结坚持,并以此为基础进行了制度方面的自觉探索[1]。一言以蔽之,即"完善了中央立法、地方立法和社会规范的三层治理制度体系,形成了自上而下和自下

---

[1] 王斌通:《新时代"枫桥经验"与矛盾纠纷源头治理的法治化》,载《行政管理改革》2021年第12期,第72页。

而上相结合的基层社会制度供给状态"①。"枫桥+乡约"的顺利开展,同样离不开坚强有力、层次分明、协调有序的制度供给,尤其要构建出一套契合本地经济社会发展实际和社会治理特点的规范体系。一方面,要遵循科学立法、民主立法、依法立法基本原则,加强城市建设与管理、文化传承、环境保护特别是市域社会治理领域的地方立法,争取市级层面的支持,优化"枫桥+乡约"的顶层设计,既可以出台《西安市人民代表大会常务委员会关于依法防范化解重大风险的决定》,也可以借鉴《绍兴市"枫桥经验"传承发展条例》制定并实施能够体现西安文化传承与社会治理经验、亮点的专门条例。另一方面,要借鉴新时代"枫桥经验"中社会规范定期评估、修订机制,加强基层社会规范的修订、实施和监督机制建设,确保"枫桥+乡约"推广区域村规民约、社区公约、行业章程等符合法律法规的要求,能够较好实现与中华优秀传统文化、社会主义核心价值观的融会贯通,特别是能够体现出历史文化特色、传统治理智慧和时代治理需求,使社会规范更好地发挥彰显法治精神、弥补法律法规、涵养法治意识、强化文化自信的重要功能。

第五,发挥智治支撑作用,以精细化助推社会治理现代化。

构建一个有温度、有厚度、有凝聚力、有向心力、有文化底蕴、有时代特色、有治理特点的基层社会治理模式,有必要构建一套立足城乡基层社会发展实际、以人民群众需求为中心、实现多方联动和协同、突出共建共治共享理念、优化自治法治德治路径、强化社会治理精细化与智能化水平、不断提升管理和服务能力的便民服务体系。这也是"枫桥+乡约"模式努力的方向。因此,要聚焦群众需求,改进智慧治理手段,有针对性地解决社会治理中的难点、痛点和堵点,发挥党组织在基层社会治理中总揽全局、协调各方

---

① 汪世荣:《"枫桥经验"视野下的基层社会治理制度供给研究》,载《中国法学》2018年第6期,第9页。

的领导作用，团结、调动一切有益于基层社会治理的积极因素，持续提升利益协调和保障机制，不断完善群众在教育、医疗、养老、助残、救困、就业、治安、纠纷调处、矛盾化解、文娱活动等领域的服务机制，引导群众通过线下与线上相结合的方式广泛参与基层社会治理，通过不同形式了解"枫桥+乡约"的制度设计、实践效能和积极影响。

此外，目前的"枫桥+乡约"呈现出"系统化、信息化、集成化"的趋势，与新时代"枫桥经验"的发展规律高度一致。以街道一级为例，许多乡镇、街道在推进社会治理与平安建设过程中，统筹考量党群服务中心、综治网络中心、公安派出所、人民法庭的功能配置，通过人员、职能、资源的有效整合，改变了部门分割、各自为政的状态，形成了集中统一的社会治理合力。而实现这些有利局面的背后，是蓝田县对智慧治理作用的重视。在"枫桥+乡约"中更加充分地发挥智治支撑作用，一方面，要完善社会治理数据资源体系，以数字化助推城乡发展和治理模式创新，全面提升智慧治理平台的运行效率。推进新型智慧城市建设，提升视联网设施、雪亮工程与公共基础设施的衔接，实现跨部门、跨领域的信息共享。另一方面，要借助智能化手段，进一步推动社会治理和服务重心下移、资源下沉，加强网格化管理、精细化服务、信息化支撑、开放共享的基础管理服务平台的一体化建设，实现就业社保、养老托育、赴参助残、医疗卫生、治安执法、纠纷调处、心理援助、文化传承等便民服务场景的有机融合和精准对接。同时，还要加强智慧治理平台自身的升级完善。构筑全方位、多层次、宽领域的数字治理立体模型，实现城市基础设施管理可视化、城市管理服务可视化、城市应急指挥可视化、城市风险防范可视化等，为"枫桥+乡约"助推基层社会治理现代化提供有力支撑。

四、企业"枫桥经验":"枫桥式"特色创建的行业延伸

(一)企业"枫桥经验":企业参与社会治理的全新模式

企业作为特殊的社会组织,不仅是市场经济的主要力量,也应当成为参与基层社会治理的主体之一,特别是国有企业。国有企业是引领国家经济发展的主导力量,在我国社会主义经济中占有绝对优势。长期以来,国有企业一直负责电力、煤炭、钢铁等基础性能源的提供,还肩负着保障民生、优化产业结构、引领其他所有制经济发展的重担。因此,国有企业具有很强的社会属性,也承担着更多的社会责任和经济责任。在政治、经济和社会发生深刻变化的今天,国有企业作为多元治理主体之一参与基层社会治理实际上是企业践行"枫桥经验"的创新之举,是新时代"枫桥经验"的企业版,是拓展和丰富新时代"枫桥经验"的重要体现。

第一,国有企业参与基层社会治理有助于拓展和丰富新时代"枫桥经验"的实践主体和途径。传统"枫桥经验"的主体仅仅局限在党委政府这个主体,而新时代"枫桥经验"要求提高社会治理社会化、法治化、智能化和专业化水平,不仅党委政府在社会治理中扮演重要角色,其他主体也应该参与社会治理并充分发挥作用[1]。与党委政府重要负责的全局性问题相比,其他主体尽管在基层社会治理中只是发挥协同作用,但也是必不可少的。要满足新时代"枫桥经验"提高社会治理社会化的要求,就要畅通群众社会事务解决通道,国有企业参与到基层社会治理过程中有助于拓宽群众请求解决社会事务的渠道,发挥其在基层社会事务重心下移过程中的触角作用。同时在经

---

[1] 汪世荣:《企业"枫桥经验"研究》,陕西人民出版社2021年版,第34页。

济快速发展过程中，国有企业向消费者提供事关民生的基础性产品，涉企矛盾纠纷频发，国有企业在解决专业型行业性矛盾纠纷方面具有天然优势，因此将国有企业纳入新时代"枫桥经验"主体之中，有助于完善社会治理体系，实现社会治理专业化。

第二，国有企业参与基层社会治理，有助于推进共建共治共享的社会治理格局。共建共治共享是新时代"枫桥经验"的重要内容，也是加强社会治理共同体的重要前提[1]。"共建"侧重持续推进制度供给和机制建设；"共治"是指多元主体共同参与社会治理；"共享"则通过与全体人民共享改革发展成果，满足人民群众日益增长的美好生活的需要。企业"枫桥经验"同样强调传统"枫桥经验"的灵魂：群众路线——为了群众、依靠群众、发动群众。在涉及企业矛盾的化解方式上，国有企业换位思考，建立综治平台，畅通纠纷提交渠道；在优化企业服务水平上，国有企业整体规划，坚持问题导向，构建专业服务体系，解决用户面临的难题；在重心下沉、关口前移，着重源头治理上，国有企业发动群众，依靠群众扩大服务队，融入人民群众。国有企业在基层社会治理过程中与社会群众共同构建社会治理体系，共同参与社会事务治理，共同分享现代化社会治理的成果。

第三，国有企业参与基层社会治理有助于推动新时代"枫桥经验"的学习推广。企业"枫桥经验"是新时代"枫桥经验"的创新性发展，是涉企矛盾纠纷化解的新路径。在当下强调"本土资源"和"中国道路"的社会背景下，企业"枫桥经验"的提出不仅对国有企业改革具有重要意义，也对民营企业参与基层社会治理、履行企业社会责任树立了榜样，同时还为新时代"枫桥经验"在其他领域的创造性发展和丰富提供了新思路。除此之外，对于企业

---

[1] 王斌通：《新时代"枫桥经验"与矛盾纠纷源头治理的法治化》，载《行政管理改革》2021年第12期。

自身来讲，企业"枫桥经验"促进企业自身转型优化，是深化行业治理，推动现代化行业治理发展的必然要求。

（二）诸暨市供电公司[①]参与基层社会治理的具体实践

电力是当今世界上应用最广泛的能源，供电质量不仅关系能源使用安全问题，还影响着千家万户的生活质量。诸暨市供电公司是服务当地社会经济发展的一家国有企业，担负着诸暨市 2311 平方千米、150 万人口的供电任务和 110 千伏及以下等级电网的建设与运行管理。公司始终秉持"人民电业为人民"的国网公司企业宗旨，践行"枫桥经验"，主动适应改革、担起企业社会责任。根据供电企业的行业特征，打造独特的工作方针，参与基层社会治理，在多元化解社会矛盾和社会责任履行方面做出了突出贡献，同时也为其他国有企业参与基层社会治理打造了一个可参考的"诸暨样本"。

自 1964 年成立至今，诸暨市供电公司历经风雨 58 年，为诸暨人民实现了"无电用"到"用上电"再到"用好电"的电力环境转变。为了实现这样的电力环境转变，诸暨市供电公司从成立之初就参与基层社会事务，在实践中摸索经验、总结经验，直到如今形成了一整套有效的工作方法——"十六字"工作法：群众路线、法治思维、源头治理、网格管理；同时也建设了规范的运营平台——"五个一"运营平台，其中包括："一个平台"——电力综治中心、"一个机构"——电力纠纷人民调解委员会、"一支队伍"——"电力老娘舅"队伍、"一个基地"——平安用电教育基地、"一本手册"——"三维五步"电力职工思想手册。诸暨市供电公司能形成如今成熟的基层社会治理参与体系，与公司外部的社会环境发展有关，也与公司的企业文化和参与意识

[①] 全称为"国网浙江诸暨市供电有限公司"，本节写作时使用简称"诸暨市供电公司"。

有关。诸暨市供电公司参与基层社会治理的具体措施包括：

第一，提升专业服务，从源头预防矛盾纠纷。

1. 做人民群众周到的"电工程师"——换位思考，充分考虑电网工程建设对相关方的影响，双方互相配合建设电网。电网建设会涉及土地征用、拆迁赔偿等与政府、企业、居民自身利益息息相关的事件，各类矛盾纠纷的发生也在所难免。面对摆在面前的种种难题，诸暨市供电公司担当起人民周到的"电工程师"，在灵绍特高压工程的成功落地案例中总结出了一套行之有效的电网工程落地流程。

首先在工程审批和规划阶段，由以往单纯关注技术经济性和工程需求转向兼顾社会、环保和利益相关方需要。灵绍特高压工程的项目审批和规划阶段，诸暨市供电公司邀请第三方专家，总结重大电力工程建设值得借鉴的经验和存在的问题，系统分析各阶段可能对利益相关方造成的影响以及解决方案[1]。最终这项工程选址确定在凹形山体中，与周围居民形成天然屏障，最大限度减小对居民的影响；在设备选型上，尽量选择节能降噪、节约用地的环保型设备；在工程设计上，采用双塔同回、同塔四回架设，降低对土地的占用。这些做法看似简单，实际对诸暨市供电公司来说是一件耗时耗力耗财的事情，但是为了充分考虑周围居民、企业的诉求，供电公司主动选择这样的方案。其次是在项目政策处理阶段，由满足依法合规向兼顾利益与情感认同转变。工程施工过程中诸暨市供电公司在涉及征地拆迁等政策处理上，坚持遵守法律法规，积极开展工作，认真对待项目所涉及居民提出的合理诉求，会同当地政府多次沟通，确定合理赔偿和补偿方案。对于不满意赔偿和补偿方案的居民，诸暨市供电公司积极询问原因，并及时向其提供设计规划标准

---

[1]《中共诸暨市委政法委员会 诸暨市供电局关于印发〈诸暨市供电系统"践行'枫桥经验'优化发展环境"行动方案〉的通知》，诸电发〔2017〕92号，2017年9月7日发布。

和环评报告，按照相关电力工程建设政策处理意见和法律文件向其进行通俗解释。面对超出其决定范围的问题，积极联系当地政府协同解决。在合法合规的基础上，深入了解居民的个人情况和情感需求，最大化保障居民合法利益，多方合作，最终顺利施工。

2. 做人民群众连心的"电保姆"、企业增值的"电管家"——以需求为导向，打造高质量电力公共服务网。面向居民用户，诸暨市供电公司以"电保姆"的自我定位，针对人身触电伤亡事件高发态势和居民用电表后服务困难等问题，分析问题频发关键点，分别建立漏电保护器管理机制、台区经理驻点便民服务中心机制和城乡表后电力服务平台。漏电保护器可以有效降低人身触电伤亡事件发生率，但是建立漏电保护器管理机制并非易事，根据产权分界点，家用和农业用电漏电保护器属于个人资产，诸暨市供电公司虽然有义务宣传推广，却没职责和权利安装维护，因此供电公司请求政府出面推动普及，并积极向市委市政府寻求财政支持，最终在各部门合力实施下，全市45万只家用和农用漏电保护器全面完成安装并投入运行。

面对企业用户，诸暨市供电公司以"电管家"的自我定位，以电力企业用户需求为导向，针对不同客户群体提供差异化服务方案，优化营商环境。首先，对于重点产业企业保障其用电可靠性，维护社会生产秩序。诸暨公司定期为重点产业企业客户提供电路安全性检查，协助其对不规范电力设施和线路进行整改，宣传用电安全知识，推动建立完善事故防范措施和应急预案，降低电力事故发生可能性，维护生产生活秩序。其次，对于大客户用电，诸暨市供电公司抓住其能耗过高的产业痛点，发挥行业优势，不仅为其提供科学用电的专业指导，同时还尽可能为其寻求电能替代产品，增强了客户黏性。最后，对于农业产业用电，诸暨市供电公司增加线路和变电所，确保农业用电稳定；针对农业产业季节性的特点，诸暨市供电公司提前安排专业人员检查相关供电线路和重点用电设备。

3. 做政府可靠的"电参谋"——立足大局，定期分析用电形势，为政府提供决策依据。电网建设和电力服务牵涉面广，政策处理情况复杂，能否取得当地政府部门、镇乡街道和村（居）的支持，关系电网建设进度和电力服务质量，反过来电网建设进度和电力服务质量也影响到当地经济发展和政府部门工作成效。诸暨市供电公司以协同发展为导向，主动服务地方发展大局，争取当地政府支持并参与电网建设和治理，同时提供相关信息，为政府投资、决策提供依据。首先，诸暨电力公司积极构建信息上报机制，定期向市委、市政府汇报，对全市用电形势、用电需求等进行细致分析，为政府的投资决策提供参考[1]。同时建立电力重点工程定期通报制度，及时掌握工程建设进度存在的困难和障碍，提请相关部门进行支持，协调解决困难。其次，针对电力工程建设和电力服务提供过程当中的超出其决策范围的普遍性问题，积极向市政府反馈，推动政府相关部门形成统一政策文件，提高问题处理效率。最后，依据市政府出台的相关文件，在市级层面和镇乡层面分别成立相关工作小组，负责电力设施保护、电力安全隐患整治和电力治安等工作。

诸暨市供电公司在与人民群众、企业和政府的互动中，都体现了从源头预防矛盾纠纷发生的积极态度。为了避免发生征地拆迁赔偿、触电伤亡、电费收缴等法律纠纷，诸暨市供电公司运用新时代"枫桥经验"，协同政府，综合运用法律、政策和行政手段，畅通民意表达渠道，积极解决问题，推动矛盾纠纷预防化解的关口前移，在专业领域最大范围内有效维护了社会安定[2]。

---

[1] 侯学华、李文莉：《企业"枫桥经验"：诸暨电力的时代探索》，载《人民法治》2019年第16期。
[2] 王斌通：《新时代"枫桥经验"与矛盾纠纷源头治理的法治化》，载《行政管理改革》2021年第12期。

第二，坚持协同共治，及时化解涉电纠纷。

随着国民经济的发展，电力行业在整个经济环境中发挥的作用日益增加，与之相伴而来的是各种电力矛盾纠纷，如干线纠纷、电费漏缴纠纷、盗电纠纷、触电引发的人身伤亡纠纷、因停电引发的企业索赔纠纷、拆迁纠纷、土地征用和青苗补偿纠纷等等[①]。为了及时化解此类纠纷，诸暨市供电公司设立电力综治中心，下设电力调解室、电力警务室、信访接待室和党员服务队（如图3）。同时主动对接政府、司法机关，合作协同共治，形成多种纠纷化解途径（如图4）。

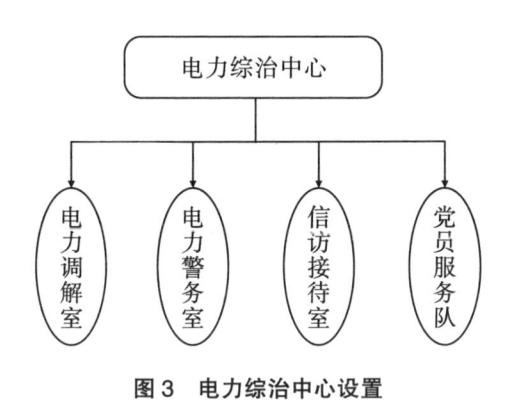

图3 电力综治中心设置

1.面对拆迁纠纷、土地征用和青苗补偿等合同纠纷，推行"电网建设政府主导"模式。供电公司主动将电网建设过程中遇到的难以自行解决的纠纷反馈给市政府，促成诸暨市先后出台《诸暨市人民政府办公室关于诸暨市电力工程建设政策处理的意见》及《诸暨市人民政府办公室关于加强电网建设保障和电力设施保护工作的意见》，以文件形式明确了电力工程建设政策处理赔偿标准，加强对电网建设项目的保护，为电网建设项目顺利实施落地提供政策支持。当电网建设项目落地过程中遇到相关情况时，诸暨市供电公司能

---

① 汪世荣：《企业"枫桥经验"研究》，陕西人民出版社2021年版，第97页。

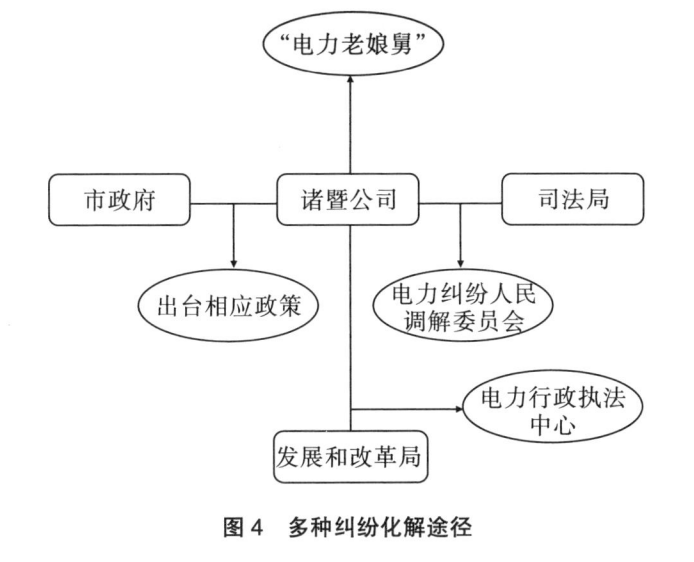

图 4　多种纠纷化解途径

够有理有据地回答当事人赔偿标准，保证赔偿标准公开透明，能够在短时间内消解农户的疑虑，化解矛盾。随着电网建设工程数量加大，触及的相关纠纷类型更加复杂多样，诸暨市供电公司与市政府互动更加紧密，相关工作政策标准也将更加细化，参考性会有所提升，在处理拆迁纠纷、土地征用和青苗补偿等合同纠纷时能够发挥更大作用。

2. 面对触电人身损害赔偿、企业索赔等侵权纠纷，充分发挥电力纠纷人民调解委员会和"电力老娘舅"队伍的作用。诸暨市供电公司联合市司法局成立电力纠纷调解委员会，引入司法人员、律师和诸暨市调解志愿者联合会专家等社会第三方力量，各方力量发挥专长，合力化解各类涉电矛盾纠纷。一般在电力纠纷人民调解委员会介入前，会有一支特殊的调解队伍先行进行调解，他们就是"电力老娘舅"。"电力老娘舅"不仅懂得电力专业知识，还了解当地乡土人情，在长期为对应区域的客户提供电力服务过程中，容易获得当地群众信任，从事电力调解工作具有天然优势[1]。一般"电力老娘舅"会

---

[1] 汪世荣：《企业"枫桥经验"研究》，陕西人民出版社2021年版，第105页。

根据工作区域现场调解，督促矛盾双方尽快履行协议；如果"电力老娘舅"没能调解成功，再由电力纠纷调解委员会进行调解。调解委员会调解成功的，可以根据当事人意愿向法院申请司法确认，赋予调解协议强制执行的法律效力；调解不成功，告知当事人通过司法程序解决。类似电力调解委员会这样的行业性、专业性组织参与调解，不仅拥有一般调解所具备的基本功能，还拥有自己独特的优势。譬如，它可以将矛盾化解在行业内部，维护行业纠纷各方当事人的商业信誉，并从不同案件中汲取经验教训，以此推动行业规则的完善和全行业的协调有序发展。此外，电力纠纷调解委员会依托平台和专业人群，为相关纠纷的化解提供了非诉途径，不仅有助于纠纷高效低成本化解，还缓解了司法机关的案件压力，对电力行业和司法机关来说是一举两得。

3. 面对盗电纠纷等电力安全问题，充分发挥电力警务室、电力行政执法中心以及政府协同治理的作用。长期以来，在诸暨市供电公司供电区域范围内，破坏、盗窃电力设施和电能的违法行为时有发生，每年给公司带来的经济损失都不是一笔小数目，然而能够侦破、追回损失的案件数量却是少之又少。主要原因还在于电力治安力量薄弱，供电公司没有执法权，对破坏、偷盗电力设施和电能的违法行为缺乏有力的应对措施。除此之外，供电企业群体性事件和矛盾纠纷偶有发生，一旦发生，就不只是公司单独调解能够解决的，需要公安系统介入才能更好化解纠纷。为了切实解决这两个主要问题，诸暨市供电公司以共同维护社会安全稳定为目标，主动对接公安局和司法局，建立警企联防机制。一方面，成立电力警务室，加强对国家法律、法规的宣传和电力行政执法力度。配合做好电力设施安全保护和宣传工作，依法严厉打击盗窃、破坏电力设施和阻挠电力施工等违法行为。另一方面，成立公安供电联络室，警企携手，依法查处破坏、盗窃电力设施以及窃电和收购、销赃等违法行为，并协助化解供电企业群体性事件和矛盾纠纷①。为了加强电力执法工作，保障电网安全稳定运行，2020年诸暨市发展和改革局联合市供电局成立电力行政执法中心，负责行使供用电过程中违法行为的行政执法权，受理电力行政执法中的投诉、应诉和行政复议工作，通报典型违法案件，开展全市电力相关法律法规宣传工作，为供用电安全和电力设施保护提供了有力支撑。

4.面对信访案件，充分发挥信访接待室和信访积案"三步法"的作用。诸暨市供电公司面对信访案件秉持积极耐心的态度，专门设置信访接待室，信访人来信来访的，在信访接待室进行登记，再结合信访案件"三步法"进行化解。"三步法"主要包括以下步骤：其一，事前风险防范。信访案件一经登记，工作人员要根据案情评判是否属于职责范围，不属于职责范围的先告知信访人到有权处理的部门反映。属于职责范围的，要邀请企业法律顾问参与，与信访人进行沟通，从法律专业角度，向信访人分析信访诉求的合法性和合理性，从源头防范信访事件可能存在的风险。根据案情分析，将能够依法解决的案件引入调解程序；对于当事人理解有误或者单纯情感上难以接受的案件，积极进行沟通说明，坚决表明态度。其二，事中依法处置。充分发挥企业法律顾问及其社会资源优势，通过企业法律顾问全过程参与信访事件的资料查阅、约见沟通、调查取证、专业论证等方法，明确法律关系，梳理法律主体，从法律和第三方的角度，出具客观、公正、翔实的法律报告，既能系统分析疑难信访的起因和发展过程，提出应对方案，规避企业法律风险，也为信访答复和诉求化解提供法律依据和权威评判②。其三，事后合法回应。事后以企业法律顾问出具的法律报告为主要依据，向当事人出具答复意

---

① 汪世荣：《企业"枫桥经验"研究》，陕西人民出版社2021年版，第108页。
② 汪世荣：《企业"枫桥经验"研究》，陕西人民出版社2021年版，第115页。

见，后续可以根据当事人的意见进行修改。法律顾问的参与和答复意见一方面能够促进合法合理的信访诉求尽快得到回应，另一方面也能够震慑一部分无理取闹的信访人员。在事后回应当中也要与政府部门互联互通，借助政府力量，从根本上化解信访问题，尤其是疑难积案。

第三，坚持典型示范，打造调解品牌。

随着电力行业飞速发展，电力矛盾纠纷频发。电力用户法治思维逐渐养成，维权意识也逐渐提升，通过诉讼手段维护个人权益已经成为共识。但是诉讼途径具有程序复杂、成本高、周期长、对抗性强等诸多问题，电力用户在实践中发现诉讼渠道并不一定是最优的维权渠道，更何况有的纠纷纷乱复杂，也难以用法律分辨出对错，诉讼也会伤了双方和气。因此，电力调解室应运而生。电力调解室的主要调解力量是"电力老娘舅"，"老娘舅"是指在当地有威望、公平、讲道理的年长者，通常村里发生矛盾了，都是"老娘舅"来调解。"电力老娘舅"顾名思义，就是负责调解涉及电力矛盾纠纷的人。"电力老娘舅"由诸暨市供电公司在全市10个供电所选聘素质过硬、工作经验丰富、群众基础好的供电所一线工作人员，根据每位成员的工作区域划分服务对象，并将其联系方式公布，确保纠纷发生时群众能及时联系到"电力老娘舅"，第一时间化解矛盾。截至2018年，诸暨市供电公司共聘用228名"电力老娘舅"，深入基层开展矛盾调处工作，重点协助群众化解涉电矛盾纠纷，登记在册的调解案件超过300件。[1]

有了"电力老娘舅"这样一支专业素质过硬的调解队伍，不能只默默无闻，还要重视品牌打造，提升知名度，让电力用户发生矛盾纠纷时第一时间能够想到"电力老娘舅"。诸暨市供电公司以国家品牌战略为引领，强化工作

---

[1] 王阳：《电力纠纷化解的"枫桥经验"》，载《人民法治》2019年第16期。

机制，加强宣传工作，讲好"国网故事"，传递"国网声音"，打造专业过硬、耐心热情的电力调解品牌。

树立典型模范是打造调解品牌的重要内容之一。公司积极挖掘基层调解能手，借助微信公众号、微博平台、公司报刊将调解能手的日常工作内容和调解心得进行宣传。一方面能够调动其他调解人员向模范人物学习的积极性；另一方面提高"电力老娘舅"的知名度，彰显企业文化，树立良好企业形象。诸暨市供电公司先后树立了何贝、黄新龙、陈仲立等模范人物，这些模范人物在多年的调解工作中，都总结出了一套有效的调解方法，这些调解方法无一不建立在以理服人、以和为贵、以情动人之基础上，但能做好这三方面都需要深入人民群众，懂得风土人情和乡规民约。公司将模范典型事迹和春风化雨的调解方式通过各种形式予以广泛宣传，"电力老娘舅"的品牌效应逐渐呈现，为公司的长远发展发挥了重要作用。

第四，坚持制度创新，建立规范体系。

1.加强党建引领机制建设，助力践行企业"枫桥经验"。诸暨市供电公司坚持党的领导，加强党的建设，把国有企业的"根"和"魂"转化成参与基层社会治理的工作优势。一方面，对企业内出台《全面实施员工"暖心工程"指导意见》，通过尊重员工、理解员工、关爱员工，提升员工对企业建设的参与度，深入关心解决员工困难，为员工成长、发展搭建平台。另一方面，对企业外加强基层党建，强化政治引领。第一，推动"党员带动，群众联动"机制建设，重点发挥党员的先锋模范作用；第二，定期开展培训学习活动，邀请先进模范和"明星"调解员讲述高效开展工作、巧妙化解复杂矛盾纠纷的工作方法，提升新员工解决涉企矛盾纠纷、参与基层社会治理的能力；第三，公司成立电力党员服务队，以满足人民需要为工作目标，做好电力调解室、电力警务室、信访接待室服务支撑工作。为做好以上党建工作，公司下发了"三维五步"工作手册,"三维"具有多重含义：一是"做好三种人"：胸怀大局的主人翁、心系员工的暖心人、团结向上的带头人。二是"抓牢三方面"：抓廉政、抓安全、抓稳定。三是"三个多一点"：日常串门多一点,抓苗头问题；紧要时刻下沉多一点,抓敏感节点；重点事项叮咛多一点,抓重点对象。四是实现"三个小目标"：小事不出班组、大事不出支部、矛盾不出党委。① "五步"是指谈心五步法：自身要公正、事前要摸清、坐得下板凳、打得开话门、事后有回应。② "三维五步法"等思想政治工作方法创新,使得企业发展与和谐电网环境都得到了较好的提升。

2. 立足基层强调源头治理,创新多元矛盾化解机制。电力服务企业经常面临的纠纷主要有三种,一种是合同纠纷,如电费漏缴纠纷；一种是侵权纠纷,如因停电引发的索赔纠纷；最后一种是相邻关系纠纷,这一类纠纷通常是电力客户之间的矛盾纠纷,但这也需要供电公司派人出面调停才能确保电力供应畅通。面对复杂多样的矛盾,诸暨市供电公司学习"枫桥经验"。一方面,立足基层,坚持关口前移,依靠公平、透明的利益相关者参与制度,使风险管理姿态从被动防御转向主动预防。首先分析风险差异,将重心下沉,加强源头防范。公司研判可能发生的社会风险,并将风险进行归类分别制定相应的防范措施和应急预案。如以灵绍特高压诸暨段为试点,经过全线走访摸查,识别可能存在的社会风险,并将这些风险划分为意识缺失型、技能缺失型、利益冲突型和违法违规类四种。公司以"全能型"供电所建设和台区经理制深化实施为契机,加快基层资源整合,进一步夯实基层组织、强化基础工作,防范风险。其次,关口前移,靠前服务。借力政府部门"网格化管理"网络资源,融入村（社区）网格管理,坚持换位思考,善于发现问题苗

---

① 汪世荣：《企业"枫桥经验"研究》,陕西人民出版社2021年版,第49页。
② 同上。

头,将问题化解在苗头阶段。另一方面,丰富矛盾化解途径,诸暨市供电公司联合司法局成立电力纠纷人民调解委员会,引入司法、当地政府、调解志愿者联合会等第三方力量,依法合力化解重大涉电纠纷;构建由"电力老娘舅"、台区经理、综治中心调解员以及警察四类人员组成的纠纷调解队伍;创建调解为主、诉讼仲裁为辅的矛盾化解机制,同时创新灵活多样的调解方法,根据当事人的需求不同、当地风情、地方特色不同,增进与当事人的感情交流,灵活调解。典型调解案例就是"篮球外交",诸暨市供电公司为与村民做好沟通工作,依托当地"篮球之乡"的美誉,与当地村民进行了一场篮球友谊赛,快速增进了与村民的感情交流,为整个项目顺利进行打好了情感基础。

(三)诸暨市供电公司取得的显著成效

第一,法治、经济与社会效益共进。

1.法治效益。诸暨市供电公司在参与基层社会治理过程中实现了法律的价值和作用,其中法律的秩序价值、指引作用、教育作用得到了最充分的体现。法律秩序价值首先体现为它可以为人类社会提供抑制社会冲突而使社会处于和平状态的有效手段[1]。虽然法律的秩序价值一般是借助法庭、监狱、警察等实现的,但是在目前矛盾纠纷化解途径多元化的社会现状下,调解也逐渐成为实现法律秩序价值的方式之一。诸暨市供电公司通过电力调解室、电力警务室、信访接待室和党员服务队实现涉电纠纷化解、电力治安维护、信访案件处理等,既减轻了法检机关的案件压力,也通过另外一种方式在重塑社会秩序上发挥了相当程度的作用。法的指引作用想要得到实现,就必须让

---

[1] 周旺生:《论法律的秩序价值》,载《法学家》2003年第5期。

人们认识了解法律，否则如何对人们的行为产生影响。诸暨市供电公司在化解矛盾纠纷过程中，不仅没有局限于解决纠纷，更是在化解过程中向当事人普及法律，增强当事人法律意识，充分发挥法律的指引作用。警企合作成立电力警务室，对盗窃、破坏电力设备和电能的违法行为进行严厉打击，并将典型案例公之于众，也是发挥法律教育作用的关键渠道。

2. 经济效益。诸暨市供电公司近年来在参与基层社会治理的过程中，着眼于"供需矛盾"，完善内部管理制度，以满足社会群众对充足电力资源、优质电力服务的需求，促进电力服务水平不断提高，为打造最佳营商环境提供了基本公共服务[①]。电力公共服务网的构建，促成诸暨市政府出台了《诸暨市电力工程建设政策处理的意见》，对全市电力工程施工赔偿政策进行了统一，有效遏制了部分村民在征地、拆迁过程中"漫天要价"的现象[②]。通过警企联防，破坏、偷盗电力设施和电能的违法行为明显减少，仅2015—2017年，诸暨公司查处窃电423户，追补电量201.14千瓦时，挽回经济损失716.98万元。镇村两级农电管理组织的成立，在教育引导村（居）民规范用电行为，维护用电秩序，协调解决涉及电力建设、电力设施保护等事务上发挥了重要作用，有力促进了电网建设、电费回收、反窃电等工作。

3. 社会效益。诸暨市供电公司多年来坚持开展电力安全教育"三到位"活动，在电力安全教育活动持续开展下，妥善化解了电网建设政策处理中的各类矛盾纠纷，加强了电网建设用地保护，确保电网顺利发展。电力公共服务网的建立，强化了电力设施保护，有力打击了偷盗、破坏电力设施等危及电网安全和人身、财产安全的不法行为，有效解决了"树线纠纷"问题，在

[①] 侯学华、李文莉：《企业"枫桥经验"：诸暨电力的时代探索》，载《人民法治》2019年第16期。
[②] 朱继萍、马慧婷：《夯实国企主体责任 打造合作共赢"电环境"》，载《人民法治》2019年第18期。

引导村民规范用电行为、维护农村用电秩序上起到了推动作用。2015年以来，诸暨市供电公司累计完成重要地段树木清障1488处，实现配电线路故障报修率下降18%，农网供电可靠率从99.85%提升到99.98%[①]。在公司内部坚持党建引领，关心关爱员工，发挥国有企业党委优势，打造全新企业文化、提升企业向心力，全面提升内部治理绩效，从根本上保证了电力企业高质量发展和电网安全同步实现。取得经济效益的同时，实现了政府放心和群众满意两提升，取得了良好的社会效益。

第二，形成了具有行业特色的"枫桥经验"企业版。

诸暨市供电公司作为电力公共服务企业，在参与基层社会治理实践中，以"人民电业为人民、矛盾化解在基层、专业服务到家门"为宗旨，秉持"枫桥经验"内涵，依靠群众、发动群众、为了群众，着力构建"政企联动、多方参与、合作共赢"的电力公共服务共建共治共享机制，实现了电力与地方经济社会的和谐稳定协调发展[②]。

践行"枫桥经验"，促进了治理主体和途径的多元化，推进电网社会共建。坚持政企联动，依靠政府，充分发挥党委政府在社会治理中的主导作用，推动政府出台制度文件，明确政策处理赔偿标准，加强所址路径保护；建立"政策处理镇乡包干"机制，通过签订责任书，将政策处理纳入镇乡（街道）年度目标责任考核；针对特大工程开展相关宣传活动，争取情感认同，依靠群众共建安全电力工程建设环境，加快形成电力公共服务网。创新与市发展和改革局联合建立行政执法中心，负责行使供用电过程中违法行为的行政执法权，受理电力行政执法中的投诉、应诉和行政复议工作，通报典

[①] 朱继萍、马慧婷：《夯实国企主体责任 打造合作共赢"电环境"》，载《人民法治》2019年第18期。
[②] 黄春光：《创新发展新时代"枫桥经验"推进电力公共服务共建共治共享》，载《农电管理》2018年第8期。

型违法案件，开展全市电力相关法律法规宣传工作，为供用电安全和电力设施保护提供有力支撑，优化电力安全执法环境。坚持与司法机关合作，成立电力矛盾纠纷调解委员会，丰富电力矛盾纠纷非诉化解途径，引导公民遵纪守法，提升法律意识，共建和谐社会。

践行"枫桥经验"，提高了社会治理的全面性和有效性，推进了基层社会共治。诸暨市供电公司成立电力纠纷调解委员会和电力调解室，培养打造一批"电力老娘舅"，为电力行业纠纷调解工作提供了更专业的平台和更专业的调解人才。"电力老娘舅"这支调解队伍每年上门服务用户1000多户，解决涉电矛盾纠纷3000多起，满足人民群众追求美好生活用电需求，得到了地方党委政府和群众一致好评。推进警企联治，查处破坏、偷盗电力及电力设施的案件，严厉打击违法犯罪行为，仅2017年就查处窃电案件100余起，经过5年实践，诸暨窃电案件大大减少，为社会治安做出突出贡献。

践行"枫桥经验"，创新行业治理机制，提升社会基层治理能力，实现多方共享。诸暨市供电公司以群众满意度为导向，建立了"两个机制"，即漏电保护器管理机制和台区经理驻点便民服务中心机制；搭建了"两个平台"，即城区"96345社会服务信息平台"和农村"村级便民服务中心"。不仅提升了用电安全减少触电身亡事件，利用智能服务平台等便利用户，打通城乡居民用电"最后一公里"，还实现了企业分级管理，为企业降低风险成本。此外，针对企业用户，诸暨市供电公司甘当"电管家"，保障供电稳定，提供"1+N"定制服务，更是主动为企业用户优化用电方案，促进企业降本增效。企业用户因此积极按时缴清电费，减少了电费漏缴纠纷和因停电导致的损害赔偿纠纷。诸暨公司创新治理机制，优化当地营商环境，在民生保障和经济发展方面都交出了满意的答卷，实现了电力供应方和用电方对治理成效的共享。

（四）"企业"枫桥经验视野下国有企业参与基层社会治理的完善路径

作为国有企业，诸暨市供电公司的做法有相当的普遍性，也有因其行业属性所具备的独特性，有对于形成国有企业参与基层社会治理普适性的方法经验。

1.统筹"个性"与"共性"，充分化解矛盾纠纷

国有企业分布在各个行业，参与基层社会治理的方式必然有所不同，但是内核是共通的，提炼出诸暨市供电公司实践经验中的普适性经验，统筹其他国有企业的"个性"与"共性"，为其他国有企业今后参与基层社会治理提供参考。

第一，加强基层党组织，发挥党建引领作用。诸暨市供电公司紧紧抓住党建引领这一核心要素，强化政治引领、思想引领和示范引领，把国有企业党建优势转化为联系群众、融入群众的工作优势，架起了党组织与群众之间的"连心桥"，推动了电力企业"枫桥经验"创新发展。加强国企思想政治工作必须强化基层党组织政治功能，充分发挥政治引领作用，组织广大干部职工全面系统学习宣传贯彻习近平新时代中国特色社会主义思想，不断增强"四个意识"、坚定"四个自信"、做到"两个维护"，筑牢信仰之基、补足精神之钙、把稳思想之舵。第一，要加强基层党建，充分发挥党员先锋模范作用，坚持"党员带动，群众联动"的原则。第二，创新工作模式，转变工作理念。要以党组织为联系纽带，加强学习交流，以解决问题为导向，切实转变工作理念，在学习交流中提升解决问题的能力。第三，建立面向群众的宣传和互动机制。开展党员服务队走进基层活动，通过传统媒体和新媒体对党员服务人民群众的实际进行宣传，畅通群众互动机制。

第二，靠前服务，强调源头治理。矛盾纠纷源头治理是社会治理的重要方面，旨在从根源上防范风险、化解矛盾，通过凝聚和发挥基层智慧，第一时间、最小成本解决问题，构筑起预防化解矛盾纠纷、遏制重大刑事案件和社会问题发生的第一道防线[1]。矛盾纠纷的化解及预防工作，首先要大兴调研之风，工作人员要深入基层群众，通过实地走访、召开群众座谈会等方式及时了解群众间矛盾纠纷，研判各种纠纷的类型以及最常见的诱发因素，对各种纠纷进行分类并制定相应的应对措施和预案。其次要主动作为、提前介入。灵活利用互联网便利，线上线下结合发现问题，切实为客户群众解答、解决问题，将矛盾消灭在萌芽状态。建立完善的矛盾纠纷登记、化解、回访机制，公布相应负责人联系方式，做到公开透明。最后要靠前服务，避免矛盾纠纷发生。企业在日常工作中要定期总结工作经验，对普遍发生的纠纷深入分析原因，针对产生原因改进自身工作、创新服务方式，彻底解决时常发生的类似纠纷。

第三，结合自身特点，构建定制版参与模式。国有企业在参与基层社会治理过程中，不仅要学习成功经验中的普遍性经验，更要注重其独特之处，例如行业特点、当地人文环境、营商环境等要素，反观自身，挖掘独特之处，与普遍性经验相结合，构建与自身实际情况相符的社会治理参与模式。可以根据行业特点分析与基层群众之间的联系程度，以日常工作为切入点参与基层社会治理；分析当地人文环境和经济发展状况，探索与当地社会组织、政府部门的合作路径。将自身与当地"个性"与所学习的经验中的"共性"统筹结合，提升自身建设，更好地参与到基层社会治理中去。

---

[1] 王斌通：《新时代"枫桥经验"与矛盾纠纷源头治理的法治化》，载《行政管理改革》2021年第12期。

2.加强制度供给，形成长效机制

新时代"枫桥经验"治理成效的彰显，离不开对大政方针的深刻领会和对成功做法的总结坚持，并以此为基础进行了制度层面的自觉探索，一言以蔽之，即"完善了中央立法、地方立法和社会规范的三层治理制度体系，形成了自上而下和自下而上相结合的基层社会制度供给状态"①。国有企业参与基层社会治理同样也需要形成地方立法与社会规范相衔接的治理制度体系，形成长效机制，建立健全与当地实际情况相符合的体制机制。

首先，统筹地方立法层面的顶层设计，着眼于国有企业所处行业所涉及的矛盾纠纷与治理需要，明确地方立法的调整事项，如国有企业能参与的事项、如何参与、参与基层治理的效能如何评价等。但是目前具有地方立法权的主体有省、较大的市、设区的市。省级立法权最早设置，发展比较成熟。设区的市立法权形成最晚，发展也相对滞后。而基层社会治理所包含的事物都是处于社会治理体系最末端的，而基层群众自治组织很难独立应对解决，结合政府部门的权力配置，主要还是区县级政府部门之间面对基层社会治理中的各项事务。但是区县级政府却没有立法权，只能以红头文件的形式发布相关规定，这些文件并不属于立法文件，一方面相关规范体系杂乱，另一方面，公众很难参与到文件制定过程中。因此，建议适当扩大立法主体的范围，开展试点，将区县纳入立法主体，对其立法权限进行明确。这可以有效明确区县在社会治理方面的治理路径，区县可以立法文件的形式将国有企业纳入基层社会治理主体范围，为国有企业参与基层社会治理提供有效的制度供给。

其次，充分发挥社会规范的治理作用。目前基层社会治理的规范来源主

---

① 汪世荣：《"枫桥经验"视野下的基层社会治理制度供给研究》，载《中国法学》2018年第6期。

要是政府部门的红头文件和以村规民约为主的社会规范，有时红头文件的执行还需要社会规范加持。而村规民约是社会规范的主要形式，因此村规民约的作用也不可小觑。村规民约是基层群众共同一致的体现，虽然对国有企业如何参与基层社会治理无法进行规定，但是可以通过引导对涉及当地国有企业的矛盾纠纷等事项的化解方式进行探讨形成明文规定，从而形成短期制度保障，与地方性立法形成的长期保障相统一。这对国有企业参与基层社会治理提供了非常扎实的规范基础。

制度是解决治理问题的源泉，也是一种资源，加强制度建设能够为国有企业参与基层社会治理提供有效依据。在法治社会，完善的制度供给是必备的，形成地方立法与社会规范衔接的长效机制刻不容缓。

3.强化多元协同，完善共建共治共享的企业参与模式

多元主体参与，协同共治，是新时代"枫桥经验"的重要内容，也是共建共治共享社会治理模式的题中应有之义。解决社会矛盾和争端、最大程度消除社会分歧，建立共识的根本途径是通过在社会组织和社会资源的基础上引入社会力量，鼓励群众参与，从而实现合作治理[1]。国有企业与党委、政府、街道（乡镇）、社区（村）加强合作，与公检法司密切衔接，既能够优势互补，实现专群结合，又能凝聚社会资源，为跨界解决社会矛盾冲突提供条件。

一是加强政企合作、公检法司协同力度，由政法委推进综治中心平台建设。在当地政府牵头下，参照《社会治安综合治理综治中心建设与管理规范》，建立健全符合当地实际情况的多元矛盾纠纷化解机制。以综治中心为核心，辐射基层自治组织、专业性行业性调解组织、司法所、派出所、法庭等

---

[1] 彭辉：《市域社会治理主体多元化路径探索》，载《上海法学研究》2020年第4卷，上海人民出版社2021年版。

多方治理主体，形成自下而上的矛盾过滤、联动机制。先由基层自治组织对矛盾进行过滤，将能化解的问题妥善解决，不能化解的矛盾及时向上反馈移送，涉及专业性行业性的问题就交给国有企业员工组建形成的服务团队。与此同时，要与时俱进，与智能化接轨，建立综合治理智能化平台，将群众与各个治理主体之间通过网络连通。群众能够通过平台登记所需解决的矛盾纠纷，也能看到事项处理进程，同时各部门之间能够实现资源共享，在纠纷移送时简化流程、节约时间成本。

二是司法行政部门加大对专业性行业性调解组织的支持力度。近年来经济发展迅速，专业性行业性纠纷频发，传统的调解组织面对专业性较强的矛盾纠纷难以顺利开展工作，此时需要既懂专业知识又有法律知识的调解人才。国有企业能为专业性行业性调解组织的发展扩大输送相应的人才，以解决专业性较强的矛盾纠纷，这正是国有企业参与基层社会治理的重要作用之一。

三是做好调解组织与法院之间的衔接工作，大力推进司法确认工作机制。传统调解组织在诉调对接方面的工作已经相对成熟，人民调解委员会能够直接入驻法院，简化工作流程。但是目前国有企业参与基层社会治理的主要方式还是成立相应的专业性行业性调解组织，与法院协同力度仍然不够，在纠纷案件记录、卷宗整理等方面的工作都还不够成熟。今后要对国有企业的基层治理人才加强专业培训，督促专业性行业性组织在卷宗记录方面的工作能力进行提升，以便案件移送法院并提高司法确认工作的效率。

4. 坚持德法共治，提高矛盾纠纷化解能力

坚持德法共治是依法治国与以德治国相结合在基层社会治理中的体现。在参与基层社会治理过程中既要坚持法治思维，以法律手段、法律依据进行治理，同时又要注重在依法治理时坚持以理服人，讲道德、讲道理，充分发

挥乡规民约的道德教化作用。但是道德也不得与法律相冲突，当两者发生冲突时，应当以法律为准，而非以道德为准。最后，应将法律与道德结合起来，使二者相得益彰。因为法律是最低限度的道德，而道德比法律有更高的要求①。

首先，坚持依法治理理念，促进基层社会治理法治化。要实现基层社会治理法治化，就必须让法律遍布基层的每一个角落，采取多种形式，送法下基层。基层政法部门要积极参与地方基层社会治理，法庭要发挥其在依法治理中的示范、保障作用，为提高各基层社会治理组织治理法治化提供保障，通过达成的调解协议进行司法确认等，做好诉调对接工作。基层公检法司部门应当明确各方责任，定期对国有企业所成立的各类综治中心和调解委员会以及基层自治组织进行业务指导，将任务明确到人，由领导干部带头发挥指导作用。及时更新专业知识，避免国有企业在参与基层社会治理过程中对纠纷主体的权益造成二次损害。与此同时，国有企业所成立的专业性行业性调解组织也要推广调解法治化，主要表现为：调解主体实现法治化，必须由法律人员担任调解工作人员，可以从社会吸纳已退休的法律工作者；调解依据实现法治化，即使是行业性专业性组织，也不能一味追求行业默认的规定，而违反法律规定；调解结果实现法治化，当达成调解协议后，能够及时履行的督促其及时履行，不能及时履行的引导当事人对调解协议进行司法确认，保证其具有强制执行效力。

其次，坚持以德治理，注重情理。德治作为几千年流传下来的治国之道，它在利用道德理念规范人类社会行为方面具备强大的调节功能②。基层社会治理中必然离不开德治的浸润作用，国有企业在参与基层社会治理过程中

---

① 尹华广：《"枫桥经验"与基层社会治理法治化》，中国人民公安大学出版社2020年版。
② 范和生、刘凯强：《德法共治：基层社会善治的实践创新》，载《浙江学刊》2018年第6期。

不仅要依法治理，也要注重讲究情理，加强与基层自治组织的联系，学会换位思考，真正做到以人为本，服务当地群众。同时要尊重当地风土人情，融入人文环境，制定相符合的工作机制。

最后，坚持法律与道德的协调与互动，营造德法结合的社会风尚。在整体工作中坚持法治化，做到依法治理，弘扬时代价值、社会价值；在个案中注重道德教化，将原则性与灵活性灵活结合。让每一起纠纷化解都起到促进经济发展、改善社会风气的积极效果，真正做到法安天下，德润人心。在德法共治的基础之上，同时也促进国有企业实现高水平和高质量发展相统一。

第六章
新时代"枫桥经验"与中国式现代化

"枫桥经验"是在新中国成立以后开启中国式现代化建设中应运而生的,并在推进中国式现代化的伟大实践中不断得以创新发展,形成了新时代"枫桥经验"。在决胜全面建成小康社会、开启全面建设社会主义现代化国家新征程中,坚持和发展新时代"枫桥经验"先后写入党的十九届五中全会通过的《中共中央关于制定国民经济和社会发展第十四个五年规划和二〇三五年远景目标的建议》和党的二十大报告,新时代"枫桥经验"被赋予了为全面建设社会主义现代化国家、以中国式现代化全面推进中华民族伟大复兴服务的时代使命。

"中国式现代化"是贯穿党的二十大报告全篇的关键词,其内在合乎逻辑地包含着中国式社会治理现代化。新时代"枫桥经验"作为中国特色基层社会治理的典范,在理念上、功能上、内容上都对市域社会治理现代化起到了重要的指导和引领作用,从而实现了新时代"枫桥经验"从乡村治理走向城乡治理，从局部治理走向全域治理，从基层治理走向市域治理。所以，新时代"枫桥经验"始终与中国式现代化紧密联系在一起，始终为中国式现代化服务，既见证了中华民族从站起来、富起来到强起来的历史进程，又在中国式现代化的不同发展阶段发挥了重要作用，做出了重大贡献，显示出了强大的生命力。因此，新时代"枫桥经验"是全面推进中国式现代化的重要经验，为创造经济快速发展奇迹和社会长期稳定奇迹、实现"中国之治"做出了重要贡献。理解新时代"枫桥经验"的基本精神，必须以对中国式现代化的把握为基础。只有在中国式现代化的话语体系与历史背景下，才能够更好地认识新时代"枫桥经验"的丰富内涵、经验价值以及时代特征。

一、基层社会治理是中国式现代化的重要组成部分

党的二十大报告系统阐述了中国式现代化的中国特色和本质要求，清晰描绘了全面建成社会主义现代化强国的宏伟蓝图和美好前景，强调"从现在起，中国共产党的中心任务就是团结带领全国各族人民全面建成社会主义现代化强国、实现第二个百年奋斗目标，以中国式现代化全面推进中华民族伟大复兴"。中国式现代化是包括经济、政治、文化、社会、生态等各方面、各领域的全方位现代化。深入学习贯彻党的二十大精神，既需要从宏观上理解和把握中国式现代化的深刻含义，也需要从微观上、具体上高度重视和抓好基层社会治理问题。

随着中国式现代化的推进，我国社会主要矛盾已经转化为人民日益增长的美好生活需要和不平衡不充分的发展之间的矛盾，由社会主要矛盾派生的大量具体矛盾和不稳定因素主要表现在基层，大量社会矛盾产生于基层，也主要在基层解决。可以说，基层既是产生利益冲突和社会矛盾的"源头"，也

是协调利益关系和疏导社会矛盾的"茬口"①。这就需要抓好基层社会治理，推进基层治理现代化，使其在协调利益关系和疏导社会矛盾方面发挥基础性作用。没有基层治理现代化，中国式现代化便缺乏坚固的基础。

（一）中国式现代化道路的形成逻辑

1. 理论逻辑

中国式现代化道路的形成植根于深厚的理论逻辑，不仅表现为对马克思主义现代化理论的充分认识，还表现为以中国实际、中国问题为中心对马克思主义现代化理论的创新运用。

一方面，从理论认识角度而言，中国式现代化道路是对马克思主义资本现代性理论的深刻把握。马克思主义资本现代性理论为中国式现代化道路的形成，奠定了两个方面重要理论基础：资本批判理论与世界历史理论。从资本批判理论而言，马克思主义确认了资本主义现代性在为世界人民带来进步事物的同时，也造成了极为沉重的苦难。资本主义现代性的拓展实现了与以往截然不同的生产方式，创造了庞大的生产力与丰富的物质产品，为整个社会创造了宽广的自由时间。但是，这些物质产品与自由时间仅为少数人享有，表现为资产阶级享有的自由时间源于广大劳动者的全部时间转化为了劳动时间。在此情况下，工人阶级不仅承受着繁杂的、异化的劳动，而且其创造的价值、剩余价值都为资产阶级所剥削。不仅如此，资本主义现代性还造成了人与自然的对立、人与社会的对立以及人与人的对立等，造就了"分裂为两极"的必然趋势。

从世界历史理论而言，马克思主义世界历史理论印证了现代化在全球展

---

① 习近平：《加强基层基础工作，夯实社会和谐之基》，载中国政府网 2006 年 11 月 1 日，https://www.gov.cn/zwhd/2006-11/01/content_429969.htm。

开的必然性。马克思指出:"各民族的原始封闭状态由于日益完善的生产方式、交往以及因交往而自然形成的不同民族之间的分工消灭得越是彻底,历史也就越是成为世界历史。"[1]基于唯物史观的重要判断,世界历史的形成与发展正是由于生产方式的变革,特别是生产的普遍发展以及世界交往的普遍发展。在此基础上,马克思特别强调,人类社会必然由封闭的民族历史转变为联系的世界历史,现代化由此必然在世界范围内展开。可见,中国式现代化是对资本主义现代性与现代化道路的深刻反思,同时也认识到了现代化道路与世界历史之间的必然联系。

另一方面,中国式现代化道路的开辟伴随着马克思主义中国化重要成果的创新与创造。中国式现代化道路的探索历程是一部持续推进马克思主义中国化的历史,更是一部不断推进实践创新、进行实践创造的历史。中国式现代化道路的开辟表现为以中国实际为中心推进马克思主义中国化。早在1938年党的六届六中全会上,毛泽东同志就提出了"马克思主义中国化"的重要概念与命题。新中国成立后,在探索社会主义现代化道路时,以毛泽东同志为代表的中国共产党人得出了"最重要的是要独立思考,把马列主义的基本原理同中国革命和建设的具体实际相结合"[2]。可见,中国实际、中国问题始终是中国式现代化道路理论形成的核心关注点。

2. 历史逻辑

中国式现代化道路发端于中国共产党百年来对现代化的探索,其历史逻辑源于中国共产党领导现代化建设的四个历史阶段。

新民主主义革命时期,中国共产党人的探索为现代化国家的建设创造了

---

[1] 中共中央马克思恩格斯列宁斯大林著作编译局:《马克思恩格斯文集》第1卷,人民出版社2009年版,第540—541页。
[2] 中共中央文献研究室:《毛泽东年谱(1949—1976)》第2卷,中央文献出版社2013年版,第557页。

根本社会条件。为了改变中国积贫积弱的现状，以毛泽东同志为主要代表的中国共产党人，清楚地指出中国革命的主要对象就是帝国主义和封建主义，即帝国主义国家的资产阶级和本国的地主阶级，明确了必须通过革命的方式推翻压在中国人民头上的三座大山才能实现彻底的社会革命。基于明确的革命对象，中国共产党带领中国人民进行"土地革命"，开创了农村包围城市的革命道路，走上了一条符合中国国情的新民主主义革命道路，成功夺取了新民主主义革命伟大胜利，建立了新民主主义社会，不仅从生产关系调整角度促进了国计民生的恢复，而且在政治、经济、社会动员方面为现代化的发展，特别是向社会主义社会的过渡做好了充分的准备。

社会主义革命和建设时期，以毛泽东同志为主要代表的中国共产党人，通过社会主义改造实现了从新民主主义到社会主义的转变，通过推进社会主义建设来探索中国现代化道路。为了巩固新民主主义革命的成果，党确立了在过渡时期"一化三改""一体两翼"的总路线，实现了从新民主主义社会到社会主义社会的重要转变。1955年，毛泽东同志强调，社会主义改造，"实行这么一种制度，这么一种计划，是可以一年一年走向更富更强的，一年一年可以看到更富更强些。而这个富，是共同的富，这个强，是共同的强"[1]。正是社会主义革命和建设时期的艰辛探索，为建设社会主义现代化国家奠定了根本政治前提和制度基础。

改革开放和社会主义现代化建设新时期，以邓小平同志为主要代表的中国共产党人领导开辟了中国特色社会主义道路，极大推进了社会主义现代化国家的建设事业。党的十一届三中全会之后，以邓小平同志为核心的中央领导集体，做出了把党和国家工作中心转移到经济建设上来、实行改革开放的

---

[1] 中共中央文献研究室：《毛泽东文集》第6卷，人民出版社1999年版，第495页。

伟大决策，创造性地用"小康社会"来描绘中国现代化的阶段性发展目标，并以此为中心进行社会主义国家建设，不仅创造了从"站起来"到"富起来"的物质条件，还建立了社会主义现代化国家充满新的活力的体制。

中国特色社会主义进入新时代，以习近平同志为核心的党中央统筹"两个大局"，领导实现第一个百年奋斗目标，不断深化和拓展中国特色社会主义道路，提出了一系列新理念、新思想、新战略、新举措，描绘勾勒中国式现代化道路的远大图景，迎来了"强起来"的伟大飞跃，开启实现第二个百年奋斗目标新征程，展现了中国共产党领导中国式现代化新道路开辟的伟大成果。

3. 价值逻辑

中国式现代化道路，既彰显了以人民为中心的根本立场，又突出了独立自主的精神实质，在其形成过程中深刻体现了鲜明的马克思主义属性与具有中国特色的价值规定。

一方面，中国式现代化道路坚持以促进人的全面发展为中心。马克思主义所追求的价值目标在于人的自由全面发展，认为共产主义社会的原则是："代替那存在着阶级和阶级对立的资产阶级旧社会的，将是这样一个联合体，在那里，每个人的自由发展是一切人的自由发展的条件。"[1]由此，人的自由全面发展的目标正是国家与社会构建的核心原则。"中国共产党一经诞生，就把为中国人民谋幸福、为中华民族谋复兴确立为自己的初心使命。"[2]一定意义上，中国百年现代化历程就是中国共产党践行初心使命的历史。中国式现代化道路全面贯彻以人民为中心的根本立场，在全面建成小康社会基础上，

---

[1] 中共中央马克思恩格斯列宁斯大林著作编译局：《马克思恩格斯文集》第2卷，人民出版社2009年版，第53页。
[2] 习近平：《在庆祝中国共产党成立100周年大会上的讲话》，人民出版社2021年版，第3页。

凸显了实现全体人民共同富裕的重要位置，强调必须"把增进人民福祉、促进人的全面发展、朝着共同富裕方向稳步前进作为经济发展的出发点和落脚点"①。扎实推动共同富裕的历史阶段，深刻体现了把人民对美好生活的向往作为奋斗目标，彰显出中国式现代化的人民性、进步性。

另一方面，中国式现代化道路彰显着独立自主的精神实质。在非西方国家的现代化发展中，特别是第二次世界大战结束后经过民族解放与独立运动走上的现代化道路，往往具有依附性特征，即依靠所谓"中心国家"，沦为"边缘国家"。与此不同的是，中华民族通过彻底的革命实现了民族的独立与解放，将经济自主权牢牢掌握在自己手中，坚持走自己的路，独立自主探索现代化道路。在选择不同道路发展经济、推进现代化建设时，毛泽东同志便认为中国走不得资本主义道路。与此相对的是，党中央得出了"在现代中国的条件下，只有建立社会主义制度，才能真正解决我国的工业化问题"②这一重要结论，并以此为依据历史性地探索出社会主义基本原则的实现形式，将社会主义基本原则与中国实际相结合，成功走出了符合中国国情的独立自主的现代化道路。走社会主义道路真正改变了旧中国半殖民地半封建的社会性质，为中国的现代化发展确立了政治、经济、文化等重要基础；走中国特色社会主义道路真正创造了罕见的经济发展奇迹，真切实现了国家富强与人民富裕，推动中国的现代化发展迈上新的台阶③。事实证明，正如习近平总书记指出的那样："只有社会主义才能救中国，只有社会主义才能发展中国！"④

---

① 习近平：《不断开拓当代中国马克思主义政治经济学新境界》，载《求是》2020年第16期。
② 中共中央文献研究室：《建国以来重要文献选编》第9册，中央文献出版社1994年版，第341页。
③ 韩康、张占斌：《奔向共同富裕，中国式现代化》，湖南人民出版社、民主与建设出版社2022年版，第120—149页。
④ 习近平：《在庆祝中国共产党成立100周年大会上的讲话》，人民出版社2021年版，第5页。

（二）中国式现代化的重要特征与本质要求

党的二十大报告给予"中国式现代化"以明确定义，指出："中国式现代化，是中国共产党领导的社会主义现代化，既有各国现代化的共同特征，更有基于自己国情的中国特色。"①中国式现代化的内容丰富，并具有引领性价值。习近平总书记在党的二十大报告中鲜明指出："中国式现代化，是中国共产党领导的社会主义现代化"，"中国式现代化是人口规模巨大的现代化"。

"中国式现代化是全体人民共同富裕的现代化"，"中国式现代化是物质文明和精神文明相协调的现代化"，"中国式现代化是人与自然和谐共生的现代化"，"中国式现代化是走和平发展道路的现代化"，并具体体现在"五位一体"总布局和"四个全面"战略布局之中的各个方面。

1.中国式现代化的本质是中国共产党领导的社会主义现代化，本质要求是在政治建设中呈现坚持中国共产党领导，坚持中国特色社会主义道路，发展全过程人民民主的政治文明

区别于西方以资本为中心的发展逻辑，中国式现代化是中国共产党领导的社会主义现代化，是坚持以人民为中心发展思想的现代化。方向决定道路，道路决定命运，中国现代化的道路是社会主义现代化道路，而不是西方资本主义现代化道路的翻版。不同于西方资本主义现代化，中国最特殊的政治国情是社会主义现代化，任务是解放生产力、发展生产力，消灭剥削、消除两极分化，最终达到共同富裕②；目标是实现全体人民共同参与、共同发展、共同富裕、共同分享的全民现代化，而不是社会严重对立、政党政治冲

---

① 习近平：《高举中国特色社会主义伟大旗帜 为全面建设社会主义现代化国家而奋斗——在中国共产党第二十次全国代表大会上的报告（2022年10月16日）》，载《人民日报》2022年10月26日01版。
② 中共中央文献编辑委员会：《江泽民文选》第一卷，人民出版社2006年版，第219页。

突的现代化①。中国共产党领导是中国特色社会主义最本质的特征，是中国特色社会主义制度的最大优势，是党和国家的根本所在，是全国各族人民的命运所系。中国共产党一经诞生，就把为中国人民谋幸福、为中华民族谋复兴确立为自己的初心使命。因此，中国式现代化是坚持以人民为中心发展思想的现代化，把增进人民福祉、促进人的全面发展、朝着共同富裕方向稳步前进作为经济发展的出发点和落脚点，不断增强人民群众获得感、幸福感、安全感。中国式现代化道路是中国共产党通过百年征程的不懈追求和持续探索中领导中国人民成功走出来的，而之所以能开辟实现中华民族伟大复兴的正确道路，关键在于我们党坚持把马克思主义基本原理同中国具体实际相结合、同中华优秀传统文化相结合，深化了中国共产党对执政规律、社会主义建设规律和人类社会发展规律的认识理解，以其取得的伟大历史成就坚定了推进中华民族伟大复兴的历史自信②。因此，中国式现代化在政治文明建设中的本质要求得以明确：坚持中国共产党领导，坚持中国特色社会主义，发展全过程人民民主。中国近代以来的历史充分证明，没有中国共产党，就没有新中国，只有社会主义才能救中国，只有中国特色社会主义才能发展中国。坚持中国共产党领导是全面建设社会主义现代化国家的根本保证，"新的征程上，我们必须坚持党的全面领导，不断完善党的领导，增强'四个意识'、坚定'四个自信'、做到'两个维护'，牢记'国之大者'，不断提高党科学执政、民主执政、依法执政水平，充分发挥党总揽全局、协调各方的领导核心作用！"③坚持中国特色社会主义是全面建设社会主义现代化国家

---

① 胡鞍钢：《中国式现代化道路的特征和意义分析》，载《山东大学学报（哲学社会科学版）》2022年第1期，第28页。
② 林进平：《中国式现代化是推进中华民族伟大复兴的必由之路》，载《中山大学学报（社会科学版）》2022年第3期，第1—5页。
③ 《习近平谈治国理政》第四卷，外文出版社2022年版，第11页。

的根本遵循，"以史为鉴、开创未来，必须坚持和发展中国特色社会主义。走自己的路，是党的全部理论和实践立足点，更是党百年奋斗得出的历史结论。中国特色社会主义是党和人民历经千辛万苦、付出巨大代价取得的根本成就，是实现中华民族伟大复兴的正确道路。"[1]全过程人民民主是社会主义民主政治的本质属性，是最广泛、最真实、最管用的民主，同时它也是我们党坚持全心全意为人民服务的根本宗旨，站稳人民立场，贯彻党的群众路线，尊重人民首创精神，践行以人民为中心的发展思想等在政治领域的生动体现，发展全过程人民民主是全面建设社会主义现代化国家的应有之义。

2. 中国式现代化是人口规模巨大的现代化，本质要求是经济建设中呈现"高质量发展"的"物质文明"

人口规模巨大的现代化是中国式现代化的首要特征，中国式现代化的方方面面均离不开这个客观现实，其特殊性具体体现在四个方面。第一，人口规模巨大是中国式现代化的逻辑前提。基于人口规模巨大的特点考虑中国现代化道路，意味着必须要始终将人置于现代化的核心位置。"现代化的本质是人的现代化。"[2]人的现代化是中国式现代化的逻辑起点与实践主线，而这也与"人为物质"的西方现代化存在本质区别[3]。第二，人口规模巨大是中国式现代化的支撑和优势。巨大人口规模也为中国式现代化注入蓬勃动力，中国已经形成世界上最庞大的高素质人才队伍，"人才红利"逐步显现，超大规模市场和消费潜力为现代化建设创造巨大空间，超大规模工业产出和世界门类最完整齐全且独立的工业生产体系，为推进现代化进程奠定了牢固的产业基

---

[1] 习近平：《在庆祝中国共产党成立100周年大会上的讲话》，载《求是》2021年第14期。
[2] 中共中央文献研究室：《十八大以来重要文献选编（上）》，中央文献出版社2014年版，第594页。
[3] 徐坤：《中国式现代化道路的科学内涵、基本特征与时代价值》，载《求索》2022年第1期，第40—49页。

础。第三，作为硬币的另一面，人口规模巨大是中国式现代化的约束和挑战。一方面，人口基数大、人口众多是我国现代化建设必须要考虑的客观重要挑战，随着"人口红利"的逐渐减弱，如何辩证处理巨大人口规模与有限资源环境之间的矛盾、如何打造惠及十几亿人口的普惠性现代化道路等问题亟须中国式现代化用实践去解答。然而，中国这样超大规模人口的国家实现现代化，目前国际上并没有先例可循，没有现成经验可搬，没有现成道路可走，这就决定了中国式现代化注定是一条独立自主、自力更生、艰苦卓绝的道路，艰巨性和复杂性前所未有；另一方面，在现代化发展的初期，中国共产党带领人民在短短数十年时间内实现了现代化的跨越式积累，用70多年时间走完了西方资本主义国家两三百年的现代化历程[1]，但人口规模巨大加上现代化时间的高度压缩，导致各地区各领域发展不平衡不充分问题凸显，为持续推进中国式现代化进程带来了新挑战，设计中国现代化之路必须立足这个基本国情，才能有效调动各方面积极性，把现代化之路走好。因此，中国式现代化注定是各领域齐头并进，并联式发展的过程。站在新的历史起点上，"我们要后来居上，把失去的'二百年'找回来，决定了我国发展必然是一个'并联式'的过程，工业化、信息化、城镇化、农业现代化是叠加发展的"[2]。而这种"并联式"发展过程正是中国现代化相对西方资本主义国家现代化过程最为突出的特性。第四，人口规模巨大是中国式现代化的世界意义所在。中国实现现代化将彻底改写现代化的世界版图，"我们这个世界上最大的发展中国家实现了现代化，意味着比现在所有发达国家人口总和还要多的中国人民将进入现代化行列，其影响将是世界性的"。中国式现代化无论是对

---

[1] 王灵桂：《全面建成小康社会与中国式现代化新道路》，载《中国社会科学》2022年第3期，第77—96页。
[2] 中共中央宣传部：《习近平新时代中国特色社会主义思想学习纲要》，学习出版社、人民出版社2019年版，第60页。

发展中国家、世界社会主义，还是对全球和平发展事业等都具有格外重大的意义。

因此，从人口规模巨大这一现代化特征来看，实现高质量发展是中国式现代化在物质文明建设进程中的本质要求。发展是硬道理，物质文明建设是全面建设社会主义现代化强国的基础和前提，高质量发展是全面建设社会主义现代化国家的首要任务。一方面，实现高质量发展实质是从以"物质"生产体系为主转向"以人民为中心"的创新、高效、包容的可持续发展轨道，是对"以人民为中心的发展思想，把增进人民福祉、促进人的全面发展作为一切工作的出发点和落脚点"的深入践行，离开高质量发展，增进民生福祉和促进人的全面发展就会成为无源之水、无本之木。因此，要紧紧抓住经济建设这个"牛鼻子"，在推动高质量发展中进一步把"蛋糕"做大，从而为增进民生福祉和促进人的全面发展奠定坚实的物质基础。另一方面，实现高质量发展是克服人口规模约束和发挥人口规模优势的唯一解。党的十九大明确提出，我国经济已由高速增长阶段转向高质量发展阶段，我国社会主要矛盾已经转化为人民日益增长的美好生活需要和不平衡不充分发展之间的矛盾。发展不平衡不充分、资源环境约束的加剧以及"并联式"现代化内生矛盾的挑战，本质上都是发展质量不高的体现，而高质量发展是体现创新、协调、绿色、开放、共享新发展理念的新发展模式，能够有效推动经济社会发展的质量变革、效率变革动力变革；同时，高质量发展能充分利用巨大人口规模所具备的国内市场基础和潜力优势在新发展格局的引领下，有效促进内需体系对我国供给侧结构性改革的支撑作用，实现供给侧与需求侧的相互匹配和相互适应，获得更加强劲可持续的发展动力，从而更好地满足人民日益增长的美好生活需要。

3. 中国式现代化是全体人民共同富裕的现代化，本质要求是在社会建设中呈现"全体人民的共同富裕"的"社会文明"

区别于西方两极分化的现代化，中国式现代化是全体人民共同富裕的现代化，坚持全体人民共同富裕而不是少数人富裕。西方资本主义现代化以追求资本无限繁殖与剩余价值绝对化为根本逻辑，追求生产力的现代化，而忽略了对生产关系现代化的重视。实际上，现代化的价值归宿是借助现代化载体提高人民生活水平、实现人的自由全面发展，而并非单纯为了发展生产力。①基于对西方资本主义现代化道路的评判性反思，中国式现代化道路以资本的内在否定性为反思对象，把资本批判作为前提而非目标，按照辩证法的本性，从资本逻辑的内在矛盾入手，提出在社会主义条件下驾驭资本何以可能。②新中国成立后，党在建设社会主义现代化国家的进程中，一直把共同富裕作为社会主义的本质要求，并将对共同富裕的执着追求，贯穿于中国社会主义现代化建设的全过程。③党的十八大以来，中国式现代化建设更是进入"逐步实现全体人民共同富裕的时代"，充分体现了"共同富裕是社会主义的本质要求，是中国式现代化的重要特征"。党的二十大明确将"人的全面发展、全体人民共同富裕取得更为明显的实质性进展"作为2035年我国发展的总体目标之一。

实现全体人民的共同富裕是中国式现代化在社会文明建设中的本质要求。具体而言，党的十八大以来，以习近平同志为核心的党中央把逐步实现全体人民共同富裕摆在更加重要的位置上，举全国之力，做出战略安排，实施有效举措，不断缩小城乡间发展差距、地区间发展差距和居民收入差距，

---

① 徐坤：《中国式现代化道路的科学内涵、基本特征与时代价值》，载《求索》2022年第1期，第40—49页。
② 周丹：《社会主义市场经济条件下的资本价值》，载《中国社会科学》2021年第4期，第128—145页。
③ 杨章文：《论中国式现代化道路的整体性逻辑》，载《探索》2022年第1期，第1—14页。

让发展成果更多更公平地惠及全体人民，持续推进共同富裕，坚决防止西方资本主义现代化过程中两极分化问题的重演，并旨在以共建共享的方式实现共同富裕、社会和谐和人的全面发展。但实现共同富裕是一个错综复杂的辩证发展过程，是一项艰巨而长期的任务，正如习近平总书记强调："促进全体人民共同富裕是一项长期任务，但随着我国全面建成小康社会、开启全面建设社会主义现代化国家新征程，我们必须把促进全体人民共同富裕摆在更加重要的位置，脚踏实地，久久为功，向着这个目标更加积极有为地进行努力。"①

4. 中国式现代化是物质文明和精神文明相协调的现代化，本质要求是在文化建设中呈现"丰富人民精神世界"的"精神文明"

以资本为中心逻辑主导下的西方资本主义现代化极力凸显物质财富的显著地位，为了追逐经济发展和利益增长，罔顾精神文明建设，忽视人的全面发展②，从而必然导致物质文明与精神文明的失衡乃至撕裂，进一步引起人们精神世界的缺陷、道德的滑坡和社会价值的失序。区别于西方物质主义膨胀的现代化，中国式现代化不仅要求物质生活水平提高、家家仓廪实衣食足，而且要求精神文化生活丰富、人人知礼节明荣辱，是物质文明和精神文明相协调的现代化。特别是党的十八大以来，中国共产党对现代化建设的目标与方向更加明确。习近平总书记强调"要坚持'两手抓、两手都要硬'，以辩证的、全面的、平衡的观点正确处理物质文明和精神文明的关系"③，为推动"两个文明"协调发展指明了前进方向，不追求极端的唯一性与片面性，更

---

① 《中共中央关于制定国民经济和社会发展第十四个五年规划和二〇三五年远景目标的建议》，载央广网2020年11月4日，http://china.cnr.cn/news/20201104/t20201104_525318774.shtml。
② 罗红杰：《中国式现代化的百年实践、超越逻辑及其世界意义》，载《经济学家》2021年第12期，第5—13页。
③ 习近平：《习近平谈治国理政》第二卷，外文出版社2017年版，第324页。

倾向于以"全面性"的原则化解矛盾，推动物质文明建设和精神文明建设要统筹规划、齐头并进。丰富人民精神世界是中国式现代化在精神文明建设中的本质要求。物质文明的发展进步是精神文明快速取得成果的前提基础，是实现人民美好物质生活的坚实保障[1]。然而，物质文明发展进步是中国式现代化道路的基础维度，这是彰显中国式现代化符合人类现代化一般规律的本质规定。中国式现代化的特殊性还体现在对精神文明建设的本质要求——丰富人民精神世界。一方面，丰富人民精神世界能够为物质文明发展提供动力支持。精神文明是为现代化建设凝心聚力的精神力量，先进的精神对物质文明建设有积极促进作用。因此，党在推动经济快速发展的同时，大力加强社会主义精神文明建设，促进社会主义先进文化繁荣发展；另一方面，以中国式现代化全面推进中华民族伟大复兴需要强大的精神力量，没有先进文化的积极引领，没有人民精神世界的极大丰富，没有民族精神力量的不断增强，一个国家、一个民族不可能屹立于世界民族之林。因此，中国式现代化必须充分激发人民群众的精神动力，把理想信念教育作为重要任务，在全社会树立起共产主义远大理想和中国特色社会主义共同理想，传承中国共产党人在社会主义革命、建设和改革进程中创造的伟大精神，弘扬社会主义核心价值观，赓续中华民族的传统美德，提升全社会公民的德行修养。

5. 中国式现代化是人与自然和谐共生的现代化，本质要求是在生态建设中呈现"促进人与自然和谐共生"的"生态文明"

区别于西方资本主义国家"先污染，后治理"的现代化理念，中国式现代化是人与自然和谐共生的现代化。在向现代工业社会转型的过程中，西方资本主义国家追求以资本为中心、以资本增值为内在动力、以经济理性为绝

---

[1] 燕连福：《中国式现代化新道路的五个特征》，载《北京联合大学学报（人文社会科学版）》2022年第2期，第12—15页。

对主导、以牺牲环境为代价换取一时发展的现代化道路，不但造成本国环境的污染和生态的破坏，严重限制了本国自然资源蕴含的生产力潜质，乃至给全世界和全人类带来了至今都无法消解的生态危机[1]。以此为鉴，习近平总书记强调："我国建设社会主义现代化具有许多重要特征，其中之一就是我国现代化是人与自然和谐共生的现代化，注重同步推进物质文明建设和生态文明建设。"[2]

党领导下的中国式现代化遵循马克思主义生态观，践行绿色发展理念与科学发展观，走既守护好绿水青山又发展好金山银山的可持续高质量发展道路，辩证把握释放生产能力的同时保护发展潜力，注重同步推进物质文明建设和生态文明建设。实践证明，中国式现代化道路实现了对传统现代化"征服自然"道路的超越，以"人与自然和谐共生"为价值追求，走出了一条能够对求解世界现代化进程中人与自然关系问题起到示范引领作用的现代化道路。

促进人与自然和谐共生是中国式现代化在生态文明建设中的本质要求。发展好中国式现代化，必须处理好人与自然的关系：一方面，西方资本主义国家现代化进程中无节制占有索取的单向发展模式所引发的惨痛教训历历在目、发人深省，地球资源的有限性与发展需要的无限性之间存在明显矛盾，如果不能处理好人与自然之间的关系，不仅不能带来可持续高质量的发展，更会导致自然界的报复，危害人类自身健康和安全。另一方面，促进人与自然和谐共生是"既要创造更多物质财富和精神财富以满足人民日益增长的美

---

[1] 韩喜平、郝婧智：《人类文明形态变革与中国式现代化道路》，载《当代世界与社会主义》2021年第4期，第49—56页。 罗红杰：《中国式现代化的百年实践、超越逻辑及其世界意义》，载《经济学家》2021年第12期，第5—13页。

[2]《中国共产党第十九次全国代表大会特刊》编写组：《决胜全面建成小康社会夺取新时代中国特色社会主义伟大胜利——在中国共产党第十九次全国代表大会上的报告》，人民出版社2017年版，第50页。

好生活需要，也要提供更多优质生态产品以满足人民日益增长的优美生态环境需要"①的必然选择，党的十八大以来，以习近平同志为核心的党中央将建设人与自然和谐共生摆在生态文明建设和社会主义现代化建设的重要位置，"在'五位一体'总体布局中，生态文明建设是其中一位；在新时代坚持和发展中国特色社会主义的基本方略中，坚持人与自然和谐共生是其中一条；在新发展理念中，绿色是其中一项；在三大攻坚战中，污染防治是其中一战；在到本世纪中叶建成社会主义现代化强国目标中，美丽中国是其中一个"②。这些重大战略决策，无不深刻彰显了促进人与自然和谐共生对全面建设社会主义现代化强国的重要意义③。

6. 中国式现代化是走和平发展道路的现代化，本质要求是在国际交往中呈现"推动构建人类命运共同体"的"大同文明"

习近平总书记指出："中国共产党是为中国人民谋幸福、为中华民族谋复兴的党，也是为人类谋进步、为世界谋大同的党。"因此，中国共产党领导的中国式现代化，区别于西方资本主义现代化的对外扩张掠夺特征，是走和平发展道路的现代化。西方资本主义国家的现代化是以资本逻辑为中心、以少数资产阶级利益为核心、放纵资本逐利为特征的现代化，充满了强烈的殖民主义色彩。

中国式现代化主张各国人民共同享受发展成果，并积极为构建人类命运共同体注入重要力量，在谋求本国自身发展的同时，为世界和平稳定和共同

---

① 《中国共产党第十九次全国代表大会特刊》编写组：《决胜全面建成小康社会夺取新时代中国特色社会主义伟大胜利——在中国共产党第十九次全国代表大会上的报告》，人民出版社2017年版，第51页。
② 习近平：《论把握新发展阶段、贯彻新发展理念、构建新发展格局》，中央文献出版社2021年版，第536—537页。
③ 徐坤：《中国式现代化道路的科学内涵、基本特征与时代价值》，载《求索》2022年第1期，第40—49页。

繁荣积极贡献中国方案、中国智慧、中国力量。大道之行，天下为公。二十大报告正式将"推动构建人类命运共同体"列为中国式现代化的本质要求之一，并指出"中国始终坚持维护世界和平、促进共同发展的外交政策宗旨，致力于推动构建人类命运共同体"。在全面建设社会主义现代化国家、实现中华民族伟大复兴的历史进程中，中国始终高举构建人类命运共同体旗帜，不断为人类文明进步做出新的贡献。一方面，推动构建人类命运共同体是中国式现代化的重要外部支撑，世界是一个休戚与共、命运相连的有机整体，只有树立各国共同发展的时代思维，注重国与国之间的交流和借鉴，妥善解决各类分歧，才能共同促进人类社会的发展与进步，各国方能共同享受发展成果；另一方面，推动构建人类命运共同体是中国式现代化道路的必要外部保障。当前，面对世界百年未有之大变局，国际社会的不确定性、不稳定性加剧，国际关系格局与利益关系发生深刻变革和调整，国际和平发展形势面临巨大挑战，中国只有更加坚定地走和平发展道路，努力与各国寻找破解治理赤字、信任赤字、和平赤字、发展赤字的方案，树立起同舟共济、互利共赢的价值导向，才能"既通过维护世界和平发展自己，又通过自身发展维护世界和平"，进而为实现世界大同贡献中国力量[①]。

（三）中国式现代化范式下基层社会治理的解读

中共中央、国务院印发的《关于加强基层治理体系和治理能力现代化建设的意见》中明确强调："基层治理是国家治理的基石，统筹推进乡镇（街道）和城乡社区治理，是实现国家治理体系和治理能力现代化的基础工程。"基层治理是国家治理的"神经末梢"，是实现国家治理体系和治理能力现代化

---

① 韩保江、李志斌：《中国式现代化：特征、挑战与路径》，载《管理世界》2022年第11期，第29—34页。

的基础工程。基层社会治理的水平直接影响着国家治理的整体效果，必须把基层社会治理摆到国家治理体系中更加重要的位置，以中国式现代化引领基层治理现代化，不断提高基层社会治理水平，更好地推动国家治理体系和治理能力现代化。

为什么将基层治理作为国家治理的基石，将基层治理现代化作为国家治理现代化的基础工程？"中国式现代化"这一范式可以提供很好的指引。

1. 基层治理在超大规模单一制国家结构中的基础地位

基层作为政治用语，与国家结构相关。世界主要有两种国家结构形式，即联邦制和单一制。中国是单一制国家，实行自上而下的治理。中国的国家政权组织分三个部分：一是中央，二是由省、市、县（区）构成的地方，三是县（区）以下的基层。基层通常指国家政权组织体系中最接近人民群众的层级，是国家与社会的结合部位，由此生成基层社会，其主体是人民群众。在当下中国，基层主要指以基层政权和城乡社区为轴心，由人民群众构成的部分。国家结构与国家规模相关。在当今世界，地域和人口规模较大的国家普遍采用的是联邦制，这样便于根据不同地方的特点，发挥多元政治主体的积极性。中国实行单一制是长期历史形成的，是世界唯一的超大规模的单一制国家。超大规模是中国的基本特点之一。邓小平同志提出"中国式的现代化必须从中国的特点出发"，其重要特点就是人口多。党的二十大报告指出"中国式现代化是人口规模巨大的现代化"。

在长期历史基础上，新中国在国家结构形式上实行单一制。这种单一制国家与传统国家在性质上根本不同，属于人民共和制，国家权力属于人民，人民在政治体系中具有中心地位，江山就是人民，人民就是江山。这为从根本上防止历史上的基层社会崩溃提供了基本的制度条件。但从国家结构形式看，基层社会在大规模单一制国家中仍然具有基础性地位，而且更具有基础性，其原因在于基层人民群众成为国家的主人，人民对于国家治理有更高期盼。正因为如此，习近平总书记多次使用"基层基础"一词。"基层基础"是指基层与国家整体的关系，强调基层在国家整体结构中的基础地位。基层治理因此成为大规模单一制国家治理的基石。

2. 基层社会治理在国家治理体系中的基础地位

国家治理体系和治理能力现代化是中国式现代化建设的重要内容。基层治理是国家治理体系和治理能力现代化的基础工程。没有基层治理现代化，国家治理现代化便缺乏稳固的基础，这是中国式现代化道路所决定的。党的二十大报告指出："我国十四亿多人口整体迈进现代化社会，规模超过现有发达国家人口的总和，艰巨性和复杂性前所未有，发展途径和推进方式也必然具有自己的特点。"[1]

在国家治理体系中，基层不仅有空间表征上的层级、场域，也有时间序列的传统、变迁、发展，更有共同体意义上的深刻关系，其核心要素融合了政治性、人民性、场域性和系统性的特征。从国家结构看，基层距离中央最远；从社会构成看，基层距离民众最近。人民群众是财富的创造者，是创造历史的动力。中国以革命的方式通向现代化。中国革命在本质上是农民革命，农民在革命中展现了从未有过的历史推动力量。中国的改革从农村开始，极大地激发和调动了基层和人民群众的积极性，为中国式现代化提供持续不断的动力。

随着中国式现代化的推进，我国社会主要矛盾已经转化为人民日益增长的美好生活需要和不平衡不充分的发展之间的矛盾，人民不仅对物质文化生活提出了更高要求，而且在民主、法治、公平、正义、安全、环境等方面的要

---

[1] 习近平：《高举中国特色社会主义伟大旗帜 为全面建设社会主义现代化国家而奋斗——在中国共产党第二十次全国代表大会上的报告（2022年10月16日）》，载《人民日报》2022年10月26日01版。

求日益增长，更加重视知情权、参与权、表达权、监督权，参与基层社会治理的意愿更加强烈。这就要求加强和创新基层社会治理，聚焦人民群众需求的增长点，找准各方利益的结合点，更好满足人民群众多层次、差异化、个性化的需求，不断增强人民群众的获得感、幸福感、安全感。习近平总书记强调："一个国家治理体系和治理能力的现代化水平很大程度上体现在基层。基础不牢，地动山摇。要不断夯实基层社会治理这个根基。"①治国安邦重在基层。加强和创新基层社会治理，关乎党长期执政、国家长治久安和广大人民群众的切身利益。实践证明，基层治理和服务的能力越强，社会治理的基础就越牢固，所以需要着力抓基层、打基础，推动社会治理和服务重心向基层下移，不断提升基层社会治理水平。

（四）基层社会治理助推中国式现代化道路目标发展

基层社会事务非常复杂，有日常生活或婚姻家庭方面、经济活动方面、文化信仰、科学教育、文化娱乐等诸方面。当前我国基层，在农村主要是由家、族、村（委会）、乡（镇）组成，在城市是由社区（居委会）、街道办事处、企事业和各种公益性群众组织等组成的。基层社会治理就是指对这些活动的治理，使其合理化、合法化、有序化。基层社会治理在各种社会治理中有特别重要的地位和作用，它是一切治理的基础，也是最具活力和创造性的治理部分，是社会治理规则的原生地，也是普遍性东西的真正生成点。

从性质上来看，基层社会治理在总体上属于自治型，出面治理的是各种民间组织和权威人士，使用的是情、理和民间法。自治是与他治相对而言

---

① 《习近平谈社区治理：提高社区效能的关键是加强党的领导》，载国际在线网 2020 年 7 月 24 日，https://news.cri.cn/20200724/758d6087-ca7b-d49b-d5ab-5bdfac22424f.html。

的，意指自己管理自己，如生活自理，不请外人；有了问题自己想法解决矛盾不上交；不需要政府插手等，一切都是以人为中心的发展。我国古代的"皇权不下县"说的正是这一点。那时人们"鸡犬之声相闻，老死不相往来"，所以矛盾纠纷比较小且少，无须诉之于官，因而政府的机构也只设到县。那时县以下实行乡绅之治，小的矛盾（家庭邻里的纠纷）由家长、族长、娘舅来解决，大一些的由乡间的权威人士、乡绅出面调解，所以很少走司法、诉讼之路。但随着社会交往的增多和扩大，矛盾纠纷也越来越多，致使原来的解纷机制难以应付，需要一些普遍性的价值观念和制度。这样一来，基层社会的治理，基层社会秩序的形成和维护，就需要公权力介入，致使其治理不再纯粹是自治的，而加入他治的因素，甚至出现完全由政府上层设计和强制推动的局面。但可以肯定的是，这一情况的出现是暂时的和表层的，它不可能彻底改变其自治、自发、经验和多元的性质。

基层社会治理的自治性主要表现在以下几方面：首先，治理活动的群众性，或者说能吸收群众参与，因为这些事就是他们的事，他们最有发言权，也离不开他们的参与；其次，治理者主要是基层组织，如家族、教会、企业、学校、各种公益性组织；再次，治理中矛盾尽量不上交，内部解决；最后，经验来自基层，自发形成，规则自定。同时，基层社会治理具有多元一体性。"多元一体"指诸多事物聚集在一起的属性。它们既各有其独立性和特殊性，又有共同性，因而能连接为一体。基层社会是由许多组织构成的，它们各自具有自己的性质和任务，自己的组织系统，因而其治理是分别进行的。其治理的主体、规则、方式也各不相同。但由于社会是一个有机体，有许多共同的资源，因而有许多事涉及不同群体的成员，而每个社会成员往往要参与各个场合的活动。所以，各种治理又互相关联，能组成统一的社会秩序。

从发展目标看，中国式现代化是实现人的全面发展的现代化。中国式现代化根本上服务于实现人的全面发展这一终极目的。中国社会主义现代化的发展目标在于实现人的全面发展，现代化发展始终坚持以人民为中心，为了人民、依靠人民、成果由人民共享。基层作为人民群众生活的重要场所，是社会治理最深厚的支撑。治国安邦重在基层，加强和创新基层社会治理，关乎党长期执政、国家长治久安和广大人民群众的切身利益。实践证明，基层治理和服务的能力越强，社会治理的基础就越牢固，中国式现代化道路发展就越顺畅。加强和创新基层社会治理，着力解决人民群众最关心最直接最现实的利益问题，打造好共建共治共享的基层社会治理新格局，对于实现人的全面发展这一目标具有重要作用。同时，人的发展水平对社会主义现代化具有决定性的影响。现代化的各项制度、举措等必须以人为载体，需要通过全面发展的人来完成。社会主义性质和党的领导决定了中国的现代化必须以人的全面发展为目标，在促进人的能力、人的社会关系全面发展，促进人的个性、人的需要充分满足等多方面着眼落实。

随着中国式现代化的推进，国家对基层社会的治理愈来愈强，越来越多的基层社会事务由政府所承担，人民群众的日常生产和生活事务愈来愈多地依靠政府解决，这是现代化造成的必然趋势。但是，随着中国式现代化的进一步深入，社会也需要愈来愈多样化和个性化，这些需求仅仅依靠政府力量难以满足。因此，构建共建共治共享的基层社会治理新格局，发挥好人民群众的治理主体作用，充分相信和依靠人民群众，集聚人民群众的智慧，让基层群众自治组织有更多的力量从事群众自治事务，对于中国式现代化以人为本的目标发展具有至关重要的作用。

二、新时代"枫桥经验"是基层社会治理的典范

中国的国家治理体系是"在我国历史传承和革命建设实践的基础上长期形成、内生演化的"[1]，是一个系统完备、环环相扣的逻辑结构，纵向上包括从中央到地方的不同层级的治理，各个层级之间相互制约、相互促进。[2]其中，基层社会治理是国家治理的重要维度，且历来是国家治理的难点。基层社会治理状况在很大程度上决定着整个国家治理的状况。习近平同志在重要讲话中多次提到基层社会治理的重要性："只有基础牢固，国家大厦才能稳固。"

（一）新时代"枫桥经验"蕴含的基层社会治理实质内涵

新时代"枫桥经验"之所以能够在不同历史时期有效回应基层社会治理中的普遍性问题，恒久地成为一种具有全国影响力的基层社会治理模式，是因为新时代"枫桥经验"特殊性的基层社会治理实践中，蕴含着基层治理的实质内涵。只有穿透新时代"枫桥经验"实践形态及其具体要素，从根本上把握新时代"枫桥经验"与基层社会治理的内在统一性，才能真正地理解新时代"枫桥经验"作为基层社会治理模式的典范意义。新时代"枫桥经验"蕴含的基层社会治理实质内涵主要体现在以下三方面：

一是国家与社会成员关系的创造性建构和调整。国家与社会成员关系随着社会情势的变迁而不断变化，基层社会治理必须依循着基层社会基本形态、主要矛盾以及现实需求的变化而恰当建构和调整两者之间的关系。"枫桥

---

[1] 李林：《我国宪法保持生机活力的根本原因》，载《北京日报》2018年3月5日17版。
[2] 李良栋、汪洋：《再论中国式国家治理及其现代化》，载《马克思主义研究》2015年第2期，第82—88页。

经验"在各历史时期，正确把握国家与社会成员关系的变化及其实质，通过创造有效的方式、方法、体制、机制，构建和调整国家与社会成员关系，实现了基层的有效治理。从新中国成立初期的社会主义教育运动中"枫桥经验"运用少捕人，矛盾不上交，依靠群众，以说理斗争的形式有效遏制了干群矛盾被敌对化的态势，到"枫桥经验"探索出帮教经验和治保经验，逐渐形成了社会治安综合治理实践经验[1]。再到"枫桥经验"逐渐聚焦于社会矛盾化解，集中体现为"组织建设走在工作前，预测工作走在预防前，预防工作走在调解前，调解工作走在激化前"的"四前"工作法。相应地，"枫桥经验"被总结为"小事不出村、大事不出镇、矛盾不上交"。进入21世纪，根据社会治安、管理情势的变化，新时代"枫桥经验"逐渐突破社会治安的领域，涉及社区矫正、流动人口管理等社会管理工作，形成"党政动手、依靠群众、源头预防、依法治理、减少矛盾、促进和谐"的社会管理工作格局。

二是中央政策在基层的优化实施。新时代"枫桥经验"在回应基层社会主要矛盾，建构和调整国家与社会成员关系的过程中，有效解决了中央政策在基层的贯彻与落实问题。国家治理的核心过程即中央政府决策一统性与地方政府执行灵活性间的动态关系[2]。以地方（基层）对中央政策贯彻实施的程度以及效果为标准，目前的基层实践主要体现为博弈式实施与优化式实施两种形态。前者是在治理资源与规则仍不充分的情况下，以地方（基层）采取"讨价还价"的方式部分地实施中央政策；后者则依托充分的治理资源与规则，将中央政策的宗旨和要求与地方（基层）治理的现实需求有效联结。新时代"枫桥经验"就是把宏观的中央政策优化为契合实际的、可操作的具体举措，从而实现中央层面与地方（基层）层面的双重目标。

---

[1] 卢芳霞：《"枫桥经验"50年辉煌成就》，载《观察与思考》2013年第10期，第60—64页。
[2] 周雪光：《中国国家治理的制度逻辑——一个组织学研究》，三联书店2017年版，第30页。

三是国家总体秩序在基层的实现与维系。通过在基层建构和调整国家与社会成员的关系,优化实施国家政策,新时代"枫桥经验"的根本目的在于在基层实现与维系国家总体秩序。改革开放之后,国家总体秩序的性质发生了根本性的改变。基层社会治理不仅仅是国家对社会成员单向度的管控,而是在国家权威的主导下充分激发基层的活力,由国家权威与社会成员共同维护社会的稳定与和谐,促进经济社会的发展,满足每个社会成员共同的(基本)需求。新时代"枫桥经验"通过将国家基础性能力[1]与基层秩序自生成能力两种力量有机地整合起来。一方面,将国家权威向基层渗透、贯穿,在实践层面表现为国家对基层的辐射力、组织力、动员力、控制力、矫正力,在观念层面表现为国家在基层凝聚治理共识的意识形态濡化能力,另一方面充分发挥基层社会成员生产、生活秩序的自组织、自生成、自平衡的内生性、自发性能力。

因此,新时代"枫桥经验"蕴含的基层治理实质内涵是在基层场域中构建与调整国家与社会成员的关系,优化实施中央政策,把复杂的社会需求及个别化的社会行为妥帖地整合到国家的总体秩序安排之中,既通过强化国家基础性能力以保证国家对基层的辐射力、组织力、动员力、控制力、矫正力及濡化力,又通过激活与培育基层秩序的自生能力以保持和发挥社会成员在基层治理中的创造性、自主性、互助性及自律性。

(二)新时代"枫桥经验"体现的基层社会治理内在机理

多元主体、多元参与、多元文化、多元价值、多元规则、多元评价是新时代"枫桥经验"的显著特点,发挥各类社会主体、所有社会成员的积极

---

[1] [美]迈克尔·曼:《社会权利的来源:阶级和民族国家的兴起(1760—1914)》第二卷上,陈海宏等译,上海人民出版社2015年版,第69页。

性、主动性、创造性，形成合作共治的科学治理体系，切实提高治理能力，是基层社会治理现代化的必然要求。新时代"枫桥经验"主要依凭以下三个维度的耦合构建了一套行之有效的基层社会治理体系，以此充分回应改革开放以来基层社会治理的现实需求，实现与维系了国家总体秩序。

第一，国家权威主导下的多元基层治理体系的构建。新时代"枫桥经验"注重推进整体性治理，高度重视顶层设计、深化综合治理、坚持依法治理，形成党委领导下多方参与、互动协作、共同治理的运行机制和制度体系，这对于维护基层社会稳定，加快基层治理体系和治理能力现代化具有重要的理论和实践意义。规划基层社会治理体系涉及两对关系：一是政府管理和基层群众自治的关系，即政府他治和基层群众自治的关系，保证多元治理主体有序参与，调动各个方面的积极性，发挥各自的主动性。二是政府管理和行业自我管理的关系，即政府他治和行业自治的关系，加强政府服务管理的基础上，推动行业自我管理，实现行业标准的建设和执行，提升行业管理水准。在我国目前的社会政治生活中，社会自治主要形式表现为城乡居民自治、社区自治、地方自治、行业自治和社会组织的自治。社会自治对于发展社会主义民主和维护国家长治久安有着深远的意义。社会自治是人民群众当家作主的最直接形式，是社会主义民主政治的基础，是还政于民的现实途径。社会自治可以最大限度地激发公民的社会责任，提高公民的参政积极性，增强公民的社会责任，提高公民的治理能力，塑造公民的政治认同和社会团结。社会自治还可以大大减轻政府的社会管理负担，降低政府的行政成本，减轻政府维护社会稳定的巨大压力。新时代"枫桥经验"就是站在实现社会治理现代化的高度层次上，基于整体性治理理念，坚定地推进基层社会自治。

第二，社会主义核心价值观的统摄与濡化功能的发挥。观念层面的治理与制度层面的治理同样重要，针对社会成员，通过主流价值观的辐射，在社会层面形成一种兼具政治性、社会性、文化性的认知、情感、价值乃至信仰上的共识性取向。主流价值观的辐射力是指其所能够覆盖的广度，经由宣传媒介几乎可以覆盖所有社会成员；主流价值观的濡化力则在于其能够深入社会成员的内心，影响社会成员的观念和行为。当代中国的主流价值观即社会主义核心价值观，它不仅是基层治理在观念层面的主要内容，而且还是基层治理本身的"意义系统"。"枫桥经验"在形成时期就充分体现了主流意识形态的濡化力。社会主义教育运动即一场全国性的政治教化运动，当时枫桥区干部和群众开展"说理斗争"中的"理"便是彼时的主流意识形态。新时代"枫桥经验"延续了这种做法，将优秀传统文化和健康社会风尚统摄于社会主义核心价值观当中。

第三，持续的利益调节与发展动力机制的培育。在市场经济条件下，多数矛盾纠纷的产生是由于在经济运行和发展中的利益冲突难以调和，因而需要构建和完善相应的利益调节机制。同时，高水平的治理必然建立在资源充足和经济社会持续发展的基础上。基层治理与经济发展的关系不应当仅被界定为基层治理通过维护社会稳定为经济发展创造良好的社会和投资环境。实际上基层治理若要对经济发展有所助推，仅仅依靠政府低门槛甚至无门槛地为社会成员化解矛盾远远不足够，更重要的是建立和完善以市场这只"看不见的手"主导的利益调节机制以及相应的政府主导的市场监督、管理和公共服务机制。经济的稳健、持续发展是实现基层有效治理的坚实基础。在低成本的简约治理已经无法应对社会转型期如此复杂的基层局面的情况下，庞大科层体系的运行、信息化建设、社会成员广泛参与等均需要大量的资源投入。因此，枫桥经济与"枫桥经验"两轮驱动的战略应运而生。新时代"枫桥经验"不仅是化解矛盾、维护平安的经验，而且是可以辐射到经济社会发展方方面面的"大治理"经验。

(三)新时代"枫桥经验"重视基层社会治理的制度供给

基层社会治理现代化需要遵守基层社会治理的内在逻辑，并从制度供给的角度，提供充足资源。新时代"枫桥经验"的基本做法是完善中央立法、地方立法和社会规范的三层治理制度体系，形成自上而下和自下而上相结合的基层社会制度供给状态。新时代"枫桥经验"健全完善的各类社团组织章程、村规民约（社区公约）、风俗习惯等社会规范，在基层社会治理中扮演着不可替代的角色。

1. 新时代"枫桥经验"中的"契约化治理"

基层社会治理现代化的重要推动方式是建立并完善"契约化治理"理念。"契约化治理"指以一定区域（基层村、居）为单元，以平等、意志自由为条件，通过社区居民广泛参与，民主协商，充分沟通，建立以村规民约（社区公约）为主体的社会规范，并遵循法治原则，依循公开程序，贯穿直接民主形式，自治、法治和德治结合，由此形成的治理方式。"契约化治理"中的"契约"不同于民商事契约，非交易双方的合意，而是指特定地域、行业等范围内公众群体的合意，对"本村（本居）事务"即村务（居务）进行决策、管理、监督。

确立"契约化治理"的逻辑思路，调动多元社会力量参与，发挥国家、社会、个人多元主体的积极性，形成多元主体治理的合力，必须重视制度供给。"契约化治理"是协商型治理内涵的体现，"现代社会的治理是一种平权型、多中心治理，社会各主体地位平等，以契约为平台，运用平等自主协商确定议事构架和行动进程"，最大限度地吸取社会意愿。新时代"枫桥经验"中的"契约化治理"表现为：村规民约是村民公共意志的体现，是基层社会治理特质的反映，以此为主体构建社会规范体现了基层社会治理的原则、精神和愿景，通过基层群众自我管理、自我教育、自我服务，相互尊重、相互监督、相互帮助，形成新时代共建、共治、共享的社会治理格局。

2. 新时代"枫桥经验"有助于完善三层治理制度体系

传统的立法学只将范围限定在中央立法和地方立法两个领域，形成了"一元多层"立法体制：地方立法作为中央立法的"实施细则"，"有一些规范，其完整的逻辑结构在某个特定的立法层面，通常是处于上位的立法层面体现不出来，而需要将一元多层立法体系作为一个整体来观察，这时法律规范的完整逻辑结构方能呈现"[1]。"社会治理"代替"社会管理"，是执政方式的一次飞跃，首先需要更新立法理念，实现中央立法、地方立法、社会规范的三层治理制度体系构建。[2]制度体系包括正式规范与非正式规范、国家法与民间法等多元结构。"社会管理"强调国家法、正式规范的作用。"社会治理"语境下，非正式规范和民间法显得尤为重要。从基层社会治理角度看，中央立法与地方立法的范围存在重复问题，一方面地方立法抄袭、重复上位法的现象严重存在，另一方面地方立法主体较窄，不能完全满足基层社会治理需要。新时代"枫桥经验"重视社会规范建设，确立以人为本的工作理念[3]，通过非正式规范和民间法规范村内事务，关注人的全面发展，调动了积极性，解放了生产力。这既是中华传统文化、中国共产党红色优秀文化的传承，更是新时代"枫桥经验"基层社会治理实践的突出特色。

---

[1] 谢勇：《概念的成长：破解地方立法"不抵触"、"有特色"的理论困境》，载《求索》2017年第12期，第14—22页。
[2] 2014年10月23日通过的《中共中央关于全面推进依法治国若干重大问题的决定》要求："推进多层次多领域依法治理。坚持系统治理、依法治理、综合治理、源头治理，提高社会治理法治化水平。深入开展多层次多形式法治创建活动，深化基层组织和部门、行业依法治理，支持各类社会主体自我约束、自我管理。发挥市民公约、乡规民约、行业规章、团体章程等社会规范在社会治理中的积极作用。"
[3] 叶寒冰：《"枫桥经验"蕴含的人本思想》，载《公安学刊》2004年第4期，第14—17页。

3. 新时代"枫桥经验"构建乡村社会规范基层治理体系

基层社会治理中的制度有其自身的特点,必须立足于地方性知识,立足于当地的历史文化传统:"如果一种法治、社会管理体制能够有效地实施,不仅仅是由于其'权威'的性质,还因为与特定法治、社会管理体制相适应的价值观念、伦理道德、风俗习惯、意识形态等非正式制度给这种有效的实施提供了社会心理学的基础。"[1]基层社会治理的制度供给,应当针对特定而非一般社会主体、特定而非一般社会行为、特定而非一般社会事务,体现当地独特的人文环境特点,反映经济、社会发展的状况和水平,回应村民诉求和愿望,与当地风俗习惯相适应。学者将规范分为价值规范、一般规范和制度规范。其中,一般规范即社会规范,表现形式为风俗习惯、村规民约和社团章程。[2]在社会规范的三种形式中,村规民约处于主体地位。村规民约调整的对象是村民"自治事项",是村民日常从事的社会行为、社会事务和社会活动,构成了社会规范的主体。社会规范具有地域性,对特定地域的主体起约束作用,主要靠基层群众自治组织监督实施。只有建立健全社会规范,才能丰富基层社会治理的制度资源。村规民约的制定和实施,调动了村民参与社会事务的积极性,体现了村民对公共事务的共同意志,大大拓展了其生存空间、欣赏空间和创新空间。村规民约的制定、实施,满足了村民能力发展和个性发展的需要,改善了其思维方式和行为方式。

运用社会规范实现矛盾纠纷的全息化解是新时代"枫桥经验"的重要特征。以村规民约(社区公约)为主体的社会规范,对于矛盾纠纷的预防化解、及时化解、彻底化解具有重要的作用。反之,纠纷的有效化解对强化社

---

[1] 陈立旭:《地方性知识与现代法治建设——"枫桥经验"的启示》,载《公安学刊》2013年第3期,第24—25页。
[2] 刘颖:《论社会规范在法治建设中的作用》,载《暨南学报》2016年第3期,第1—10页。

会规范、促进社会和谐具有积极作用。社会规范不仅是化解矛盾纠纷的有效依据,还是社会行为具有预见性的机制。村规民约规范的对象是村民的日常生活和行为,体现了浓厚的地域特征。"社会治理侧重于纠纷的化解和预防,不仅对当前的矛盾和冲突进行针对性地'治疗',还要强调纠纷的'全息',即最大限度和最彻底的整体性,'理顺'和'修复'纠纷中受损的社会关系,彰显了其化解与预防并重的特征[①]。"全息化解重在效果,追求事了人和。

(四)新时代"枫桥经验"作为基层社会治理典范模式的创新性实践

新时代"枫桥经验"作为当代中国基层社会治理的典范模式,以前述内在机理为驱动,以解决基层社会治理的主要问题,把社会成员复杂的社会诉求、弥散的个人行为统摄在国家的总体秩序之中为目标,并且为基层社会治理提供多层级制度保障,由此逐渐形成了一套卓有成效的基层社会治理体系,其中蕴含着内容丰富的创新性实践。具体而言,主要包括以下五方面:

第一,多层级党建引领机制的构建。党的二十大报告把"坚持和加强党的全面领导"列为前进道路上必须牢牢把握的"五个重大原则"之首,并强调"党的领导是全面的、系统的、整体的,必须全面、系统、整体加以落实"。党的领导示范作用在新时代"枫桥经验"中得到了深化与验证,坚持党的领导是"枫桥经验"保持正确方向、长足发展的政治保障。"依靠群众、坚持党的领导的政治观;以人为本、仁爱的人本价值观;不断制度创新、尊重群众智慧的社会发展观"是新时代"枫桥经验"的基本内容。新时代"枫桥经验"以构建多层级的党建引领机制为中心工作,主要着力于三个层级:一

[①] 任建通、冯景:《纠纷解决与基层社会治理——以"枫桥经验"为例》,载《社会科学论坛》2016年第1期,第233—239页。

是强化党的一般性权威,即中国共产党作为执政党在规则与观念层面的元权威;二是将基层党组织嵌入各个领域当中以撬动社会的全面改造,使整个社会以党的基层组织为核心点进行全面的调整、再造和组合[①];三是强化党员身份的可识别性和可识别度。多层级党建引领机制的关键在于通过构建一套依托党组织和党员的机制完成党的政策的解读、话语转换、传播以及最终落实。在组织方面,枫桥镇党委特别重视在社会组织和企业中培育基层党组织,成立中共枫桥镇社会组织总支委员会,按照应建尽建的原则,加大社会组织党组织组建力度。目前,枫桥镇已实现党的组织和工作100%覆盖。

第二,以效能为导向的基层行政体制机制的整合。面对"上面千条线、下面一根针"的行政常态以及日益多元化的社会需求,基层党政机关的治理能力长期陷入内卷化的困境。对此,新时代"枫桥经验"以效能为导向,整合基层行政体制机制,以达到强化国家基础性能力以及激活、培育基层秩序自生成能力的成效。诸暨市优先建立了党委领导事项和政府服务事项的工作机制,主要有:"四前工作法""四先四早工作机制""三项机制""两网支撑机制"等。其中,"四前工作法"指"组织工作走在预测前,预测工作走在预防前,预防工作走在调解前,调解工作走在激化前"。"四前工作法"将党委领导作为基层社会治理的首要环节,作为基层社会治理的前置条件,形成了"枫桥经验"基层社会治理的独特内容。"四先四早工作机制"指"预警在先,苗头问题早消化;教育在先,重点对象早转化;控制在先,敏感问题早防范;调解在先,矛盾纠纷早处理"。"三项机制"包括:统筹协调机制、工作闭环管理机制、条块力量融合机制。"两网支撑机制"包括深化网络化管理,建立全科网格;依托"互联网+"推动智慧治理。科学有效的基层行政体

[①] 林尚立:《当代中国政治:基础与发展》,中国大百科全书出版社2017年版,第43—45页。

制机制,保证了基层社会治理中问题从源头得以解决,矛盾纠纷"化早、化小、化苗头"。作为治理策略,新时代"枫桥经验"治理运行机制有效降低了成本,减轻了治理难度。防微杜渐式的治理运行机制取得的良好结果,就是最大限度地实现了社会和谐有序。

第三,内生性社会组织培育机制的创制。当代中国基层社会治理一直在"寻找"群众以及契合时代要求的群众路线,以达到发动群众、依靠群众的创造力和自主性,培养基层内生秩序的目的。以群众路线为核心的新时代"枫桥经验"近年来逐渐创制和完善内生性社会组织培育机制,重塑基层公共性和群众主体性,在党政机关的引导、协助下,让社会成员自己组织起来满足自己的需求,实现社会自治。诸暨市坚持以新时代"枫桥经验"为引领,通过整合集聚、孵化培育、规范提升,构建"一核引领、双轮驱动、三方合力"的社会组织发展模式,形成了政府治理和社会调节、居民自治良性互动的社会治理新格局,创新推进"五社联动"和社区社会组织发展体系改革省级试点工作。

第四,法治化社会矛盾化解体系的完善。在基层公共性消解、市场逻辑和伦理占据社会生活主导位置的情况下,社会矛盾的基本属性已经发生了巨大的变化,许多矛盾不再是从村庄人际关系中生发出来的,具有脱域性[1],因此难以再依循"小事不出村、大事不出镇"的逻辑予以理解和应对;即便是发生在村庄中的诸如邻里纠纷、涉土纠纷、家庭纠纷等传统型纠纷,也难以再仅仅依靠传统的调解方式予以解决。为充分回应社会情势以及社会矛盾形态的变化,新时代"枫桥经验"运用法治思维与法治方式,对社会矛盾化解体系予以完善,健全基层矛盾调处化解工作机制,整合政法、综治、维稳、

---

[1] [英]安东尼·吉登斯:《现代性的后果》,田禾译、黄平校,译林出版社2011年版,第18—26页。

司法行政等力量，完善基层矛盾排查调处化解机制，有效解决群众诉求及困难，确保"小事不出村居、大事不出乡镇社区、难事不出县区、矛盾不上交"。做到人民调解与司法调解的联动、人民调解与治安行政调解的联动、人民调解与其他行政调解的联动，积极探索人民调解与刑事和解联动工作机制。诸暨市人民法院枫桥法庭充分发挥"枫桥经验"发源地优势，始终大胆探索与不断创新，倡导形成"社会调解优先，法院诉讼断后"的纠纷解决理念，着力从源头上预防化解基层社会治理中出现的矛盾纠纷，降低纠纷成讼率。枫桥法庭建立三项工作机制：法官（法官助理）办案节点及廉政风险提示机制、人民调解劝导机制和诚信诉讼承诺机制。通过三项工作机制，凝聚了法官（法官助理）、当事人和社会大众的共识，助力矛盾纠纷多元化解机制建设，有效预防矛盾发生、防止矛盾激化、化解矛盾纠纷，促进社会和谐稳定，充分发挥枫桥人民法庭推动基层社会综合治理的作用。

第五，便民化公共服务体系的升级。在基层治理由消极面向转向积极面向的过程中，既要转型和升级公共服务体系，又要通过利益调节机制的合理运作从源头上化解矛盾，实现公共服务体系与矛盾化解体系的有效衔接。诸暨市人民政府办公室为深入贯彻党的二十大和浙江省、绍兴市关于提高公共服务水平，大力推进公共服务优质共享的部署要求，不断增强公共服务均衡性、可及性、优质化，印发《诸暨市公共服务"七优享"工程实施方案（2023—2027年）》，紧紧围绕奋进"两个先行"，聚焦全人群、全生命周期公共服务，坚持尽力而为、量力而行，通过目标导向、标准先行、改革突破、项目支撑、数字赋能，加快推进公共服务"七个有"[①]向"幼有善育、学有优教、劳有所得、病有良医、老有康养、住有宜居、弱有众扶"升级转变，推动

---

① "七个有"，即：幼有所育、学有所教、劳有所得、病有所医、老有所养、住有所居、弱有所扶。

高质量发展成果全民共享。新时代"枫桥经验"以高效且人性化的公共服务为行政管理提供坚实的依托,其在基层治理领域的创造性实践得到了中央决策层的肯定。这不仅是地方经验,同时也是浙江乃至全国的经验;不仅是历史经验和现实经验,同时也是面向未来的经验;并非一种局部性经验,而是当代中国基层治理的普遍性、系统性经验。在中国社会主要矛盾发生深刻转变以及国家治理体系和治理能力现代化的大背景下,中国国家治理处于定型化发展阶段,需要形成相对稳定的国家治理模式。在国家治理定型化过程中,基层定型化重塑是基础和难点,而将新时代"枫桥经验"作为典型示范加以总结与提升,则为推动中国新时期基层定型化重塑提供了重要契机①。

三、新时代"枫桥经验"推动市域社会治理现代化

市域社会治理现代化是国家治理体系和治理能力现代化的重要组成部分。党的十九大报告提出"提高社会治理社会化、法治化、智能化、专业化水平",党的十九届四中全会提出"加快推进市域社会治理现代化"的行动目标,2019年全国市域社会治理现代化工作会议强调以开展市域社会治理现代化试点为抓手,党的十九届五中全会提出"加强和创新市域社会治理,推进市域社会治理现代化",2020年中共中央发布的《法治社会建设实施纲要(2020—2025年)》提出"开展市域社会治理现代化试点,使法治成为市域经济社会发展的核心竞争力",2021年政府工作报告提出"推进市域社会治理现代化"。党的二十大报告明确提出:在社会基层坚持和发展新时代"枫桥经验",完善正确处理新形势下人民内部矛盾机制,同时"加快推进市域社会治

---

① 李振贤:《"枫桥经验"与当代中国基层治理模式》,载《云南社会科学》2019年第2期,第47—54页。

理现代化，提高市域社会治理能力"，从确保国家安全和社会稳定的战略判断和统筹考量，为加快推进社会治理现代化明确了基本方向和具体路径。

可见，治理已成为党的最高决策部署中使用频率最多的一个范畴，已由社会治安综合治理向经济领域治理、生态环境治理，由基层治理向市域治理，由国内经济社会事务治理向参与全球治理等多层次多途径全方位扩展。这套具有丰富内容、完备体系、严密逻辑、成熟哲学方法与鲜明实践面向的科学理论体系形成和发展的治理成果标志着我们党对社会治理规律、中国特色社会主义发展规律、人类治理文明规律的理论升华，是新时代中国特色社会主义治理道路、制度、文化、理论及其实践的标志性成果，是指导推进市域社会治理现代化的基本遵循[①]。

（一）"市域社会治理现代化"的基本概念

市域社会治理的治理单位主要以设区市为载体。中国近代，作为行政区划的市发源于广东。1921年《广州市暂行条例》通过，该条例第三条规定："广州市为地方行政区域，直接隶属于省政府，不入县行政范围。"这条规定宣告了中国第一个城市行政区的诞生。1949年新中国成立以后，在经济发展和行政区划调整过程中，形成目前比较复杂的"市"的概念和行政层级。从法理上讲，"市"既是法律概念，也是政策概念，更是行政区划概念。实践中，主要是通过行政层级来进行"市"的分类。《中华人民共和国宪法》第三十条规定，中华人民共和国的行政区域划分如下：全国分为省、自治区、直辖市；省、自治区分为自治州、县、自治县、市；县、自治县分为乡、民族乡、镇。直辖市和较大的市分为区、县。自治州分为县、自治县、市。自治

---

① 徐汉明：《市域社会治理现代化：内在逻辑与推进路径》，载《理论探索》2020年第1期，第13—22页。

区、自治州、自治县都是民族自治地方。按照1982年颁布的宪法，市是中国地方行政区划设置的一种。我国宪法全文中只有"直辖市""市""较大的市""设区的市""不设区的市"等几种描述；并没有"计划单列市""副省级城市""地级市""县级市"的描述，这些"市"的种类更多是按照原有的政策规定和行政级别所凝聚成的共识性称呼。根据宪法第三十条（二）的规定，"市"不是直辖市，"较大的市"是"市"的一种建置；根据宪法第八十九条，只有国务院才可以批准"市"的建置和区划。可以说，市是我国最为复杂的区划设置。综上所述，市所属的行政区划级别可细分为三种不同情况：直辖市属省级行政区；普通地级市和副省级市属地级行政区；县级市属县级行政区。宪法并没有赋予一个市管辖另一个市的权力，因而在管理实践中衍生出由地级市对县级市进行代管的行政管理体制。按照宪法表述，我国的市分为直辖于国务院的市，受辖于省级行政单位的市以及受辖于自治州的市。

从市域社会治理承担承上启下枢纽功能的角度上看，其中的"市域"主要是指"地级市"，也包括副省级城市。地级市在国家治理体系中的枢纽作用明显，同时具备完备的社会治理体系和解决社会治理中重大矛盾问题的资源能力。1959年9月17日，第二届全国人大常委会第九次会议通过了《关于直辖市和较大的市可以领导县、自治县的决定》，对市管县体制做出了法律上的规定，直接推动了市管县体制的发展。1982年，中共中央发出了"改革地区体制、实行市领导县体制"的通知，首先在江苏试点，1983年开始在全国试行。随后中央又发出《关于地市州党政机关机构改革若干问题的通知》，要求"积极试行地、市合并"，至此市管县体制开始在全国范围内推行，并且在国家行政区划序列里，正式将市分为地级市和县级市，确定了地级市的行政架构。地级市在我国具有深厚的历史文化根基，特别是与明清时期的"府"的建置高度吻合，明清时期省与县之间的行政建置为府。根据《中华人民共和国宪法》第八十九条，只有国务院才可以批准"市"的建置和区划。宪法中没有"地级市"的表述。地级市是我国行政区划之一，属地级行政区，因其行政建制级别与地区相同，故称"地级市"。自1983年11月5日开始，在国家行政机构区划统计上作为行政区划术语固定下来，取代之前的"专级市"之称。截至2017年10月，我国总计334个地级行政区，其中有294个地级市、30个自治州、7个地区、3个盟，地级市数量约占地级行政区总数的88%，地级市已取代地区成为地级行政区的主体。2015年修订的《立法法》规定"设区的市"都可以制定地方性法规。"设区的市"是法律上的用语，基本等同于地级市（需要指出，地级市中，广东省东莞市、中山市，海南省儋州市，甘肃省嘉峪关市4个市未设区）。

另外，副省级市也不是法律概念，同样属于政策概念。副省级市是中国行政架构为副省级建制的省辖市，正式施行于1994年2月25日，其前身为计划单列市和杭州、济南。中国现有15个副省级市：广州、武汉、哈尔滨、沈阳、成都、南京、西安、长春、济南、杭州、大连、青岛、深圳、厦门、宁波；其中深圳、大连、青岛、厦门、宁波是计划单列市，其他都是省会城市。此外，我国宪法中有"较大的市"的概念。根据相关法律规定，"较大的市"专指经国务院根据《中华人民共和国地方各级人民代表大会和地方各级人民政府组织法》规定在1984年到1993年间已经批准的较大的市，国务院分四次共批准了19个较大的市：唐山市、吉林市、大同市、包头市、大连市、鞍山市、抚顺市、齐齐哈尔市、无锡市、淮南市、青岛市、洛阳市、重庆市（1997年直辖后不再是"较大的市"）、宁波市、邯郸市、本溪市、淄博市、苏州市、徐州市。但2015年修订的地方组织法，将原条款中的省、自治区的人民政府所在地的市和经国务院批准的"较大的市"修改为"设区的市"，全文再无"较大的市"的表述。所以，市域社会治理中的"市域"从立法学角度看主要是指"设区市"和"较大的市",从行政区划上看主要是指"地级市",从计划单列的角度上看包括副省级城市。"市域社会治理现代化"就是要充分发挥市一级党委政府的统筹谋划作用,通过优化市域社会治理组织体系,提升市域社会治理核心能力,形成市—区(县、市)—乡镇(街道)上下联动协调,党委、政府、社会、公众等多元主体合作共治的社会治理新体系,继而在市域范围内构建形成共建共治共享的社会治理格局。

从"市域社会治理现代化"的字面意思上来看,由于市域是一个立体场域概念,不仅有治理层级和行政区划上的含义,更有一定的空间感;社会是一个多元复杂概念,治理是一种较新的政治学理论,现代化是一个动态概念;这些词汇组合而成的"市域社会治理现代化"是一个非常复杂立体多元的复合概念,内在的一些本源性、规律性认识尚未得以揭示,给研究者和实践者带来巨大挑战。理解"市域社会治理现代化",还是需要放在"国家治理体系和治理能力现代化"的整体视角中予以考察。当前学术界和实务界对国家治理、地方治理、基层治理、社会治理四个概念及其关系的认识还比较模糊,甚至误用,在一定程度上导致各治理主体不甚清楚自己的治理边界。有学者认为,广义的国家治理同时涵盖了纵向、横向、时间、空间四个维度。在纵向上,涵盖从中央到地方,再到基层以及组织、个体层面的治理;在横向上,涵盖政府、市场、社会等领域的治理;在空间范围上,涉及东中西等不同地区、不同省市县的协调与管理;在时间维度上,涉及从宏观上制定当下和未来的发展战略。[1]上述论点为"市域社会治理现代化"的概念研究提供了很好的参考,即市域社会治理可以从纵向、横向、时间、空间四个维度进行阐述。在纵向上,市一级在中央到地方五级架构中处于承上启下的枢纽地

---

[1] 郁建兴:《辨析国家治理、地方治理、基层治理与社会治理》,载《光明日报》2019年8月30日11版。

位。在横向上，涉及政治、经济、社会、文化、生态各个面向以及党委、政府、市场、社会等各个治理主体，当然重心依然在社会面上。在空间范围上，涉及市域内各行政区和功能区，包括城市和农村。在时间维度上，涉及市一级从宏观上制定当下和未来的治理战略。由此可见，"市域社会治理现代化"主要是指地市级行政区的地方社会治理现代化。这里的市域主要是指地级市，也包括副省级城市、地（盟）、自治州、新疆生产建设兵团师市以及直辖市下辖区县。

综合而言，"市域社会治理现代化"是基于新时代我国社会主要矛盾发生历史性变化，在纵向架构中突出地市级承上启下枢纽地位、在横向架构上突出社会治理并以防范化解重大风险为支点，在方式上以政治、自治、法治、德治、智治等方式相结合的国家治理动态策略。其主要目标是充分依靠群众，发挥地市级党委政府统筹谋划作用，完善治理体系、提升治理能力、优化治理流程，构建党委、政府、社会、市场、公众等多元主体合作共治的社会治理共同体，进而实现市域范围内共建共治共享的现代化社会治理格局。

（二）新时代"枫桥经验"与市域社会治理现代化的内在关联

城市相对于农村而言，城市治理更加强调城市作为治理空间的内涵；市域相对于乡村而言，市域社会治理更加强调作为城市政府管辖的行政区域。无论从理论层面还是从实践层面来看，新时代"枫桥经验"与市域社会治理均具有内在一致性。从理论推论看，在毛泽东同志批示学习推广"枫桥经验"五十五周年大会上，新时代"枫桥经验"被界定为中国共产党领导人民创造的一整套行之有效的社会治理方案，因此其基本内涵和基本精神在市域社会治理中能够普遍适用。从实践来看，市域社会治理是位于中等阶位的社会治理层次，与乡村社会治理两者之间既有区别又密切联系。一般而言，"枫桥经验"侧重于基层,主要是县级以下行政区的社会治理;市域社会治理主要侧重于地级市的社会治理,地级市层面的社会治理主体通过对接更高级别的权力体系,强化对县区的宏观领导,设计相对高层级的制度体系,提供更加有力的政策工具,调动更加广泛的资源来统筹协调整体区域的社会治理体系和能力现代化。

1. 范畴属性一致

新时代"枫桥经验"被界定为"党领导人民创造的一整套行之有效的社会治理方案",属于社会治理的范畴,是中国特色国家治理的重要组成部分。这套社会治理方案没有层级的限定,也适用于市域。市域社会治理是国家治理在市域层面的具体实施,重点针对社会治理领域,而非经济、文化、外交等领域。所以两者属性基本一致,都属于社会治理范畴。

2. 价值功能一致

新时代"枫桥经验"的主要功能在于突出党的领导、积极化解社会矛盾、引领时代风尚、保障经济社会协调发展、全面推进社会平安和谐,基本元素包括党建引领、人民主体、三治结合、共治共享、平安和谐;无论在理念上、功能上、内容上都对市域社会治理现代化起到了重要的指导和引领作用。市域社会治理的总体思路设计同样是"以防范化解市域社会治理难题为突破口""努力使市域成为社会矛盾的'终点'"。近年来,随着农村城镇化、区域一体化、城市群以及大湾区建设等新型空间形式产生,新问题新挑战不断向市域汇聚。市域作为省域与县域之间的承接中枢,拥有比县域以下层级更多的"自选动作"、更足的治理资源、更大的治理空间和更强的治理能力等,在如何使风险矛盾"化解在萌芽、终结在市域、避免不外溢"上,既与新时代"枫桥经验"的基本路径殊途同归,又能够在新型空间态势下,依靠市域"主导者"身份和地位打通城市间、城乡间合作共治的"任督二脉",形成区域更广、效果更佳的新时代城市版"枫桥经验"。

3. 方式方法相通

无论是新时代"枫桥经验",还是市域社会治理,采用的方法主要是自治、法治、德治"三治融合",或推进社会治理社会化、法治化、智能化、专业化"四化同步"。这些方式方法是传统社会治理向现代社会治理转变的重要途径,因此也构成了新时代"枫桥经验"和市域社会治理现代化的重要方法论。做好市域社会治理现代化工作,需要运用协商、契约、道德、习俗等社会内生机制以及法治方式综合化解纷争、规范社会行为,并且善于运用大数据、人工智能增强政府决策部署的科学性、风险防控的精确性、打击犯罪的实效性、执法办案的公正性、公共服务的便捷性等。这些治理方式方法在某种程度上可以看到新时代"枫桥经验"的因素,且在市域社会治理上进一步演绎为组织力、矫正力、控制力、动员力、辐射力等的全面贯穿、全方位渗透。

4. 成效作用互鉴

市域管辖人口多、地域广、各行政层级服务水平与治理能力参差不齐。此外,有些市与市之间还存在诸如水界、林权、矿产等纠纷,需要市域社会治理更具统筹性、综合性和协调性。新时代"枫桥经验"作为中国基层治理的成功样板,其做法为市域社会治理夯实了基础、提供了素材,让市域社会起点更高、视野更阔。而市域作为承上启下的枢纽,既与省域和国家治理任务对接,亦对基层治理提供实质而强有力的统筹支持,促使优质资源和服务从城市"高地"流向基层"洼地",形成以点带面、以城促乡带动整体性发展的良好格局。例如,市域的地方立法资源,可以进一步对发展已久的新时代"枫桥经验"进行理论提炼和制度设计,加快其制度化、法治化、规范化进程,以此增强复制推广的内生动力和持久力,避免新时代"枫桥经验"内卷化、形式化、标签化。

市域社会治理现代化也为新时代"枫桥经验"的创新发展提供了更高的平台和载体。相对于乡村治理，市域社会至少具备三个方面的资源优势：一是治理主体优势。市域社会的政府体系一般更为发达，同时社会组织、经济组织等也会更加密集和优质，城市居民整体的受教育程度和综合素养也会高于农村地区居民。二是治理资源优势。城市地区一般都集中了更多的资本资源、人才资源、科教资源、信息资源、权威资源等各种能够调动并用于市域社会治理的资源。三是治理基础优势。当前强调市域社会治理，并非是乡村治理成效优于城市社会治理。相反，长期以来，城市社会治理明显优于乡村社会治理。中央试图把从乡村社会治理中诞生的"枫桥经验"向市域社会治理延伸，体现了中央统筹城乡发展的意图和决心，正是市域社会与乡村社会融合发展的现实要求。由此可见，把"枫桥经验"推广到市域社会治理领域，不仅具有可能性，而且效果可能会更好，甚至能够由此发展出效果更好的城市版"枫桥经验"，两者之间存在着重要的互动和助推关系。

（三）新时代"枫桥经验"与创新发展市域社会治理现代化

新时代"枫桥经验"是一种依靠和发动群众，抓源头、抓苗头、抓基础，把矛盾化解在基层、把问题解决在当地、把隐患消除在萌芽状态，从而实现社会稳定有序的基层治理模式。而市域社会治理现代化作为"社会治理现代化的切入点和突破口"，其意为整合基层未有或不足的治理主体优势、资源优势和基础优势，在市域范围内形成党委领导、政府负责、民主协商、社会协同、公众参与、法治保障、科技支撑的共建共治共享社会治理格局。新时代"枫桥经验"与市域社会治理高度契合，这两项工作均成为当前中央高度重视的工作，是中国特色社会治理体系的重要范畴，适用于社会治理的各个层级。

在市域社会治理进程中坚持党的领导和群众路线相结合。纵观"枫桥经验"60年的发展历程，尽管其在不同的历史时期有不同的表现形式，但万变不离其宗，就是坚持走群众路线，从群众中来，到群众中去，把群众工作的触角延伸到千家万户，抓源头、抓苗头、抓基础，把矛盾化解在基层、把问题解决在当地、把隐患消除在萌芽状态，实现一方的和谐平安。群众路线是新时代"枫桥经验"的本质所在。市域社会治理现代化依然需要坚决贯彻党的群众路线。早在1990年党的十三届六中全会专门做出了《中共中央关于加强党同人民群众联系的决定》，高度重视新时期如何继续贯彻群众路线。党的十九大报告明确指出了"以人民为中心"的发展思想。进一步要求党要与群众始终保持血肉联系，最重要的是要始终能够在第一时间倾听和了解广大群众的呼声、诉求，及时回应、真心有效地服务群众。群众路线是党的生命线和根本工作路线，做好群众新形势下的群众工作既是坚持党的根本宗旨、巩固党的执政地位的必然要求，也是化解社会矛盾、强化社会管理、促进社会和谐的重要举措。在市域社会治理现代化进程中，必须创新群众工作新载体。在新时代，"群众"一词的概念和内涵也发生着深刻的变化。今天的群众已经不再是阶级属性单一、利益诉求接近的群体了，而是个体利益不断分化、群体结构日趋复杂的概念。正是在这样的背景下，必须深刻认识到：群众是一个不断动态发展的概念，所以市域社会治理现代化进程依然是一个党群关系不断重塑的过程，也是不断考验市一级党委引领和组织社会能力的过程。

在市域社会治理进程中坚持整体与局部相结合。社会治理是一个事关国家治理全局的工作，具体落实到省域、市域、县域等具体空间范围，必须结合实际情况，结合社情民意，切实提高社会治理能力。地级市在省与县之间，是"顶层"和"基层"之间的"中层"。市域一般比较辽阔、所辖区县较多、临近区域较多、城乡混合、内部经济社会发展水平和治理能力参差不齐。市域社会治理不仅事关本辖区，也与交界地区密切关联，要突出市域社会治理与周边地区协调发展，共同守护稳定发展、平安和谐；要统筹好域内域外资源，与周边地区建立良好的社会治理互动机制，探索边界地区社会治理的"共建共治共享"经验。其中市一级要不断优化地方治理的立法体系建设，发挥设区市的立法先行功能，推进社会治理法治化；市县乡要充分发挥党委政府在政策制度建设方面的优势，制定系统化的社会治理政策体系；村、居委会等自治组织积极推进自治规范体系建设；形成"一元多层次"的社会治理制度体系。在市域内部，也要坚持所辖各市区县的协同治理、行政区与功能区之间的协同治理，推进乡镇街道体制机制改革和基层群众自治纵向发展，坚持重点突出与基层基础同步并进，按照"先难后易、重点突破"的治理思路稳步推进市域治理现代化进程。市域所辖城区要着眼整合资源，消除阻碍城市规划、建设和管理的体制性障碍；要解决城区之间犬牙交错的边界不规范问题，科学合理划定市辖区界线。所辖县要在促进县域经济发展、承接大中城市辐射、推进城乡一体化进程中发挥领导作用，强化县对乡镇街道的领导和支持功能，引领基层群众自治工作。

在市域社会治理进程中坚持网上与网下相结合。在互联网时代，社会治理的智能化水平迅速提升，以"智慧城市"建设为核心，汇聚智慧管理、安防、应急、服务体系正在形成；市域社会治理现代化必然是一个社会治理智能化的过程。随着大数据时代的来临，人工智能、云计算等产业不仅改变着产业格局，也对新时代的社会治理模式带来了新的挑战。技术给社会带来福利的同时也必然带来巨大的风险；技术创造财富的过程必然也是阶层分化的过程，技术权贵的形成将对社会结构和社会制度产生重大的现实冲击。互联网时代的社会治理，应当特别重视平台治理。平台首先是动态的、多元的网络生态圈。平台在不断的进化中也逐渐形成一套自我治理体系,这套体系不仅在平台中发挥着规制和引导作用,同时也从网络走向现实,影响着社会治理和国家治理,并产生互动。平台治理的多元化和动态化深刻影响着未来社会治理格局的发展,并提出了新的挑战。在平台治理的过程中,国家权力与平台权力产生了一定的紧张和冲突,公权和私权存在交叉,平台权力一定程度上也侵蚀着部分公权力,特别国家的部分立法权、行政权、司法权,这个模糊地带必然是未来社会治理的核心矛盾所在。所以,在新时代,市域内的国家机关必须综合运用法律、行政、经济、技术等手段,加强对网络社会的建设和管理,不断提高依法治理、科学治理、动态治理的能力和水平。

在市域社会治理进程中坚持属地与属人相结合。市域治理现代化进程中要辩证看待属地管理。按照当前我国党政机关"属地管理、分级负责"和"谁主管、谁负责"原则,基层承担了社会治理的主要任务和责任,形成权责利的不均衡格局。目前,基层街道、乡镇普遍存在着"事务大量增加,责任不断加强"的客观压力。在市域治理现代化进程中,必须全面加强基层群众自治和社会组织培育,提升社会和公民在社会治理过程中的重大作用。当前党委政府与社会治理相关的职责、权力、资源分散在多个部门,如不解决领导体制和管理格局的问题,最终可能造成部门本位主义的管理方式阻碍社会治理的深度发展,甚至可能会产生新的社会矛盾。必须摆脱社会治理理念狭隘化、目标短期化、行为应急化的困境,加强党委政府在社会治理上的统筹协调作用。同时,市域治理现代化进程中要高度关注人口的流动性,提升辖区内流入人口和流出人口的服务和管理水平。流动人口的问题不仅涉及政府的行政管理体制改革、公共服务水平,同时也与地方政府的财政承载力密切相关。流动人口的大量进入,不仅为当地经济发展提供了劳动力,也为当地的经济发展带来了一些不确定性。一方面,快速涌入的人口与城市规模及经济发展有限容量存在着矛盾;另一方面,流动人口的无序流动,与我国主体功能区的整体规划存在一定的矛盾。由于城乡二元结构的矛盾,外来务工人员的职业和身份相分离,亦工亦农、亦城亦乡的特点和离土不离乡的矛盾仍然存在。在新的形势下,外来务工人员已由原来的就业生存需要转向基本利益需求,由原来的城乡之间流动转向流入城市,由原来的单纯追求经济利益转向追求自身发展,原来的追求局部利益转向追求完整权利的愿望,由此产生了一系列矛盾,其主要表现就是户籍人口与外来人口的冲突和纠纷。矛盾的核心问题就是两者在公共服务方面存在显著的制度性差异,这种差异主要是户籍差异及依附在户籍上的医疗、养老、教育、社保以及公民待遇等。这些问题应是市域治理现代化过程中须解决的现实问题。①

(四)借鉴新时代"枫桥经验"推进市域社会治理现代化

推进市域社会治理是坚持发展新时代"枫桥经验"的题中应有之义,新时代"枫桥经验"与市域社会治理现代化具有紧密的联系,为市域社会治理现代化提供了重要的精神指引和经验借鉴。坚持借鉴新时代"枫桥经验",推进市域社会治理现代化。可充分发挥新时代"枫桥经验"五大特色,加快推进市域社会治理现代化,尽早构建起具有中国特色、市域特征、时代特点的市域社会治理新模式。

坚持"党建统领",加大市域社会治理的统筹协调。从实践针对性来看,目前地级市的统筹能力相对较弱,相较于拥有完整立法权、系统规划能力和强大人财物统筹能力的国家治理、省域治理,以及相较于一直保持良好联动传统、相对紧密推动的县域治理和镇域治理,市域层级处于较为尴尬的层

---

① 余钊飞:《新时代"枫桥经验"与市域社会治理现代化》,载《人民法院报》2019年11月22日05版。

级，其"中间层级"有时甚至变成"悬浮层级"。党的二十大报告强调市域社会治理，其政策意图就是要发挥党委统揽全局、协调各方的作用，从横向和纵向两个维度统筹功能、资源和力量，发挥集中力量办大事的制度优势，以一市一地的现代化助推省域和国家治理现代化。

坚持"人民主体"，突出市域社会治理的共建共享。新时代"枫桥经验"是"以人民为中心"的经验，把新时代"枫桥经验"与市域社会治理相结合，可以使市域社会治理有更广泛的群众基础。目前新时代"枫桥经验"已经从乡村社会治理延伸到市域社会治理，其中包含了城市治理。城市治理比乡村治理更能集聚党政机关、企事业单位、群团组织、社会组织、行业协会等多元化治理主体，更有利于构建人人有责、人人尽责、人人享有的市域社会治理共同共体。

坚持"三治融合"，强调市域社会治理的综合施策。"三治融合"是新时代"枫桥经验"倡导的基本方法。在治理情境更为复杂的市域层面，恰恰需要多样化的治理方法，以达到综合施策的效果。为了让"三治融合"更富有操作性、更好贯彻落实，要充分利用好地级市新获得的立法权，通过地方立法的形式，明确"三治"的各自范围、边界、清单，以及各级地方政府和部门在推动"三治融合"中的各自职责，不断完善市域社会善治新体系。

坚持"预测预防"，加强市域社会治理的源头治理。新时代"枫桥经验"提倡"立足于早，立足于小，立足于激化前"解决矛盾。市域层级有着相对较强的系统治理、依法治理、综合治理、源头治理能力，有着相对完整的信息功能平台，有着相对完备的社会治理体系，能够把好源头关、监测关、管控关，能最大限度把各类矛盾和风险防范在基层，控制在市域。

坚持"基层基础"，推动市域社会治理的重心下沉。市域社会治理的重心依然在基层。要突出基层基础导向，从基层最小单元、最小细胞抓起，推动重心下移、力量下沉、资源下倾。要充分发挥市级层面的统筹协调作用，真正实现市、县、镇三级联动和事前、事中、事后三环相扣，不断夯实市域社会治理的基层基础。要把新时代"枫桥经验"的理念在市域治理情境中拓展为"小事不出村，大事不出镇，信访不出县，上访不出市"，牢牢守住市域安全稳定底线，有效防止矛盾风险向上传导、向外溢出[①]。

四、新时代"枫桥经验"的国内推广与域外借鉴

（一）坚持地域特色与复制推广互动促进

新时代"枫桥经验"既坚持了其地域特色，在对"本土资源"的创新性挖掘中回应地方治理难题，同时又以地方经验回应全国基层社会治理面临的共性难题，推动"枫桥经验"由局部经验上升为省域经验，由省域经验上升为全国性经验，实现了由"盆景"到"风景"、由"风景"到"全景"的转型升级。新时代"枫桥经验"既是枫桥地区人民群众智慧的结晶，又是浙江的"金名片"，更是全国的"典型样本"。"枫桥经验"之所以能够历久弥新，始终保持生机与活力，其原因之一就在于其坚持了普遍性与特殊性的有机统一。

一方面，新时代"枫桥经验"具有鲜明的地域特色。新时代"枫桥经验"是在本地的民情、民俗、民风等内生性资源基础上渐进演化生成的地方治理秩序，是枫桥地区价值观念、伦理道德、风俗习惯、意识形态外化的结果，是在特定时空、情景下地方治理价值观念、行为模式、制度安排及其物态表征的典型治理文化的表达，是治理智慧的地方性、本土性、民族性与时代性

[①] 卢芳霞、刘开君：《借鉴"枫桥经验"推进市域社会治理现代化》，载《农村.农业.农民（B版）》2020年第3期，第43—44页。

高度融合的生动体现，从而形成了地方治理文明的历史逻辑、政治逻辑、制度逻辑、文化逻辑、社会逻辑高度综合的时代场景，是一种治理文化乃至治理文明的具体体现，从而又被抽象、凝练、概括表达为一种可资传承、运用及其借鉴的基层治理"地方性知识"。

另一方面，作为"地方性知识"的新时代"枫桥经验"具有可复制可推广的现实性和可能性。枫桥地区与我国其他地区一样均处在传统农业社会、工业社会以及现代信息社会并存并逐步转型跨越的"共时"性之中，均在中国传统文化的长期积淀中形成了带有趋同性的价值观念、行为模式以及基层社会治理的基本制度，在从熟人社会向半熟人社会、陌生人社会转型过程中遭遇异质性、流动性增强带来的传统治理资源效用递减的现实困境，而面临传统社会管理模式失灵与新的社会治理模式尚待建立完善则成为共同的挑战。如何在庞大人口基数压力下实现公共服务均衡分配、如何有效应对和处置社会急剧转型带来突发性事件增多、群体性事件突出等棘手难题，这成为早发先发地区治理艰巨任务与后发地区治理目标追赶的共同选择。由此枫桥对东中部基层"共同性"治理难题的率先破解所形成的成熟经验，其不仅仅是枫桥本地治理实践的经验总结，而且是带有共生性、全局性、普遍性的实践引领性的价值，而中西部地区在追赶发展过程，在遇到"新办法不会用，老办法不管用，硬办法不敢用，软办法不顶用"的多重压力下，迫切需要反思、学习、借鉴、模仿新模式新方式新办法。这给新时代"枫桥经验"向中西部地区复制推广提供了正当性和可行性。

事实上，"枫桥经验"创新发展的历程也是其以本地探索回应全国性治理实践难题、复制推广的历程。60年来，从最初的"发动和依靠群众，坚持矛盾不上交，就地解决，实现捕人少，治安好"，到"党政动手，依靠群众，立足预防，化解矛盾，维护稳定，促进发展"，再到"矛盾不上交，平安不出事，服务不缺位"，再到自治、法治、德治"三治结合"，打造共建共治共享社会治理格局，"枫桥经验"始终受到中央高层决策的高度关注并予以政治抉择的选择、方针政策制定的实践原型，进而收到源于枫桥，复制推广到全国，又反哺丰富发展"枫桥经验"的良好效果。这种复制推广"枫桥经验"的"先例"显示出"枫桥经验"所具有的广泛意义和价值。新时代"枫桥经验"在立足于本土特点的基础上推陈出新，不断创造新经验，形成新做法，探索新模式，同时还大力向全国各地推广，其规模之大、势头之猛、效果之明显前所未有，使新时代"枫桥经验"从"诸暨盆景""浙江风景"跃升为"中国全景"。

实践表明，"枫桥经验"在发展过程中形成了"需求—回应—推广"的制度生成路径。在从社会管理向社会治理转型阶段，社会治理实践场域普遍遭遇"硬法功能"难以回应"社会需求弹性"的短板，以及"软法功能"对破坏法则者约束无力的瓶颈，政府治理方式的刚性有余与柔性不足并存，社会组织自治崇尚"田园法则"①而对公共事务治理漠视不助，公民参与自治渠道不畅等尴尬局面也较为普遍。如何适应基层社会治理实际，回应上述治理需求，增强制度供给的及时性、有效性，实现制度供给与制度需求之间的均衡，并通过自发性或者政府推动型的推广机制实现制度的规模效益，为其他地区推进基层社会治理现代化提供制度模型，就显得十分必要。比如，在权利意识、参与意识、监督意识觉醒的当下，如何实现对村民对村级事务的规范化治理，有效防止"决策行政化、干部说了算"的发生，成为推进基层社会治理现代化亟待破解的难题，从而催生出了制度需求。枫桥镇的枫源村在实践中推行"三上三下"民主决策机制，形成了"民意引导决策、权力阳光

---

① "田园法则"指的是"各自打扫门前雪、不管他人瓦上霜""坚守一亩三分地"的治理现象。

运行"的局面，切实保障了村民对村级事务的知情权、参与权、表达权和监督权。此后，枫桥镇全面开展"枫源式"行政村创建活动，明确各村在涉及重大经济建设、重点事业发展、重要民生项目时必须执行"三上三下"规范程序。由此，这一新的经验得以推广，并为其他地区提供了制度安排与行为模式。

（二）文明交流互鉴：新时代"枫桥经验"为域外基层治理提供了"东方模式"

作为基层社会治理之"中国样本"的新时代"枫桥经验"可以为域外社会治理提供经验借鉴，成为展示"中国智慧"、提供"东方模式"的窗口。新时代"枫桥经验"已经由乡村基层治理经验向城乡基层社会治理经验乃至向市域社会治理与省域社会治理经验拓展，层级结构层面形成了"省—市—县—乡（镇）—村（居）—社区"多层级治理的"枫桥经验"；治理空间层面由单纯的物理空间治理经验向虚拟空间治理经验延伸，形成线下治理经验与网上枫桥经验融合发展、虚实互嵌共治的"枫桥经验"；治理内容层面由主要为矛盾纠纷化解的经验向矛盾纠纷化解、公共服务、社会心理服务等更内容涵盖更宽的新鲜经验转变，形成治理各领域相互补充协调、均衡发展的"枫桥经验"；应用价值层面由狭义的诸暨的"枫桥经验"、浙江的"枫桥经验"向中西部地区复制推广，形成在国土治理空间上具有全局性、战略性、长远性的全国性"枫桥经验"。和平崛起的当代中国在有效应对经济全球化、治理多元化、文化多样化、信息现代化条件下，以不到70年时间穿越资本主义300多年才实现的文明发展的目标，顺利跨越"中等收入陷阱"，成为全球第二大经济体，在实现中华民族伟大复兴进程中创造了经济高速发展与社会和谐稳定，人民对改革发展成果的获得感、幸福感、安全感不断增强的新鲜经验，为世界上大多数发展中国家在谋求加快自身发展的同时，保持自身民族独立性、政权稳定、国家长治久安提供了具有原创性、本土性、民族性及其可借鉴性的基层治理"东方模式"。

这一宏大治理实践演进样态已经证明，具有普遍性、包容性、强适应性的新时代"枫桥经验"是一个具有旺盛生命力的治理实践，其作为我国基层社会治理之典型样本当无异议。但是在文明交流互鉴意义上，作为我国基层社会治理"中国样本"的新时代"枫桥经验"之所以能够提供域外吸纳借鉴的内容，其核心要义在于以人为本、以自治为基、以德治为先、以法治为保障的价值理念，既是中国特色社会主义治理文明的重要成果，又与人类治理文明价值理念相契合。随着中国特色社会主义进入新时代，中国特色社会主义道路、理论、制度、文化不断发展，拓展了发展中国家走向现代化的途径，给世界上那些既希望加快发展又希望保持自身独立性的国家和民族提供了全新选择，为解决人类问题贡献了中国智慧和中国方案。

作为中国特色社会主义道路、制度、理论、文化实践成果的新时代"枫桥经验"则构成了中国治理智慧的代表。新时代"枫桥经验"能够作为"中国方案"的正当基础在于其与域外基层社会治理模式的差异性、契合性与实效性。新时代"枫桥经验"与域外基层社会治理模式必然发生联系而呈现出差异性与趋同性，这种辩证统一关系则构成了两者学习借鉴的逻辑基础，而"枫桥经验"治理的良好实效则是从结果主义哲学进路上提供了另一种正当性论证。从辩证统一的角度看，如果是完全相同或者不存在相似性的治理方案，彼此是很难学习借鉴的。正是"枫桥经验"与域外基层社会治理模式的这种对立统一关系，才使新时代"枫桥经验"具备了提供经验借鉴的逻辑起点。

在差异性方面：一方面，新时代"枫桥经验"是中国特色社会主义治理道路、制度、理论、文化及其实践的产物，体现了鲜明的社会主义因素，与域外绝大多数国家的基层社会治理模式存在质的差异性。另一方面，新时代

"枫桥经验"与域外基层社会治理模式都是基于各自独特的政治、经济、文化、地理环境、资源禀赋等约束条件下演化生成的治理模式及其实践，在实质上都属于"地方性知识"范畴。再一方面，新时代"枫桥经验"与域外基层社会治理模式差异明显。当前域外基层社会治理模式可分为三类，即政府主导型治理模式、自治型治理模式与混合型治理模式。而新时代"枫桥经验"则是"社会治理共同体模式"，正确处理了政府、市场、社会多元主体之间的关系，呈现出治理共同体结构及其运行机制的新样态，兼具政府主导型治理模式、自治型治理模式与混合型治理模式的要素而又异于其中任何一种单一治理模式。

在契合性方面：一方面，作为"治理"的经验，新时代"枫桥经验"调试了域外治理理论与我国基层社会治理的实际，回应了现代基层社会治理呈现出的治理主体的多元化、治理过程的协商性与协作性、治理手段的柔性化的趋势。另一方面，新时代"枫桥经验"是更具包容性、普遍性治理的经验。复杂性构成了我国基层社会固有的属性，由于思维方式、行为习惯、地理环境等方面存在显著差异，"十里不同俗"即是明证。因而我国基层社会治理面临着特殊而复杂的国情，其治理难度举世罕见。基于这种复杂性而生成的广义上的新时代"枫桥经验"可能同样能够回应域外基层社会治理所面临的相似性难题，为其提供一定的参照。再一方面，现代社会治理事物的共性决定了新时代"枫桥经验"对域外借鉴价值。现代社会治理都面临如何回应大数据、人工智能、云计算给社会治理带来的新挑战这一难题。而作为典型的新时代"枫桥经验"则创造出了"互联网+社会治理"新模式，形成了包括"网上枫桥经验"在内的新成果。这种原创性、引领性治理经验对域外基层社会治理具有一定的启发性。

在实效性方面：从治理实效层面进行证明是一种实用主义哲学论证模

式。新时代"枫桥经验"治理效果如何在某种程度上直接决定其对域外借鉴意义。尽管新时代"枫桥经验"的理论建构以及总结提炼层面尚未在域外形成富有影响力、感召力的话语体系,但是新时代"枫桥经验"是因应"社会管理"向"社会治理"转型跨越过程中形成的中国特色基层治理的中国经验,其通过自上而下的引导治理和自下而上协作治理,具有参与性、协商性、包容性、效率、法治和有效性等善治因素,本质上属于善治范畴,是中国基层善治的样板。从实用主义考量,治理成效显著成为对域外具有借鉴价值的另一重要原因。事实上,早在20世纪60年代,以"枫桥经验"为代表的调解经验被誉为"东方之花"。步入新时代,一些域外国家纷纷来浙江枫桥"取经",学习借鉴以及引进"枫桥经验"中的有益做法。新时代"枫桥经验"可以给域外治理实践提供什么样的经验?新时代"枫桥经验"并不是某一具体维度的治理经验,而是在"实事求是""和谐平安""三治结合""共建共治共享""以人为本"等理念支配下形成的具有普遍性、包容性、开放性、综合性的经验的有机体,从贯穿于其背后的治理理念到某些具体的做法,都对解决现代基层社会治理具有一定的参考价值。比如,新时代"枫桥经验"中关于全科网格的经验、自治法治德治"三治融合"基层社会治理体系的经验、社会组织尤其是群众性自治组织参与基层社会治理的经验、"互联网+"社会治理的经验、关于网络治理的"网上枫桥经验"、关于电力企业的"电力枫桥经验"、社会心理服务体系建设的经验、流动人口服务管理的经验、多元矛盾纠纷化解体系建设的经验以及被誉为"东方经验"的大调解体系建设的经验,等等。作为全球治理文明一部分的新时代"枫桥经验",通过推动自身发展、探索基层社会规律及其实践经验同世界各国分享①。

---

① 徐汉明、邵登辉:《新时代枫桥经验的历史地位与时代价值》,载《法治研究》2019年第3期,第94—108页。

后　记

本书是汪世荣教授领衔的陕西省"三秦学者"创新团队支持计划"西北政法大学基层社会法律治理研究创新团队"的阶段性成果,与《新时代"枫桥经验":从基层善治走向中国之治》同时付梓。两本书构成一个系列,均由法学泰斗张晋藩先生作序。

汪世荣教授研究"枫桥经验"始于2005年,那时他担任西北政法大学科研处处长,受诸暨市人民政府委托主持横向科研合作项目"'枫桥经验'与法制建设"。他科研的特点就是扎实,强调田野调查和档案文献相结合。2008年他主编的《"枫桥经验":基层社会治理的实践》由法律出版社出版发行。这本书印刷1万多册,很快售罄,成为"枫桥经验"研究领域引证最多的专著,他是国内最早将"枫桥经验"概括总结为"基层社会治理的经验"的学者。2018年10月,由他担任首席专家的陕西省"三秦学者"西北政法大学基层社会法律治理研究创新团队,通过扎实、深入、长期持续的调研,在法律出版社推出"枫桥经验"系列研究三本专著:《"枫桥经验":基层社会治理体系和能力现代化实证研究》《人民调解的"枫桥经验"》《"枫桥经验":基层社会治理的实践（第2版）》。三本书在全国政法系统受到重视，被"枫桥经验"陈列馆悉数收藏、展出。汪世荣教授还是全国第一个在权威期刊《中国法学》发表"枫桥经验"主题论文的学者，该论文被《新华文摘》2019年第7期法学栏目全文转载。

在最高人民法院挂职期间，汪世荣教授带队的最高人民法院司改办调研组赴浙江诸暨市专题调研了新时代人民法院传承创新"枫桥经验"。最终，由最高人民法院、浙江省高级人民法院和绍兴市中级人民法院组成的调研组，对诸暨市人民法院传承创新"枫桥经验"的实践，总结出如下模式：推动部门联动形成纠纷解决合力；加强业务指导打造纠纷解决"第一道防线"；履行审判职能夯实诉调对接工作基础；深化科技应用提升"枫桥经验"信息化水平等。调研结束后，汪世荣教授主笔完成《最高人民法院关于人民法院传承创新"枫桥经验"调研的报告》，报告经过最高人民法院院长等院领导批示，提交给中央政法委。

2018年，作为中国法学会"'枫桥经验'理论总结和经验提升"重大项目课题组成员，汪世荣教授参与了中国法学会的调研活动，参与完成《"枫桥经验"的理论构建》一书，他主持的中国法学会重大项目部级委托课题"'枫桥经验'：基层社会治理体系和能力现代化实证研究"，受到中国法学会肯定。

在调研、总结"枫桥经验"过程中，汪世荣教授敏锐关注到国网浙江诸暨市供电有限公司探索企业"枫桥经验"这一新生事物，积极支持企业实践"枫桥经验"，在其专著《"枫桥经验"：基层社会治理体系和能力现代化实证研究》中专门列出"企业治理"一章，并于2021年出版《企业"枫桥经验"研究：国家电网诸暨市供电公司的实践》。他明确提出：企业"枫桥经验"，是运用"枫桥经验"的精神实质和基本原理，以构建和谐企业关系、平安企业运行为目标，采取调解、仲裁等多元矛盾化解机制，化解企业内部及涉企矛盾纠纷的新时代"枫桥经验"。

弦歌不辍，薪火相传。汪世荣教授重视教学和科研团队建设，经常和青年教师交流，关心青年教师的成长，鼓励青年教师身体力行，积极参与、推动学校事业改革发展。在汪世荣教授的影响下，"枫桥经验"的西北学派逐渐形成，团队不仅包括褚宸舸、朱继萍、冯卫国、侯学华、王国龙、余钊飞、马成等教授，也吸纳了王斌通、杨静、张永林等青年博士。2019年7月，西北政法大学专门成立了枫桥经验与社会治理研究院。研究院成立以来，坚持内涵式发展和校外"引智"相结合的发展思路，面向基层社会治理，培养高素质法治人才，推进"枫桥经验"及社会治理领域的研究工作，逐渐成为西北政法大学科研服务国家社会重大需求的窗口单位，进一步推动了"枫桥经验"的理论创新。2020年，汪世荣教授领衔的"枫桥经验"教学科研团队成果《法科研究生科研能力协同培养机制的探索——以"枫桥经验"十三年研究为参照》获陕西省教学成果奖特等奖。

正如最高人民法院对汪世荣教授的评价："（汪世荣教授）长期以来对于弘扬'枫桥经验'、创新社会治理有着深厚研究，做出了重大理论贡献。……是'枫桥经验'专题调研的倡议者、工作落实的实践者、成果应用的推动者，对于加强'枫桥经验'理论研究深度、拓展人民法院司法改革广度作出了突出贡献，成效显著。"

本书由汪世荣教授、王斌通副教授统稿，西北政法大学、浙江大学部分师生具体撰写。写作分工如下：汪世荣（绪论），王斌通（第一章、第三章、第五章），林昕洁（第二章、第六章），张永林（第四章）。同时，西北政法大学首届社会治理法学方向法律硕士杨佳雨、仝孟玥、蔡丽洁分别参与了第五章第二节、第三节、第四节的撰写工作。本书后记在写作过程中参考了褚宸舸教授、陈思思博士撰写的《汪世荣：30年探寻法治传统文化转化之路》和褚宸舸教授、韩慧同学撰写的《汪世荣：一位扎根传统和当代社会治理法律实践的法学家》等文章。

本书与《新时代"枫桥经验"：从基层善治走向中国之治》完成后，枫桥经验与社会治理研究院召开鉴定会，专家组一致认为：党的二十大报告专章对"推进国家安全体系和能力现代化，坚决维护国家安全和社会稳定"进行全面部署，强调要完善社会治理体系，在社会基层坚持和发展新时代"枫桥经验"。本书与《新时代"枫桥经验"：从基层善治走向中国之治》，立意深远，论证严密，观点鲜明，从历史与现实相贯通、理论与实践相结合、政治与法治相交融、国内与国际相关联等维度展开了创新性研究，充分说明了新时代"枫桥经验"是以人民为中心的共建共治共享的基层社会治理经验，是中国基层社会治理的一面旗帜。两本书融学术性、思想性、实践性于一体，均是新时代"枫桥经验"领域的优秀作品。

谨以此书献给毛泽东同志批示学习推广"枫桥经验"六十周年暨习近平总书记指示坚持和发展"枫桥经验"二十周年，献给波澜壮阔的中国式法治现代化事业。

王斌通
2024年1月1日